Grandes civilizações do passado

PERU ANTIGO

folio

PERU ANTIGO

Textos:
Maria Longhena Walter Alva
Produção editorial:
Valeria Manferto De Fabianis
Fabio Bourbon
Projeto gráfico:
Patrizia Balocco Lovisetti
***Design* gráfico:**
Anna Galliani
Cartografia:
Betty Vandone
Ilustrações:
Monica Falcone
Roberta Vigone

Edição Brasil:

Direção:
José Luis Sánchez
Meritxell Almarza
Tradução:
Marcelo Neves
Revisão:
Carlos Nougué
Meritxell Almarza
Diagramação:
Estúdio Matiz

SUMÁRIO

4 e 5 abaixo. Estas dez esferas de cobre dourado e fragmentos de conchas, que compunham um colar de cabeças de felino, são oriundas da famosa tumba do "Senhor de Sican", origem de grande número de exemplares preservados da arte moche.

5 acima. Esta pequena cabeça dourada é caracterizada pelos olhos, de prata e ápis-lazúli, de aparência dilatada, para reproduzir o efeito das ervas alucinógenas utilizadas em determinados rituais.

6. Estes colares moches são compostos de uma fileira de discos para orelhas feitos de ouro com mosaico de lápis-lazúli e conchas. Representam dois demônios alados de cintura em forma de serpente com uma cabeça na mão como troféu.

7. Este magnífico objeto exemplifica uma das mais interessantes e refinadas expressões da cerâmica moche: o vaso-retrato. O personagem representado, de alto nível, usa um vistoso chapéu adornado com dupla decoração em forma de pássaro.

1. O grande refinamento da joalheria sican fica claro nestes discos para orelha. No centro, o personagem com chapéu em forma de meia-lua representa o deus-herói Naimlap.

2-3. Os enxovais funerários encontrados nas tumbas chimus incluíam objetos preciosos, como esta máscara de ouro. Os olhos, compridos como os dos pássaros, são característicos das imagens dos personagens semidivinos comuns na arte sican e chimu. Das pupilas pendem correntes de esmeralda.

O editor deseja agradecer a colaboração para a realização deste livro ao senhor Arturo Chipoca e à senhora Rossana Becerra, da Oficina Pomperú, em Lima.

Rambla de Catalunya, 135.
08008 – Barcelona

ISBN: 84-413-2263-5

D.L.: B. 45.923-2006

Printed in Spain

*P*REFÁCIO

de Walter Alva

8 abaixo.
As imagens deste pingente, originário da província de Guaias, no Equador, talvez façam referência à viagem diária do Sol do nascente ao poente, simbolizada pelas duas espirais opostas. A figura antropomorfa representa o astro personificado.

8 acima. Este refinado objeto de ouro e turquesa é o cabo de um punhal cerimonial chamado tumi e reproduz a imagem de um personagem da tradição religiosa da cultura sican, o deus-herói Naimlap.

9. O trabalho em metais preciosos no mundo andino pré-colombiano tem origens muito antigas; alcançou na Colômbia elevado nível artístico e estético, como comprova esta graciosa estatueta quimbaia.

A zona média dos Andes constitui, junto com a América Central, o berço da civilização do Novo Mundo. O processo de evolução cultural, que durou mais de cinco mil anos, desembocou no nascimento e no desenvolvimento de dois grandes impérios, o inca e o asteca, que tiveram de enfrentar os conquistadores europeus. Mas centenas de povos e grupos étnicos diversos já haviam habitado o continente ao longo de milênios. Cruzada de cima a baixo pela imponente cadeia montanhosa dos Andes, que separa o litoral do oceano Pacífico da planície amazônica, a América do Sul foi o berço de numerosas e fascinantes civilizações pré-colombianas.
Na área central dos Andes, entre as fronteiras do atual Peru, os povos pré-incaicos desenvolveram complexas técnicas de irrigação, cultivo e pesca, para dominar e aproveitar a extrema variedade de condições ambientais e climáticas: dos desertos mais secos à selva, dos oásis costeiros aos vales andinos, da tundra aos picos nevados. Durante seu extraordinário desenvolvimento evolutivo, essas civilizações, ao se imporem a um ambiente que em muitos casos lhes era hostil, domesticaram animais como a lhama e aprenderam a cultivar plantas como o milho e a batata, que serviram depois para salvar os povos europeus da grande fome. Essas culturas, que edificavam templos colossais, santuários, complexos urbanísticos, fortalezas, palácios e ruas, trabalharam com mestria uma ampla gama de materiais e criaram maravilhosas obras de artesanato em cerâmica, tecidos, metais preciosos ou de uso comum, verdadeiras obras de arte que saem de novo à luz depois de séculos de esquecimento. Os incas, com sua rápida expansão territorial, traduziram esse grande desenvolvimento na formação de um império que ocupou grande parte do litoral do Pacífico até o século XVI. A incrível organização estatal incaica, baseada no controle da produção, da distribuição e numa espécie de "previdência social", chegou a servir de inspiração a algumas tendências políticas contemporâneas. As escavações arqueológicas, iniciadas no final do século XIX e especialmente ativas nos últimos anos, continuam a nos surpreender com a descoberta de aspectos sempre novos de civilizações que deixaram legados como a cidade sagrada de Machu Picchu, as gigantescas e enigmáticas linhas traçadas nos desertos de Nazca, os templos de Chavin ou os esplêndidos enxovais funerários dos senhores moches.

10-11. Entre o "Cerro Viejo" e o "Cerro Joven", no estreito vale do Urubamba, estão os fabulosos restos de Machu Picchu, o sítio arqueológico mais famoso do mundo andino, a cidade perdida que talvez tenha sido refúgio dos últimos incas. Seus platôs cultivados, os templos, as casas e as fontes a transformaram em destino importante para estudiosos e turistas.

12-13. Para descentralizar o poder político e administrativo de Tahuantinsuio, os imperadores incas ergueram muitos centros civis e militares, especialmente ao longo da costa, distante de Cusco. Tambo Colorado, na fotografia, é hoje um dos mais bem preservados. Acredita-se que o padrão quadriculado de sua urbanização remonte à época huari.

PRINCIPAIS SÍTIOS ARQUEOLÓGICOS DO PERU PRÉ-COLOMBIANO

BOLÍVIA
ILHA
DA LUA
TIHAUANACO
PÍSAC
SILLUSTANI
SICUANI
CUSCO
OLLANTAITAMBO
MACHU
PICCHU
NAZCA
TAMBO COLORADO
PACHACÁMAC
OCEANO
PACÍFICO

HISTÓRIA DAS CIVILIZAÇÕES ANDINAS

16. Esta mesa de pedra pintada a óleo é datada da época colonial; ela traz a imagem do fundador da dinastia inca, Manco Cápac. Esse soberano está envolvido em lenda, e não é possível definir com certeza se foi um personagem histórico ou mítico.

INTRODUÇÃO

Em 1512, exatamente vinte anos depois do primeiro desembarque de Cristóvão Colombo no continente americano, um navegante espanhol chamando Vasco Núñez de Balboa partiu do istmo de Darién, no atual Panamá, no comando de uma expedição de exploração que rumava para o sul, na bacia que se estende entre a cordilheira andina e a acidentada costa do oceano Pacífico. Um indígena do país de Darién, impressionado com a coragem dos conquistadores, havia sugerido a Balboa que se dirigisse ao sul do istmo: ali encontraria um país fabuloso e incrivelmente rico, um reino chamado Eldorado. A viagem de Vasco Núñez de Balboa terminou muito cedo por causa de uma conspiração de que foi vítima; no entanto, alguns anos depois, outro navegante, Pascual de Andagoya, voltou a empreender a busca do mítico Eldorado. Em 1522, alcançou as costas da Colômbia e do Equador, chegando a uma região na qual, segundo os habitantes, se estendia um império poderosíssimo. Andagoya chamou de Viru a terra misteriosa à qual havia chegado, nome derivado do termo que os indígenas usavam para se referir a um pequeno arroio. Essas expedições, realizadas na primeira metade do século XVI, representam uma primeira aproximação dos europeus com o continente conhecido hoje em dia como América do Sul, e com o mundo andino. Mas quem eram aqueles povos que habitavam as costas desérticas e os planaltos? Quem eram os senhores que haviam criado um vastíssimo império denominado pelos povos submissos com o nome honorífico de Inca? Antes de falar sobre o que se refere ao nascimento e desenvolvimento das civilizações andinas que se foram sucedendo até a época da conquista espanhola, seria conveniente analisar brevemente as características geográficas e climáticas próprias dos países nos quais se encontraram os vestígios deixados por esses povos.

17. Mama Ocllo foi, segundo a tradição oral de Tahuantinsuio que chegou até nós por intermédio dos cronistas espanhóis da época da conquista, a fundadora da dinastia inca juntamente com Manco Cápac. Vários mitos citam esses dois personagens, talvez apenas lendários, apontando como origem deles a região do lago Titicaca. Estas tábuas de madeira foram pintadas por um artista anônimo do século XVIII.

Período Pré-cerâmico 4000-1800 a.C.

Durante esse longo período, os grupos nômades de caçadores e colhedores do mundo andino iniciam uma forma primitiva de cultivo de plantas e de criação de animais, atividades que vêm acompanhadas pela aquisição de um tipo de vida sedentário. A esse período remontam as sepulturas coletivas mais antigas e os primeiros centros cerimoniais, testemunhos do nascimento de uma sociedade organizada. Entre os povoados da costa, encontram-se Huaca Prieta e Aspero; nos planaltos, Kotosh e La Galgada. Estes se caracterizam por sua organização em terraços, provavelmente com função ritual. Apesar da ausência da cerâmica, desenvolvem-se outras expressões artísticas, como a tecelagem, da qual dão testemunho alguns fragmentos de fibra vegetal trançada e de algodão.

Data atribuída ao fragmento de fibras vegetais trançadas mais antigo encontrado no Peru (3500 a.C.)

Introdução do cultivo do algodão (2500 a.C.)

Período Cerâmico Inicial 1800-900 a.C.

Este nome indica um importante período de transição, no qual se desenvolvem e arraigam diferentes formas de expressão artística, técnicas de construção e novos aspectos sociais que haviam aparecido no Pré-cerâmico somente em estado embrionário. Mostra-se fundamental o aparecimento da arte da cerâmica, provavelmente importada do Equador, e da metalurgia. Os centros cerimoniais da costa e dos planaltos se tornam mais complexos. Os templos apresentam uma planta característica em ferradura. Na costa surge Garagai, que oferece um dos primeiros exemplares de afrescos policromados nas paredes, e Cerro Sechin, no vale do Casma, um dos sítios mais célebres do período inicial, e cuja origem remonta ao segundo milênio a.C.

Data do fragmento cerâmico mais antigo do Peru, encontrado no sítio de Kotosh (1800 a.C.)

Data aproximada dos fragmentos de madeira encontrados em Cerro Sechin (1519 a.C.)

Data das lâminas de cobre encontradas no sítio de Mina Perdida (1250 a.C.).

O Horizonte Inicial 900-200 a.C.

O primeiro dos três "horizontes" em que se divide, de forma convencional, a história do Peru pré-colombiano compreende o nascimento e a difusão dos grandes cultos pamperuanos, determinantes na formação das culturas posteriores a esse período. A partir de 900 a.C., desenvolve-se o centro religioso de Chavin de Huántar, cujos monólitos esculpidos e talhados mostram a iconografia do Jaguar e de outros seres monstruosos relacionados com o mundo amazônico, mas também com o costeiro. Atualmente, não se conhece a origem nem a identidade do povo que promoveu o credo religioso que impulsionou a primeira grande unificação do Peru. Também remonta a este horizonte a difusão da metalurgia.

Fase mais antiga do centro cerimonial de Chavin de Huántar, construção do Velho Templo denominado Castelo (900-500 a.C.)

Fase mais recente do sítio, correspondente à construção do Novo Templo (500-200 a.C.)

Início da decadência de Chavin e difusão da cultura paracas na costa sul (200 a.C.)

Período Intermediário Inicial (Primeiro Período Intermediário) 200 a.C.-700 d.C.

Nesta época, iniciam-se os regionalismos que caracterizarão as diversas épocas da história andina: uma vez finalizada a unificação cultural e talvez política instaurada por Chavin, o território se fraciona em uma série de pequenos "reinos" ou "Estados" correspondentes a outras tantas civilizações ou culturas. Entre estas, destacam-se a moche, também chamada mochica, na zona costeira setentrional, e a nazca, ao longo do litoral desértico da costa sul. Os dados obtidos nas pesquisas arqueológicas mostram sociedades notavelmente desenvolvidas, baseadas na agricultura e na pesca, dedicadas à produção cerâmica, à tecelagem e ao trabalho em relevo de metais preciosos. As ricas sepulturas atribuídas a personagens de alta classe sugerem a existência de uma sociedade de tipo piramidal e rigidamente organizada.

Cahuachi assume o papel de "cidade capital" do Estado na cultura Nazca (100 a.C.)

Data provável a que remonta a primeira fase de construção das Pirâmides do Sol e da Lua, no sítio moche (100 a.C.)

O Horizonte Médio 700-1000 d.C.

Neste horizonte, desenvolve-se uma nova fase de unificação no mundo peruano: os pequenos Estados que surgiram no século anterior desaparecem, absorvidos por uma potência político-militar: o império huari. Aparecem pela primeira vez cidades propriamente ditas, que se caracterizam por sua estrutura quadriculada, muros de fortificação e uma eficiente rede de ruas. Do ponto de vista cultural-religioso, o povo huari recebe a influência de outra potência de tipo teocrático: Tiahuanaco, cujos ciclópicos e misteriosos restos, localizados perto do lago Titicaca, representam talvez uma tentativa de recuperação do antigo culto religioso do Deus das Varas, de Chavin. Este período também produziu magníficos exemplares de escultura monumental, recipientes de cerâmica policromados e tecidos feitos com grande mestria.

Apogeu da cidade e do império de Tiahuanaco (500 d.C.)

Ascensão política e cultural da cidade de Huari, talvez capital do império de mesmo nome (600-700 d.C.)

Dissolução dos centros de poder Huari e Tiahuanaco, devido a causas desconhecidas (1000 d.C.)

Período Intermediário Tardio (Segundo Período Intermediário) 1000-1450 d.C.

Por volta do ano de 1000 d.C., a potência Huari cai devido a causas desconhecidas, enquanto se produz um novo fracionamento político e cultural no território peruano. Das cinzas dos povos moche e nazca surgem novas civilizações, especialmente ao longo da costa. São edificados importantes centros cerimoniais sobre os restos dos huaris. Na costa norte, o poderoso reino de Chimu ou Chimor, de legendárias origens, ergue a impressionante cidade de Chanchan, um dos centros urbanos de maior prestígio do mundo pré-colombiano; aparecem objetos de ouro, prata e emplumados característicos desta civilização, citada também por alguns cronistas da época colonial. Mais para o sul, as ricas necrópoles de Chancai e Ica-Chincha deixaram mostras de complexos ritos funerários e de uma elaborada produção têxtil. Em 1450, o avanço do império inca põe fim à rica civilização chimu e a todos os pequenos Estados do Período Intermediário Tardio.

Apogeu da cultura sican nos vales costeiros setentrionais (1000-1100 d.C.)

Fundação de Chanchan (1000 d.C. aprox.)

Apogeu da cultura chimu nos vales costeiros setentrionais (1350-1450 d.C.)

Minchancaman, rei de Chanchan, capitula diante do cerco inca, e o reino chimu cai em mãos do inimigo (1463 d.C.)

Horizonte Tardio (Novo Horizonte ou Horizonte Inca) 1450-1533 d.C.

Este horizonte corresponde ao período de estabelecimento e expansão da última grande força unificadora do Peru pré-colombiano: o império do Tahuantinsuyo, chamado também império inca. Graças a uma estrutura estatal rígida e organizada e a um poderoso exército, os primeiros soberanos incas conseguem expandir seu poder em breve espaço de tempo, submetendo numerosos povos e dando vida a um império de dimensões imensas, do qual ainda hoje se conservam vestígios de construções megalíticas e de vias públicas. Embora os primeiros reis citados pela tradição oral e pelas fontes históricas sejam bastante legendários, dispõe-se de dados seguros a partir da dinastia de Pachacútec. Em 1533, Atahualpa é capturado traiçoeiramente e morto pelo capitão espanhol Francisco Pizarro.

Hipotético início da dinastia inca com Manco Cápac (1200 d.C. aprox.)

Reinado de Pachacútec, primeiro inca cuja existência foi demonstrada historicamente (1438-1471 d.C.)

Morte de Atahualpa nas mãos de Pizarro e queda do Tahuantinsuio (1533 d.C.)

Morte do último representante da dinastia, Túpac Amaru. O império é anexado à coroa de Castela (1572 d.C.)

O PERÍODO PRÉ-CERÂMICO E O PERÍODO CERÂMICO INICIAL

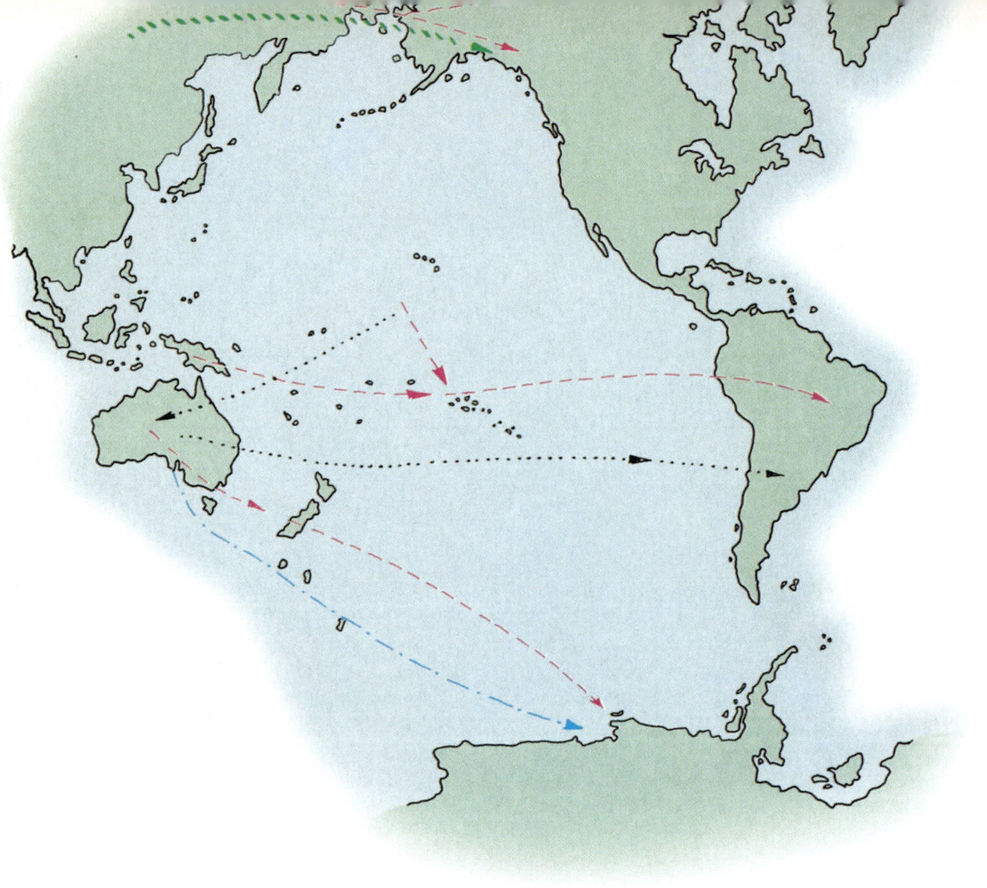

O Peru ocupa atualmente uma superfície de 1.285.215 quilômetros quadrados; ao norte, seu território é limitado pelas fronteiras com o Equador e a Colômbia, a leste faz fronteira com a bacia amazônica brasileira e os vastos planaltos bolivianos, e ao sul se limita com o território chileno. Trata-se, portanto, de um país enorme, e por isso caracterizado por uma notável variedade de paisagens e de climas – os picos altos e nevados da cordilheira dos Andes, os planaltos, a selva amazônica e o árido litoral oceânico –, com a conseqüente e extraordinária variedade de cores, fauna e flora. A costa peruana é uma faixa desértica de 3.000 quilômetros de extensão, interrompida às vezes por oásis verdes criados pelas torrentes que percorrem perpendicularmente a costa e cujo caudal varia segundo as chuvas estacionais que caem sobre as regiões montanhosas. O clima seco da zona costeira torna-se mais agradável, úmido e chuvoso à medida que se sobe em direção às encostas andinas. Na serra, entre 2.300 e 3.500 metros de altitude, estende-se uma área geográfica denominada Quíchua, na qual o clima temperado e o solo fértil favoreceram desde tempos remotos o assentamento da população e a atividade agrícola.

O Planalto, como o próprio nome indica, consiste em uma ampla zona plana de estepes, situada entre 3.800 e 4.300 metros de altitude, sobre a vertente ocidental e a oriental da cordilheira andina, cujos picos mais altos ultrapassam 6.000 metros de altura. Nesta área de clima frio, encontra-se o lago Titicaca, que desempenhou, como veremos a seguir, importante papel na história do Peru pré-colombiano.

A região quente e úmida das grandes matas amazônicas, localizada no sopé das vertentes orientais dos Andes, é conhecida pelo nome de Selva e se caracteriza por uma intensa pluviosidade que alimenta numerosos cursos de água, um dos quais é o próprio Amazonas.

O mistério sobre as remotas origens dos povos peruanos ainda está longe de ser solucionado, bem como o da chegada dos primeiros grupos humanos ao continente americano através do estreito de Bering.

Os arqueólogos escolheram o termo Período Pré-cerâmico para se referir ao intervalo compreendido entre a época dos primeiros assentamentos humanos e a aparição da terracota, que remonta ao século 1800 a.C. As mais antigas mostras de presença humana já encontradas, que correspondem a objetos talhados em pedra localizados junto a restos ósseos de fauna plistocena, foram encontradas na gruta de Pikimachai, na província de Ayacucho; os testes de carbono 14 permitiram atribuir a estes achados uma origem bastante antiga, num período compreendido entre 18.200 e 14.700 a.C. Hoje em dia, no entanto, devido à escassez de dados, alguns estudiosos negam que as "ferramentas de pedra" achadas em Pikimachai tenham sido realmente obra do homem, o que põe em dúvida que houvesse existido um assentamento humano no lugar. Outros, por sua vez, consideram que o achado do vale de Ayacucho é uma prova incontestável da presença de uma população nômade em um período compreendido entre 20.000 e 15.000 a.C. Em Telarmachai, Lauricocha e Guitarrero apareceram restos de ossos humanos e animais, junto com utensílios de pedra anteriores a 15.000 a.C., em cavernas e abrigos sob a rocha. Segundo os paleontólogos e arqueólogos, pode-se deduzir que os primeiros habitantes dos Andes se haviam deslocado no decorrer dos séculos pelo istmo do Panamá e através da Colômbia, enfrentando os obstáculos que representavam as agrestes cadeias montanhosas e a rigidez do clima, abrindo caminho pelos planaltos e penetrando a região, até alcançar posteriormente a zona costeira. Esses nômades praticavam a caça de animais de grandes, como o mastodonte e o cavalo e, ao se extinguirem essas espécies por volta de 10.000 a.C, de cervos, alpacas e lhamas; também eram colhedores de tubérculos, frutas e plantas silvestres das zonas montanhosas; e pescavam moluscos nos riachos e peixes na zona costeira.

Conservam-se escassos exemplos de expressão artística dessa época remota: algumas pinturas rupestres e ornamentos de osso. Por volta de 6000 a.C., os antigos habitantes dos Andes iniciaram o cultivo de algumas espécies vegetais, dando vida a uma forma primitiva de agricultura. Depois, alguns grupos começaram a ocupar assentamentos estáveis, abandonando de forma definitiva o nomadismo. Ao mesmo tempo que se produzia o sedentarismo, na região dos planaltos foram domesticadas pela primeira vez algumas espécies

Possíveis rotas seguidas pelos povos colonizadores da América na pré-história.

Teoria de Montandon
Teoria de Paul Rivet
Teoria de Mendes Correa
Teoria de Hrdiãka

21. No Peru pré-colombiano a tecelagem era um dos artesanatos mais antigos. A imagem reproduz um fragmento de tecido de algodão, da época mais remota da cultura paracas: a influência chavin é bastante clara nas imagens pintadas, que representam o Deus das Varas.

*de camelídeos, como a lhama e a alpaca. Os primeiros indícios de agricultura propriamente dita remontam a 4000 a.C., a princípio na serra e depois nas zonas costeiras. Embora as espécies de animais domésticos do mundo andino pré-colombiano fossem bastante escassas, limitando-se principalmente aos camelídeos, ao cão, às cobaias ou porquinhos-da-índia e poucas mais, a variedade de espécies vegetais cultivadas, desconhecidas na Europa até a época da conquista, era de uma riqueza incrível. Entre as mais importantes, estão o milho (*Zea mays*), numerosas cucurbitáceas, como a abóbora, o pepino e o melão, o feijão-de-lima (*Faseolus lunatus*), o abacate, o amendoim, o tomate e a batata. Por volta de 2500 a.C., os povos andinos começaram a cultivar o algodão, contribuindo com matéria-prima para a feitura de tecidos, a expressão artística mais antiga e de maior importância do Peru pré-colombiano já desde o alvorecer da civilização.Ao terminar o Período Pré-cerâmico, entre 2700 e 2000 a.C., e depois das mudanças marcadas pelo desenvolvimento da agricultura e pelo conseqüiente aumento demográfico, apareceram as primeiras edificações de caráter público e cerimonial, feitas de pedra e tijolos cozidos ao sol, denominados adobe. As estruturas e os modelos arquitetônicos, a princípio bastante simples, transformaram-se e tornaram-se mais complexos em seguida,*

1 Pikimachai
2 Lauricocha
3 Tearmachai
4 Viracochapampa

no Período Cerâmico Inicial. A difusão deste tipo de construção, especialmente na costa, testemunha a formação de uma nova sociedade organizada, dirigida por um indivíduo ou por um grupo limitado, que provavelmente ostentava uma forma de poder político e religioso. O povoado cedia parte dos frutos de seu trabalho agrícola ao rei-sacerdote, que administrava a economia do povoado e dirigia o culto, para o qual se erguiam templos. Junto a estes, também apareceram edificações de menor dimensão, de estrutura muito simples, às quais sem dúvida se dava uso doméstico. A partir dos achados arqueológicos, deduziu-se que a cerâmica apareceu no Peru por volta de 1800 a.C. Os objetos mais antigos apresentam um repertório bastante limitado: jarras, tigelas e garrafas, cujo estilo elaborado e refinado mostra, contudo, uma fase evolutiva bastante avançada. A partir do século XVII a.C., as povoações da zona costeira se transformaram em amplos complexos com função cerimonial ou destinados a residências: supõe-se que cerca de mil pessoas viveram nas casas dispostas ao redor dos grandes edifícios de culto, de estrutura piramidal. A pesquisa arqueológica também demonstrou que se deu uma intensificação da atividade agrícola organizada, além de se adquirirem as técnicas necessárias para a canalização das águas e a irrigação dos campos; como nos séculos anteriores, uma elite limitada oficiava as cerimônias religiosas, dirigidas aos deuses da fertilidade. No entanto, é importante ressaltar que as formas de sustento relacionadas à pesca absolutamente não perderam a importância que haviam tido no Período Pré-cerâmico, e continuaram a ser parte integrante da economia das culturas costeiras. No decorrer dos séculos, a cerâmica e a tecelagem se transformaram em atividades artesanais de notável difusão e delicada execução, como demonstra a qualidade das oferendas votivas e funerárias encontradas. As sepulturas originárias do Período Pré-cerâmico ilustram claramente a consolidação de uma estratificação social: nos casos em que o enxoval funerário é mais rico e consistente e a estrutura da tumba difere das demais, é evidente que o defunto tinha *status* especial no seio da comunidade. Isso se reflete, por exemplo, na presença de achados "exóticos" junto a outros de produção artesanal local. Entre esses produtos, fruto de intercâmbios comerciais e de contatos com culturas distantes, aparecem espelhos de obsidiana, uma pedra vulcânica inexistente no Peru, e conchas do tipo *Spondylus princeps*, procedentes das águas quentes do litoral equatoriano. Um dos aspectos mais surpreendentes do Período Cerâmico Inicial consiste no fato de que os complexos cerimoniais construídos entre 2000 e 1500 a.C. se encontram entre os maiores erguidos no Peru, muitos séculos antes da chegada da civilização inca. Nessa época, a partir do antigo modelo arquitetônico típico dos edifícios públicos do período anterior, surgiram três estilos que se tornaram típicos de cada zona costeira e que, embora partindo de uma origem comum, apresentam notáveis diferenças estruturais.
Um aspecto interessante do primeiro é a presença de frisos e baixos-relevos que decoravam as paredes de muitos templos, alguns dos quais se conservaram até hoje.
Os complexos formados por plataformas piramidais dispostas em U, cujo protótipo se encontra no Paraíso, foram erguidos sobretudo nos vales de Lurin, Rímac, Chillón e Chancai, e em outras localidades da costa central, como La Florida e Garagai, famoso por suas paredes de adobe pintadas com figuras monstruosas de um mundo sobrenatural em cores vivas.
Os numerosos sítios do vale do Casma, ao longo da costa central e norte, como Sechin Alto e Pampa das Lhamas, caracterizam-se, por sua vez, por imponentes pirâmides truncadas de base retangular, dotadas de pátios e praças de surpreendente forma circular. Também neste caso, o conjunto arquitetônico é disposto segundo o modelo em U. Nos vales limítrofes do Supe e do Nepenha, os arqueólogos descobriram sítios análogos do ponto de vista arquitetônico.
Cerro Sechin se desenvolveu especialmente no final do Período Pré-cerâmico e conheceu notável esplendor posteriormente, no Horizonte Inicial.
O terceiro estilo regional foi encontrado mais ao norte, nos vales de Viru e de Lambaieque: trata-se do denominado cupisnique, considerado, por certo tempo, como contemporâneo do desenvolvido em Chavin de Huántar, mas hoje visto como

1 Paraíso
2 Florida
3 Garagai
4 Cavalo Morto
5 Huaca dos Reis

22. Esta estatueta de terracota, provavelmente encontrada na costa norte, é um dos mais antigos exemplares de cerâmica peruana que conhecemos. Os traços estilizados do personagem não permitem inseri-la em nenhuma região cultural precisa; do ponto de vista cronológico, pertence a um período entre 1800 e 400 a.C. Acredita-se que a cerâmica não surgiu espontaneamente no Peru, tendo sido importada do Equador.

23 esquerda, abaixo. A cerâmica cupisnique tem um repertório muito rico do ponto de vista iconográfico; este objeto representa um personagem masculino em postura de meditação, talvez um xamã, que usa uma espécie de colar, provavelmente símbolo de distinção.

vários séculos mais antigo. O estilo cupisnique foi observado também em alguns sítios bem conservados do vale do Moche, como Cavalo Morto ou Huaca dos Reis. Neste último lugar, combinam-se elegantes plataformas monumentais de estrutura baixa e alongada, cobertas de fileiras de colunatas às quais se subia por rampas e decoradas com baixos-relevos de adobe, com enormes praças retangulares. Não se observa o estilo cupisnique somente num contexto arquitetônico particular, mas também numa refinada produção cerâmica. Os recipientes, de modo geral pretos ou cinzentos, apresentam pela primeira vez formas completamente arredondadas, que representam pessoas, figuras antropozoomorfas e criaturas meio jaguares, meio predadores. São exemplos antiqüíssimos de uma iconografia religiosa que se estenderia ao ganhar influência o centro religioso de Chavin de Huántar nos séculos seguintes. Os templos, provavelmente símbolo estilizado da montanha, não apresentam nunca uma localização casual, mas estão orientados sempre em direção nordeste em relação ao eixo longitudinal da cordilheira andina, apontados para as fontes dos rios costeiros. Alguns estudiosos sustentam que, durante o Período Cerâmico Inicial, formaram-se os primeiros "Estados" do Peru pré-colombiano: cada sítio constituía uma entidade política e cultural por si mesma, dirigida por um soberano guerreiro e rodeado por uma elite sacerdotal. A população, que habitava em pequenas casas particulares agrupadas ao redor dos complexos cerimoniais, dedicava-se à agricultura, à pesca e às atividades artesanais, e efetuava intercâmbios comerciais com os povos dos vales limítrofes. Por volta do ano 900 a.C., as cidades costeiras mais importantes entraram numa fase de decadência, enquanto começava a aumentar o poder e o prestígio de um pequeno centro situado na serra norte, no Beco de Conchucos: Chavin de Huántar.

23 direita, acima. Este recipiente original pertence ao estilo cupisnique; é um recipiente monocromático de fundo plano e forma larga decorado com relevos e motivos gravados. Apresenta no alto uma asa em forma de estribo e um gargalo curto até a abertura.

O HORIZONTE INICIAL OU PERÍODO FORMATIVO

24. Este recipiente apresenta características particulares: sua forma esférica terminada em uma asa em forma de estribo lembra o estilo chapin-chupisnique, enquanto o ser em forma de serpente em baixo-relevo lembra os motivos típicos das culturas litorâneas setentrionais.

A história do Peru pré-colombiano se mostra ainda hoje nebulosa e complexa; dos períodos anteriores à época inca, não foram identificadas formas de escrita propriamente ditas, razão por que os estudiosos devem recorrer às fontes arqueológicas e iconográficas.
A partir das descobertas encontradas, o intervalo de tempo compreendido entre o final do Período Cerâmico Inicial e a época da conquista foi subdividido em três "horizontes" e dois "períodos intermediários": os primeiros correspondem a momentos de unificação política e cultural do território; os segundos, por sua vez, a fracionamentos e regionalismos.
O Horizonte Inicial, também denominado "Período Formativo", é compreendido entre 900 e 400 a.C.; sua fase inicial corresponde à queda dos centros de poder da costa que haviam florescido numa época anterior.
Por volta de 900 a.C., na serra se desenvolveu Chavin de Huántar, situada a 3.000 metros de altitude no Beco de Conchucos, não muito longe de uma passagem da Cordilheira Branca que se comunica na área costeira com a selva amazônica. A imponência do sítio, embora já estivesse em ruínas, induziu os primeiros exploradores espanhóis a pensar que era obra de uma raça de gigantes, como testemunham as narrações de Pedro Cieza de León. Quando Vázquez de Espinosa os interrogou em 1616, os habitantes do lugar explicaram que se tratava dos restos de um antigo lugar de culto e de peregrinação. Os arqueólogos acreditaram durante muito tempo que a fundação de Chavin remontava ao ano 1300 a.C., e que seus modelos arquitetônicos haviam motivado o surgimento dos centros cerimoniais da costa. No entanto, recentemente foi demonstrado que esses últimos são bastante antigos e que a influência cultural se estendeu em sentido contrário, da costa em direção aos planaltos; de fato, as primeiras estruturas de Chavin de Huántar são anteriores a 900 a.C. No entanto, o significado desse lugar, de seus edifícios e das iconografias que se encontram em seus monumentos constitui ainda um problema por resolver. A partir dos dados arqueológicos, deduziu-se que, entre os anos de 900 e 200 a.C., Chavin de Huántar se estabeleceu como centro de poder religioso de importância fundamental para o mundo andino. Foi edificado um complexo cerimonial, chamado Castelo, seguindo o esquema de outros mais antigos, com sua típica forma em U. No ano 400 a.C., o Castelo foi substituído por uma nova construção, o denominado "Templo Novo". Alguns estudiosos formularam a hipótese de que estes edifícios, além de ser lugares de culto, foram utilizados como observatórios astronômicos. Ninguém sabe quem ergueu esses monumentos, razão por que ainda é difícil situar Chavin de Huántar no contexto histórico do Peru; talvez tenha sido o centro de uma civilização – a primeira grande civilização andina – ou, simplesmente, um centro de poder teocrático que durante séculos desenvolveu uma função unificadora por meio da religião. Segundo Julio C. Tello, um dos pais da arqueologia peruana, Chavin pode considerar-se a origem das culturas peruanas, o centro de difusão de uma ideologia religiosa que impregnou as posteriores civilizações até a chegada do império inca.
Seus monumentos mais célebres são três monólitos – o Lanção, o obelisco Tello e a Estela Raimondi – adornados com baixos-relevos de complexas imagens de seres híbridos monstruosos e míticos que também foram encontrados em elementos de decoração cerâmica, em tecidos e em esculturas realizadas em diversas partes do Peru até a época da conquista. Das figuras dos monumentos, as duas que mais se destacam são o Deus Jaguar e o Deus das Varas, figuras emblemáticas do panteão religioso sul-americano. Desde o momento do descobrimento de Chavin de Huántar, os estudiosos mais insignes das culturas andinas pré-colombianas formularam várias teorias sobre a origem das divindades que veneravam.

A presença de elementos estranhos ao entorno ecológico da serra, como o caimão, o jaguar e algumas plantas tropicais, fazem supor que os templos foram edificados por indivíduos procedentes da Selva, isto é, dos bosques amazônicos peruanos, depois de ter atravessado a cordilheira andina.
Os partidários desta teoria foram rebatidos recentemente pelas provas de que já existiam imagens deste tipo em monumentos próximos à costa durante o Período Cerâmico Inicial. Como Chavin tinha se desenvolvido mais tarde que os outros sítios, as imagens "exóticas" deviam ser uma herança cultural dos centros de poder mais antigos.
Outros estudiosos formularam uma hipótese bastante complexa, mas fascinante: o culto do felino com traços do jaguar poderia derivar dos inevitáveis contatos com o mundo centro-americano, em especial com a civilização olmeca, em parte contemporânea à de Chavin. No estado atual das investigações, no entanto, é provável que tenha razão Julio C. Tello ao afirmar que a ideologia religiosa de Chavin foi herança de outras civilizações andinas, como testemunham os elementos de decoração cerâmica, de pedra e têxtil.
Além de Chavin, alcançaram um apogeu cultural outros centros cerimoniais que haviam desaparecido anteriormente nos planaltos, como Pacopampa, Kuntur Wasi e Cavalo Morto. Cerro Sechin, um pequeno complexo cerimonial fundado por volta de 1500 a.C., conheceu seu máximo desenvolvimento durante o Horizonte Inicial. Nele, encontram-se os rastros mais antigos de arte monumental de pedra. No que diz respeito à produção cerâmica, foram identificados dois estilos da época que podem ser atribuídos à civilização de Chavin de Huántar: o primeiro, denominado Oferendas, compreende recipientes monocromáticos, negros ou cinzentos, decorados com motivos zoomorfos gravados, entre os quais se destaca a imagem do "Deus felino". O segundo, o Cupisnique, que apareceu vários séculos antes nos vales de Viru e de Lambaieque, é mais vivo, o que se reflete nas curiosas formas arredondadas das garrafas e dos jarros. Também a metalurgia, cujas mostras mais antigas remontam a 1500 a.C., alcança um alto nível durante a época de esplendor de Chavin. Por volta de 200 a.C., o Templo Novo de Chavin de Huántar foi abandonado e destruído por causas desconhecidas. Os arqueólogos, no entanto, demonstraram que mesmo depois da decadência do santuário as antigas crenças que haviam se desenvolvido ali continuaram a ser transmitidas pelas cidades peruanas até o colapso definitivo desta civilização.

1 Chavin de Huántar
2 Cerro Sechin
3 Viru
4 Cavalo Morto
5 Kuntur Wasi
6 Pacopampa

Área de expansão das culturas durante o Horizonte.

25 direita, acima. Este refinado recipiente em forma de garrafa é um claro exemplar da cerâmica chavin. Apresenta motivos abstratos e estilizados gravados sobre a superfície negro-acinzentada do recipiente.

25 esquerda, abaixo. Este curioso recipiente pertence à cultura salinar, uma das mais antigas da costa setentrional. Trata-se de um recipiente zoomorfo duplo, composto de duas corujas unidas na parte inferior e pelo pescoço na parte superior. A cerâmica da costa norte caracterizava-se no Período Intermediário Precoce por formas "esculpidas" arredondadas e pelo pequeno interesse pela policromia.

O PERÍODO INTERMEDIÁRIO INICIAL

Área de expansão das culturas durante o Horizonte.

1 Vicus
2 Cajamarca
3 Moche
4 Viru
5 Recuai
6 Lima
7 Pachacámac
8 Huari
9 Paracas
10 Cahuachi
11 Pucara
12 Tiahuanaco

A Cultura vicus
B Cultura cajamarca
C Cultura sainar
D Cultura moche
E Cultura viru
F Cultura recuai
G Cultura lima
H Cultura huari
I Cultura paracas
J Cultura nazca
K Cultura pucara
L Cultura tiahuanaco

26 esquerda, abaixo. Além do tema zoomorfo, a cerâmica vicus se caracteriza pela representação do ser humano. Este recipiente representa um personagem sentado com as pernas cruzadas, talvez um xamã, em pose reflexiva e hierática.

26 direita, acima. As corujas são freqüentemente representadas nos objetos de terracota típicos da costa norte, como se vê nesta garrafa vicus com asa em forma de estribo. Na cosmogonia andina, as aves noturnas eram associadas à morte, ao reino do Além-túmulo e aos sacrifícios humanos.

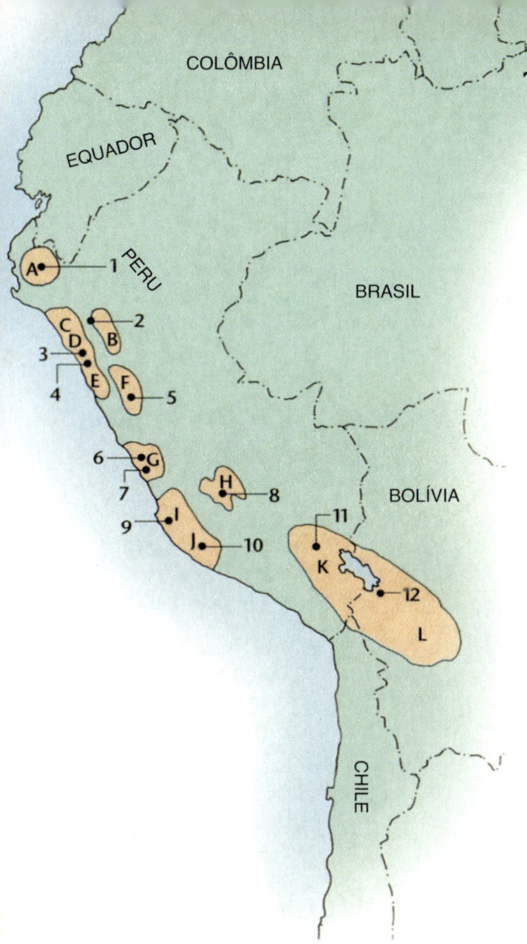

Depois da dissolução da unidade religiosa e talvez também política imposta pela civilização de Chavin de Huántar, a partir de 200 a.C. se estabeleceram no território peruano algumas culturas de caráter regional. Alguns estudiosos associaram estas culturas, que haviam surgido séculos antes, com a formação de "reinos" de dimensões modestas, independentes um do outro, mas que compartilhavam relações comerciais e uma herança cultural comum procedente de Chavin. A existência destes "reinos" ou "senhorios" é documentada a partir de 500 a.C. aprox. Alguns deles foram de curta duração, mas outros sobreviveram até o ano 700 d.C., durante todo o intervalo de tempo denominado Período Intermediário Inicial ou Primeiro Período Intermediário. A arquitetura monumental parece sofrer nesta época uma fase de forte decadência; algumas culturas nos deixaram como testemunhos fundamentais quase exclusivamente restos de caráter funerário. Na zona costeira setentrional, nos vales de Piúra e de Lambaieque, foram descobertos enxovais funerários relacionados com a misteriosa cultura vicus. As tumbas haviam sido escavadas a uma notável profundidade, às vezes até 14 metros abaixo do nível do solo. As cerâmicas parecem pertencer a duas correntes estilísticas: uma, mais simples e grosseira, provavelmente importada do Equador; a outra, com ricas formas zoomorfas e antropomorfas, de origem local. Além das numerosas peças de terracota, as tumbas vicus contêm grandes quantidades de jóias e de objetos metálicos. Isso demonstra que estes povoados, cuja identidade desconhecemos, se especializaram neste tipo de artesanato desde o início do Período Intermediário Inicial, alcançando uma produção de alto nível qualitativo em épocas posteriores. Trata-se, sobretudo, de ornamentos de bronze arsenicado, cobre e tumbaga, uma liga de ouro e cobre. Esta tradição se arraigou na zona costeira setentrional, e se perpetuou por muitos séculos; por sua vez, como se verá em seguida, as culturas da costa sul desenvolveram principalmente um artesanato têxtil.

Em outros vales da área costeira setentrional, foram encontradas ruínas de assentamentos e sepulturas de culturas diversas. Nos vales de Viru e de Moche foram encontradas obras de cerâmica cuja produção é atribuída à cultura gallinazo (chamada também viru), ornamentadas preponderantemente com motivos em negativo. Entre os restos de residências e tumbas situados ao longo do curso dos rios Chicama, Moche, Nepenha e Lambaieque, apareceram refinados recipientes originários da cultura salinar. Estes mostram uma forte influência da arte cupisnique, especialmente refletida na produção de formas arredondadas.

É importante destacar que ainda não conhecemos com exatidão a identidade dos povos que habitaram essas zonas durante o Primeiro Período Intermediário, nem o tipo de civilização que desenvolveram; pode-se supor que sua produção artística derivava das culturas equatorianas.

O maior assentamento da cultura salinar é Cerro Arena, que compreende amplas estruturas residenciais, mas não apresenta formas de arquitetura de caráter cerimonial.

As elegantes e peculiares vasilhas vicus, virus e salinares não constituíam objetos de uso cotidiano, mas eram recipientes destinados a usos funerários e rituais, como se pode deduzir de suas formas elaboradas, da variedade de motivos decorativos e do

27 esquerda, abaixo. Entre as muitas iconografias zoomorfas usadas na cerâmica vicus, destacam-se às de animais marinhos e pássaros. Este exemplar é um refinado recipiente em forma de tucano.

27 direita, acima. A cultura vicus continua muito misteriosa, e suas origens talvez estejam no mundo equatoriano. Este recipiente, dotado de asa em forma de estribo com pescoço curto até a abertura, ilustra o interesse pelas representações zoomorfas, em especial do mundo marinho; neste caso, trata-se de um caranguejo.

28 direita. Entre as cerâmicas que podem ser atribuídas às culturas setentrionais do Primeiro Período Intermediário, estão os primeiros exemplares de instrumentos musicais. Aqui é reproduzido um tambor, da cultura viru, com uma espécie de empunhadura de aspecto antropomorfo.

29 esquerda, acima. Também na cultura salinar foram feitas reproduções em cerâmica de prédios, como mostra este elegante recipiente. Destaca-se o friso geométrico que decora a parte superior do edifício.

28 esquerda.
Este curioso recipiente, pertencente à cultura viru, é composto de uma espécie de garrafa redonda com pescoço longo e fino, unida à representação arquitetônica de um prédio, no interior do qual há um personagem minúsculo. Acredita-se que o objeto seria a representação estilizada de um templo.

29 esquerda, abaixo. Esta belíssima cabeça humana, exemplo da arte salinar, mostra grande refinamento e simplicidade. No estilo cerâmico da costa norte, é clara, desde o Primeiro Período Intermediário, a preferência pelas formas plásticas e pelos recipientes arredondados.

29 direita. Esta garrafa de terracota da cultura salinar poderia ser considerada, pela pureza de sua forma, um objeto de arte contemporâneo. Como outras cerâmicas do Primeiro Período Intermediário, este recipiente não era destinado ao uso cotidiano, tendo provavelmente significado ritual e votivo, e fazia parte de um enxoval funerário.

30. *Embora não tenham sido encontrados até agora documentos escritos referentes à cultura moche, a iconografia em cerâmica permite conhecer, pelo menos em parte, muitos aspectos da vida cotidiana e dos hábitos da época. Este recipiente representa um guerreiro com escudo, discos para as orelhas de impressionantes dimensões e touca.*

contexto em que foram encontrados. A partir do século 1 d.C., na zona em que se desenvolvera a cultura salinar, começou a florescer uma nova civilização. Os numerosos restos arqueológicos que perduraram confirmam que ela impôs durante muito tempo sua supremacia por toda a costa norte, como se deduz pela grande difusão de seu estilo cerâmico. Uma vez que não se sabe que nome esse povo se dava, os arqueólogos denominaram esta cultura moche (ou mochica), em referência ao vale do mesmo nome onde nasceu. É impossível também estabelecer se a supremacia cultural do povo moche sobre os povos limítrofes corresponde a um poder político-militar igualmente amplo. No entanto, a variedade e riqueza de tipos cerâmicos, os interessantes exemplos de arquitetura monumental e as tumbas decoradas com afrescos tornam possível deduzir algumas características da sociedade moche, com o que se podem desenvolver interessantes teorias. O sistema econômico, na linha da tradição das épocas precedentes, baseava-se nos recursos do mar e, sobretudo, na agricultura; os aperfeiçoados sistemas de esgoto e de irrigação, que conseguiram unir diversos vales, haviam sido herdados provavelmente da civilização gallinazo. Muitos estudiosos supõem que existia uma rígida organização hierárquica, com uma casta privilegiada de soberanos-guerreiros no topo, que talvez ostentassem também um cargo sacerdotal, e que controlariam os territórios do vale do Moche na costa norte. Estes membros da casta dominante certamente seriam os que ocupavam as magníficas sepulturas descobertas recentemente, cujos suntuosos enxovais funerários foram objeto com demasiada freqüência de roubos por parte de violadores de tumbas da região, chamados huaqueros. *O exemplo mais conhecido é o do denominado "Senhor de Sipan": junto ao defunto coberto de jóias, foram encontrados os restos de escravos e concubinas, além dos de um cão e algumas lhamas sacrificados para tornar mais agradável a viagem do nobre ao Além e para conseguir o favor das divindades. Também os restos arquitetônicos são de grande interesse, com alguns edifícios monumentais religiosos, cujos exemplares mais significativos se encontram no vale do Moche. A estrutura mais imponente recebe o nome de* Huaca do Sol, *o Templo do Sol, embora não se conheçam as divindades às quais estava dedicado realmente. Trata-se de uma pirâmide formada por uma série de plataformas sobrepostas fabricadas com tijolos de adobe, que ocupa uma superfície de 228 por 136 metros; sua altura original era de 48 metros. Houve uma época em que*

31. *O "vaso-retrato" é típico da tradição cerâmica moche. Este belo exemplar se caracteriza por um detalhe muito especial: um adorno de nariz em metal, símbolo de vinculação a uma alta linhagem.*

32. O personagem reproduzido neste vaso moche, sentado de pernas cruzadas, tem chapéu redondo e duas grandes pulseiras.

as paredes do templo albergavam um santuário cujo acesso provavelmente era restrito aos membros do culto. Embora não tenham sido encontrados restos desta capela, construída com material de pouca resistência, chegaram até os nossos dias algumas maquetes feitas em cerâmica.

A Huaca *da Lua e o contemporâneo Templo de Panhamarca, situado no vale do Nepenha, apresentam paredes recobertas de afrescos policromados de grande interesse; supõe-se que a primeira foi edificada antes da chegada da civilização moche, quando ainda o vale de mesmo nome era habitado pelo povo gallinazo. Nos anos 1990, deu-se o achado mais interessante no que se refere a afrescos deste período. Trata-se do templo do Bruxo, erguido no vale do Chicama, ao norte da atual cidade de Trujillo. Também este tem forma de pirâmide de adobe, de uma altura de 30 metros aproximadamente; a estrutura atravessou diversas fases de construção e de readaptação durante um intervalo de tempo compreendido entre 200 e 800 d.C. Os relevos policromados que decoram as paredes desta construção apresentam diversos temas iconográficos de notável interesse: um dos mais impressionantes representa um desfile de personagens masculinos, de altura natural, completamente nus e com uma corda em volta do pescoço, talvez prisioneiros destinados ao sacrifício.*

Esta cena é muito semelhante aos outros motivos utilizados nos recipientes de cerâmica: as figuras dos guerreiros e a divindade antropozoomorfa de Ai Apaec aparecem com freqüência na iconografia moche. Estes edifícios piramidais, como os de culturas centro-americanas, não eram utilizados somente como templos, mas também como sepulcros reservados aos representantes do culto e aos membros da elite governante.

No entanto, como já mencionamos, as principais informações sobre a sociedade e sobre a religião podem ser obtidas a partir das imagens achadas nos restos cerâmicos, considerados por alguns estudiosos como um verdadeiro "dicionário ilustrado" da civilização moche. É importante lembrar que se trata de recipientes refinados procedentes de contextos funerários ou de lugares de culto, destinados, portanto, a um uso votivo-ritual e não à vida cotidiana. A produção cerâmica moche compreende dois estilos: os recipientes arredondados, que representam animais, cenas ou divindades, em geral guarnecidos com um cabo em forma de estribo, e os decorados com cenas pintadas. Estas cenas recriam episódios bélicos, de capturas e sacrifícios de prisioneiros, caçadas e rituais mágico-religiosos de significado enigmático, cujos protagonistas são sacerdotes-bruxos e divindades híbridas antropozoomorfas. Entre os personagens, destaca-se Ai Apaec, uma espécie de demônio de garras felinas cujos traços apresentam grandes afinidades com os do Deus Jaguar herdado da cultura chavin. Os moches, seguindo a tradição vicus, aperfeiçoaram as técnicas de trabalho dos metais, e alcançaram um grande nível de qualidade, como demonstram os restos encontrados na tumba do Senhor de Sipan. No vale do Lambaieque, esta tradição se perpetuou através dos séculos: como se verá a seguir, depois da conquista destes lugares por parte do povo inca, os ourives chimus se viram obrigados a continuar sua cuidadosa

produção na corte de Cusco. A imagem que chegou até nós da cultura moche através dos restos arqueológicos é a de uma sociedade complexa e rica do ponto de vista econômico, graças à agricultura, à pesca e às numerosas atividades artesanais.
A casta dos nobres, uma espécie de "senhores feudais" da região, provavelmente recebia tributos em espécie da população. Calcula-se que a decadência cultural e política deste povo se deu aproximadamente em 600 d.C., mas, como em muitos outros casos do mundo andino, as causas da queda desta civilização são desconhecidas.
Durante o Primeiro Período Intermediário apareceu uma cultura de menor envergadura que a moche na costa central. Os estudiosos

32-33. Este achado, oriundo de um enxoval funerário moche, é uma espécie de capa de ouro, que tem no centro um adorno em forma de estrela. A tradição de criar ornamentos de ouro e prata foi herdada pelos chimus, que por sua vez a transmitiram aos incas.

33 esquerda, abaixo. Este recipiente representa um homem com um gorro sóbrio na cabeça e uma faixa, provavelmente símbolo de distinção social.

33 direita, acima. A parte superior deste recipiente esférico reproduz um xamã ou sacerdote, o que pode ser deduzido de sua postura hierática e seu olhar, típicos de quem está em transe após a ingestão de alucinógenos.

34 esquerda. Esta pequena estatueta de terracota recuai, embora bastante estilizada, apresenta grande habilidade e elegância em sua manufatura. Representa um guerreiro com escudo, discos nas orelhas e exagerado adorno de cabeça. A lhama é um animal destinado ao sacrifício.

34 direita. Outro exemplar de cerâmica recuai: um pote em forma de prédio com pequenas figuras em seu interior. Alguns estudiosos a consideram uma casa, outros uma espécie de balneário.

deram-lhe o nome de cultura lima, já que sua área de influência se estendeu, sobretudo, no território onde depois foi estabelecida a capital do Peru. Pelo que se sabe atualmente, a cultura lima não era unificada, mas sim composta de uma série de estilos artísticos que se desenvolveram nos diversos vales, apresentando sempre características comuns; a eles se deu o nome dos diferentes centros cerimoniais. Um deles é o de Maranga, que exerceu um controle político-religioso sobre o vale do Rímac: o estilo de mesmo nome, ou também denominado nievería, compreende uma rica produção cerâmica de recipientes caracterizados por uma dupla boca com cabo em forma de ponte – características típicas da costa sul –, mas que lembram também o estilo moche por suas formas arredondadas. Outras culturas pouco conhecidas, sobretudo por causa da escassez de restos encontrados, a qual torna difícil definir com precisão suas características, floresceram em diferentes regiões do país. Na serra, em Cajamarca, a partir de uma época tardia se desenvolveu a produção de cerâmicas de mesmo nome em argila branca, decoradas com refinados motivos geométricos e zoomorfos pintados. As formas pertencem a um repertório bastante particular: os jarros trípodes, desconhecidos no restante do mundo peruano, sugerem a possibilidade de

propriamente dita. Os achados mais interessantes são os recipientes cerâmicos, procedentes de enxovais funerários. Fabricados em argila como em Cajamarca, são decorados com motivos pintados em negativo e em positivo; as iconografias ilustram que os animais mais venerados eram a serpente, o condor e, mais uma vez, uma criatura felina. Em outra zona geográfica, a do Planalto, situada ao norte do lago Titicaca, foram registradas diferentes formas de escultura em pedra. Nesta ocasião, a 3.950 metros de altura, no Primeiro Período Intermediário surgiu o centro de Pucara, que dá nome a uma cultura que estendeu sua influência em direção ao norte, até a região de Cusco, e ao sul, pelo território da atual Bolívia e talvez até pela costa chilena. O sítio de Pucara se apresenta como um complexo amplo e imponente. É formado por seis núcleos de edifícios monumentais, entre os quais se encontram diversas pirâmides truncadas com degraus, em alguns casos junto a pequenos templos semi-enterrados, com altares monolíticos e túmulos funerários no interior. Os mais antigos datam de 600 a.C. Como em muitos centros cerimoniais andinos antigos, as pirâmides são orientadas para o leste, prova do interesse que demonstravam os povos que as edificaram pela astronomia e pelo movimento dos planetas. Também Pucara representa um conjunto de interessantes enigmas, no que se refere à sua origem, aos motivos de sua construção e, sobretudo, à mensagem iconográfica de suas estelas. Em diversas áreas destinadas ao culto e às sepulturas, foram encontrados numerosas estelas e esculturas líticas, além de obras de terracota policromadas. As primeiras consistem, principalmente, em estatuetas pintadas e cabeças de tamanho natural; estas últimas ilustram claramente o culto obsessivo às cabeças-troféus, como conseqüência do rito da decapitação, estendido em muitas regiões andinas. As estelas, decoradas com baixos-relevos em ambas as faces, mostram-se particularmente curiosas pela presença de peixes e serpentes, mas também de personagens com cara de pássaro ou corpo de jaguar. Estas mostras evidentes de elementos próprios da arte chavin levaram muitos estudiosos a formular a hipótese de que os fundadores do centro cerimonial de Pucara tenham perpetuado o culto e a tradição, transmitindo-os posteriormente a outra civilização, a Tiahuanaco, que também

35 esquerda. A cultura púcara, que floresceu perto do lago Titicaca no Período Intermediário Precoce, é considerada a antecessora da cultura tiahuanaco. As esculturas de pedra de grandes dimensões foram suas maiores formas de expressão artística, embora também tenham sido produzidas pequenas figuras de traços antropomorfos.

35 direita. O estranho exemplar zoomorfo gravado em baixo-relevo nesta estela púcara apresenta corpo de peixe e cabeça de serpente. É curioso o fato de mostrar o esqueleto do animal, identificado por estudiosos como o de uma espécie de peixe de água doce do lago Titicaca.

uma contribuição étnico-cultural forasteira, procedente talvez do Equador. No lugar em que muitos séculos antes fora erguido o grande santuário de Chavin de Huántar, no Beco de Conchucos, parece que a cultura denominada recuai herdou em parte a tradição da escultura em pedra. No entanto, as grandes estátuas monolíticas feitas durante este período, que representam em sua maior parte guerreiros e mulheres com recém-nascidos, oferecem exemplares de grande mestria, mas se apresentam sobretudo como grandes blocos trabalhados em baixo-relevo de forma bastante grosseira. As mesmas características se observam nas esculturas que decoram os chamados "umbrais" de possíveis edifícios hoje desaparecidos: o motivo iconográfico ao qual se recorre é o de um personagem central do sexo masculino, nu, mas ataviado com um elaborado penteado, com uma cabeça-troféu na mão e ladeado por dois felinos ou dois predadores. Na arte lítica recuai aparecem motivos culturais que se relacionam claramente com a antiga tradição chavin, embora não mostrem a força expressiva da cultura anterior. Na zona de influência recuai, até hoje não foram encontrados restos de centros cerimoniais ou de residências que indiquem a existência de uma civilização

floresceu às margens do lago Titicaca. Não se sabe com precisão o que aconteceu em Pucara aproximadamente em 300 a.C.; nas escavações arqueológicas não foram encontrados vestígios de incêndio ou destruição. Parece mais provável que o lugar tenha iniciado um processo de decadência que o levou ao abandono absoluto por volta do ano 200 a.C.

O cronista Pedro Cieza de León descreveu os monumentos de Tiahuanaco como "algo digno de admiração e de ser visto", considerando a hipótese de que se tratasse de Antigualla, "a cidade mais antiga de todo o Peru". Alguns estudiosos, entre eles Arthur Posnanski, fascinados pelos múltiplos aspectos singulares e pelos mistérios que rodeiam o sítio de Tiahuanaco, depois de anos de investigações históricas e arqueológicas, chegaram à conclusão de que o centro tinha origem antiqüíssima, e que sua fundação remontava a aproximadamente 10.000 anos. Os arqueólogos ortodoxos, por sua vez, céticos diante dessa hipótese, estabeleceram na história do lugar algumas fases cronológicas, compreendidas entre 300 a.C. e 1000 d.C. No entanto, estas subdivisões se baseiam essencialmente na evolução dos tipos de cerâmica, mas não foi possível estabelecer ainda exatamente a seqüência cronológica relativa à construção dos diversos complexos megalíticos, a maior parte dos quais parece remontar a aproximadamente 200 d.C.. Entre os mais importantes estão o Templo Semi-subterrâneo, o Kalasaia, o Akapana e o Pumapunku. Mas quem foram os construtores, e por que quiseram erguer edifícios tão importantes, para os quais foram necessárias toneladas de pedra basáltica extraída de pedreiras que se encontravam a entre 10 e 300 quilômetros de distância? Sem dúvida, Tiahuanaco herdou de Pucara muitos aspectos relacionados com a cultura dos materiais, mas sua grandiosidade e as misteriosas iconografias que se observam nos monumentos pétreos revelam inevitavelmente seu ponto de partida: Chavin de Huántar.

No umbral da denominada "Porta do Sol", encontra-se um friso em cujo centro aparece um deus híbrido com duas varas ou bastões em forma de serpente nas mãos. Esta mesma imagem se observa também na Estela Raimondi. Os arqueólogos deram a este personagem o nome de "Deus do Arco" ou "Deus das Varas", e muitos consideram que Tiahuanaco era um antigo e portentoso centro cerimonial de culto a esta divindade, mas também dedicado à observação dos astros. Talvez tenha sido fundado como santuário religioso e como lugar de peregrinação depois do abandono de Chavin, mas ainda são muitos os mistérios que cercam as pirâmides e os recintos que, curiosamente, lembram as esculturas megalíticas alinhadas da Europa pré-histórica. No capítulo seguinte, analisaremos a importância da cultura Tiahuanaco durante o Horizonte Médio e suas relações com o império huari.

36. Enigmático e ameaçador, o Deus das Varas domina a Porta do Sol de Tiahuanaco. Os estudiosos acreditam que se trata da imagem de um culto herdado da antiqüíssima civilização chavin.

37. Esta placa de ouro, exemplar da produção artística de Tiahuanaco, representa um estranho personagem robusto e de difícil identificação. Pode ser um deus ou talvez um guerreiro. Destaque-se a precisão e a habilidade com que foram reproduzidos os traços faciais.

As mostras de expressões culturais de altíssimo nível do Primeiro Período Intermediário não são exclusivas do Planalto e da área costeira setentrional, mas encontram-se também no desértico litoral sul. Também neste caso, fala-se há muito tempo de "civilização", embora se saiba muito pouco sobre a identidade dos povos que viveram nos vales de Ica e de Nazca a partir de 500 a.C. Durante muito tempo, os arqueólogos consideraram que a cultura Paracas era independente da de Nazca, mas atualmente tendem a considerar ambas como uma única tradição que se desenvolveu sem solução de continuidade durante um longo período de tempo, compreendido entre 500 a.C. e 600 d.C. Nos anos 1920, o arqueólogo peruano Julio C. Tello, intrigado com a presença de elegantes tecidos bordados em coleções privadas de Lima, quis saber seu lugar de procedência. Em 1925, iniciou uma longa campanha de escavações nos áridos declives de Cerro Colorado, na península de Paracas. Neste lugar desértico, o arqueólogo fez uma descoberta de importância excepcional: duas extensas necrópoles, cujas tumbas haviam sido conservadas intactas devido ao clima e ao ambiente absolutamente seco. Graças às escavações de Tello, puderam ser identificados dois componentes da tradição cultural de Paracas, conhecidos como "Cavernas" e "Necrópoles": cada um deles corresponde em essência a dois tipos diferentes de sepultura, de enxovais funerários e de deformação craniana dos defuntos. À fase denominada Paracas Cavernas pertencem tumbas hipogéias em forma de garrafa, escavadas a uma profundidade considerável na rocha de um terreno de colinas distribuído em terraços. Trata-se de grandes sepulturas coletivas, que continham até 40 corpos enterrados de homens, mulheres e crianças, de classe social facilmente reconhecível, segundo o tipo de enxoval funerário que os acompanhava. Os indivíduos mais pobres vestiam uma simples túnica de algodão grosseiro, e o único tipo de oferenda votiva que os acompanhava era simplesmente uma abóbora esvaziada e cheia de comida. Por sua vez, os defuntos de alta categoria estavam envoltos em refinados tecidos decorativos e tinham consigo recipientes de cerâmica, jóias de ouro, pentes e outros objetos de excelente feitura. Na boca da tumba hipogéia, uma parede de pedras marcava a presença da sepultura. A cerâmica típica da fase Paracas Cavernas, decorada com pigmentos resinosos aplicados depois de cocção, apresenta uma notável variedade de estilos: ao mais antigo pertencem os recipientes redondos com asa em forma de estribo, com o motivo do felino gravado, o qual sugere uma relação com algum tipo de culto derivado da cultura chavin, embora o culto deva ter desaparecido na fase seguinte, Paracas Necrópole. As sepulturas desta fase apareceram no extremo setentrional de Cerro Colorado: tratava-se de salas subterrâneas com paredes reais, escavadas a pouca profundidade. Em seu interior, Tello descobriu 429 fardos funerários, isto é, corpos mumificados de homens adultos, dispostos em posição fetal e envoltos em numerosas camadas de pano, algumas das quais alcançavam 20 metros de comprimento; cada cadáver envolvido deste modo ficava em uma canastra, formando um vulto de

38. As duas necrópoles da península de Paracas contêm grande número de sepulturas de diferentes tipos: as múmias estavam envoltas em esplêndidos tecidos de algodão, como o reproduzido na fotografia, decorado com motivos antropomorfos. O tecido é a representação artesanal mais luxuosa e elaborada das civilizações costeiras meridionais.

39 direita, abaixo. Diferentemente daquelas da costa norte, as culturas meridionais do Peru desenvolveram, desde o Primeiro Período Intermediário, grande interesse pela policromia em suas expressões artísticas. Esse elemento fica claro neste belo recipiente paracas, que representa um personagem de aparência feminina.

grandes dimensões. No interior dos fardos, foram encontradas ricas oferendas, como peças de terracota de estilo bastante diferente do de Paracas Cavernas. O extraordinário descobrimento das sepulturas de Cerro Colorado e dos tesouros que ali se encontravam acrescentou novos conhecimentos sobre o desenvolvimento cultural da costa sul: o elemento de máximo relevo é constituído pela produção têxtil, extremamente refinada e rica nas técnicas, nas gamas de cores e nas imagens representadas, que, junto com as encontradas nas obras cerâmicas, permitiram reconstituir muitos aspectos desta civilização e de seucredo religioso. No estado atual das investigações, é possível afirmar que a civilização paracas representa o primeiro exemplo de sociedade complexa da zona costeira sul do Peru, em um período compreendido entre cerca de 550 a.C. e 100 d.C.

38-39. A cerâmica de Paracas era pintada com pigmentos naturais aplicados depois da cocção. Nesta estatueta sentada, que segura um grande jarro, podem ser vistos vestígios da antiga policromia, que infelizmente foi quase toda perdida.

Nos vales de Chincha, Pisco, Ica, Palpa e Rio Grande de Nazca, além dos cemitérios, foram encontrados restos de povos e centros cerimoniais que se atribuem à cultura paracas. No entanto, a informação que temos hoje em dia sobre a sua vida e sobre alguns de seus aspectos religiosos deriva das numerosas expressões artísticas refletidas nos objetos que fazem parte dos enxovais funerários.

No decorrer do século I d.C., apareceram na cultura paracas duas tradições paralelas de produção cerâmica. A primeira, localizada nos vales de Canhete, Chincha e Pisco, caracteriza-se por simples recipientes monocromáticos, e foi denominada Topará. A segunda, estendida somente pelos vales de Ica e Nazca, deu origem à produção de cerâmica própria da cultura nazca. Esta cultura, que se desenvolveu entre 100 e 700 d.C., não revela nenhum rompimento entre a arte nazca e a paracas, com exceção de um aspecto de ordem puramente técnica. Os ceramistas nazcas, ao contrário de seus predecessores, produziram peças de terracota aplicando os pigmentos de cor após a cocção. Mantiveram as mesmas formas de expressão artística e as mesmas imagens, e as desenvolveram e expandiram, confirmando uma duradoura tradição sociocultural e uma ideologia firmemente arraigada. No entanto, nas primeiras décadas do século XX, um vale desértico situado aos pés da cordilheira andina revelou a existência de um dos mistérios mais fascinantes do continente americano, relacionado com a civilização nazca: os geóglifos da Pampa do Engenho. Como indica a palavra de denominação grega, trata-se de "signos traçados no terreno" e constituem o legado mais enigmático deixado pelos povos do Primeiro Período Intermediário, embora alguns estudiosos tenham chegado a considerá-los testemunhos de uma época bem mais antiga. No parágrafo dedicado ao sítio de Nazca, é oferecida uma análise mais profunda desse fenômeno.

Além dos geóglifos, a civilização nazca também deixou indícios de sua cultura material e vestígios arquitetônicos de alguns centros de poder, como Cahuachi, que parece ter assumido a função de centro hegemônico entre 100 e 500 d.C. Apesar de ser considerada a "capital" da área nazca, a investigação arqueológica não revelou a existência de estruturas que permitam considerá-lo um centro urbano propriamente dito, mas antes um centro cerimonial de notáveis dimensões, sede de uma poderosa oligarquia teocrática.

40 acima. A terracota nazca recria animais estranhos e seres míticos, em uma magnífica demonstração de policromia e habilidade técnica. Este recipiente, dotado de pescoço duplo, representa a mítica orca, ou baleia carnívora, divindade recorrente na iconografia nazca.

40 abaixo. Este ídolo nazca de terracota apresenta uma estranha semelhança com as estatuetas procedentes do Sudeste da Ásia. As formas arredondadas e o aspecto assexuado da figura lembram os famosos "rosto de menino" da arte olmeca.

40-41. O "Astronauta", que se vê na imagem, é provavelmente a mais misteriosa das inscrições do Pampa do Engenho. São linhas, motivos geométricos e animais de enormes dimensões, visíveis apenas do alto. Embora em geral sejam atribuídos aos nazcas, alguns estudiosos os consideram mais antigos. O personagem em questão, com um estranho gorro esférico, foi traçado na encosta de uma elevação do terreno, e é a única inscrição antropomorfa.

41 abaixo. Este estranho felino, reproduzido neste vaso policromado, também está entre os seres divinos do panteão religioso nazca. As mesmas imagens zoomorfas e monstruosas são encontradas em alguns tecidos.

A sociedade nazca era altamente especializada, e os principais recursos econômicos em que se baseava eram a pesca e a agricultura. Esta última se valia de um complexo e engenhoso sistema de irrigação que permitia transformar vales originalmente áridos e desérticos em terrenos férteis e produtivos.

A atividade têxtil artesanal alcançou um alto nível de qualidade, sobretudo no princípio, quando ainda existia um forte vínculo com a tradição paracas; com o passar do tempo, foi-se consolidando a produção cerâmica, que alcançou um grande nível técnico. Os recipientes pintados podem ser considerados uma espécie de "dicionário ilustrado" do panteão religioso, já que representam, repetidamente, diversos seres híbridos e monstruosos. Entre eles, destaca-se a baleia assassina (Orcinus orca) e o "Ser mítico antropomorfo", caracterizado por uns traços inequivocamente chavinóides. A arte cerâmica também ressalta a importância do culto da cabeça-troféu, associado à prática ritual da decapitação, bastante estendida até o Primeiro Horizonte, mas transformada em prática obsessiva na civilização nazca.

O trabalho do ouro, diferentemente do que se dava nas culturas vicus e moche, limitou-se ao uso de técnicas extremamente simples.

O HORIZONTE MÉDIO

Entre 600 e 1000 a.C., o Peru conheceu uma época de mudanças de caráter político e cultural: os pequenos "reinos" ou "Estados" de caráter regional que haviam florescido durante o Período anterior sucumbiram ao instaurarem-se duas forças unificadoras, definidas por alguns estudiosos simplesmente como "civilizações", e por outros como "impérios". No capítulo anterior, foi mencionado o surgimento, numa época muito antiga, do grande centro cerimonial de Tiahuanaco. A partir de 600-700 d.C., este se transformou na sede principal do que se poderia definir como um "Estado hegemônico", que impôs sua influência religiosa e cultural a outros centros menores, a aldeias satélites, ou até a regimes geograficamente distantes. Durante esta fase histórica, o antigo culto monoteísta do Deus das Varas se estendeu a vários lugares. Pode ser que houvesse

Área de expansão da civilização huari

Área de expansão da civilização tiahuanaco

1 Huari
2 Piquillacta
3 Pachacámac
4 Viracochapampa
5 Tiahuanaco

42 esquerda, abaixo. O estilo huari litorâneo se distingue por sua brilhante policromia, provavelmente herança da tradição nazca. No centro deste vaso pintado, destaca-se a imagem do Deus das Varas, de aparência antropozoomorfa, acompanhado de outras criaturas monstruosas ligadas ao seu culto.

42 direita, acima. A imagem agitada e agressiva pintada em cores vivas neste recipiente de estilo tiahuanaco representa o misterioso Deus das Varas, cujo culto se estendeu pelo mundo peruano durante o Horizonte Médio.

43 esquerda, acima. Os motivos zoomorfos de traços felinos, em muitos casos monstruosos, como o que decora este vaso, também aparecem nos resquícios de tecidos huaris, prova de um artesanato de alta qualidade.

chegado a Tiahuanaco pelas mãos de grupos de habitantes de Chavin de Huántar. A órbita de influência da ideologia e da cultura material de Tiahuanaco se estendeu até o extremo sul do Peru e até a região de Atacama, no norte do Chile; na direção sudeste, até Cochabamba e, embora de forma menos evidente, até o noroeste da Argentina. Devido ao caráter fragmentário dos dados arqueológicos, é quase impossível estabelecer se a expansão de Tiahuanaco foi do tipo "imperialista" ou se era simplesmente a difusão de um culto religioso associado a uma forma de hegemonia comercial e cultural. Foi sugerido que alguns grupos de sacerdotes-guerreiros procedentes do Titicaca poderiam ter instaurado centros de poder nas províncias dominadas, estabelecendo um verdadeiro império teocrático. No entanto, a ausência de provas que demonstrem que se produzira uma conquista de tipo militar faz supor com mais probabilidade que se tratasse de uma expansão pacífica de tipo religioso, que haveria unificado o Peru e as áreas limítrofes, estendendo o culto ao Deus das Varas. Muito diferente foi, como se pode deduzir do estado atual das investigações, o nascimento da outra força unificadora do Horizonte Médio: a civilização huari. As culturas de Nazca, Moche, Cajamarca, os pequenos reinos e os centros que haviam se estabelecido durante o Primeiro Período Intermediário foram absorvidos e dominados repentinamente por uma nova potência político-militar que impôs expressões artísticas peculiares e um novo sistema econômico, fruto de uma estrutura centralizada e eficiente. Esta transformação foi radical e profunda, sobretudo na região central do Peru, em particular nas regiões de Lima e de Ancash: as antigas tradições peculiares da região foram erradicadas até desaparecer sem deixar rastro.

O centro de difusão da nova civilização foi, muito provavelmente, a cidade de Huari, na região de Ayacucho, situada a 700 quilômetros de distância de Tiahuanaco. Dali, um novo grupo de população iniciou uma política expansionista e de conquista, empregando um exército organizado, submetendo as outras populações e dando

43 esquerda, abaixo. O animal pintado neste pote tiahuanaco parece um felino com cabeça de serpente. Os dois impérios que foram dominantes no Horizonte Médio impuseram o culto do Deus das Varas aos povos que subjugaram, mas ao mesmo tempo receberam muitas divindades adoradas por esses povos, especialmente do panteão nazca.

43 direita. Não se sabe qual era exatamente a função atribuída a recipientes como este, de estilo huari-tiahuanaco, que reproduz um pé. Acredita-se que, como no caso dos recipientes moches de mesmo estilo, se trate de uma oferenda votiva procedente de algum templo.

44 esquerda. Apesar do olhar, típico, também neste caso, de um estado de alucinação, este personagem tem aparência menos angustiada e mais tranqüila que a anterior. As formas arredondadas do corpo se destacam especialmente em função da dilatação das listras verticais.

trazidas pela ideologia religiosa: as imagens que aparecem nos refinados tecidos e nas cerâmicas policromadas mostram não somente elementos derivados de antigos cultos ou dos povos conquistados, mas também a introdução de uma deidade particular: Viracocha, o Deus único criador. O principal interesse desta figura misteriosa e onipresente baseia-se no fato de que seus traços são na realidade os do Deus das Varas de Tiahuanaco, o que implica que havia uma relação muito importante entre os dois centros de poder do Horizonte Médio. Ainda não se pôde averiguar que civilização influía sobre a outra, ou qual era a natureza desta relação – política, militar, comercial –, ou qual das duas potências, Tiahuanaco ou Huari, exercia domínio sobre a outra. O certo é que o antigo culto foi imposto de vida a um único grande império. A inovação mais extraordinária registrada nessa época é o surgimento, pela primeira vez na história peruana, de verdadeiras cidades organizadas segundo um plano quadricular, as quais substituíram os velhos centros de caráter cerimonial. Seguindo o exemplo urbanístico de Huari, na costa norte e na serra apareceram outros importantes complexos, como Cajamarquilla, Piquillacta e Viracochapampa. As grandes muralhas altas que circundavam as cidades huaris demonstram a forte militarização da nova sociedade e do novo império. Têm a mesma importância as inovações

44 direita. A simplicidade e o aspecto curioso desta garrafa de cerâmica huari contrastam com a elegância dos vasos policromados mostrados anteriormente. O recipiente em questão traz a imagem de um personagem estilizado, no qual se destacam os olhos, as mãos e, curiosamente, os dentes.

45 esquerda. Muito elegante, este vaso apresenta, em vez das habituais iconografias de seres divinos e monstruosos, a de um pássaro, feita com notável realismo. As patas e a cauda da ave de rapina funcionam como tripé para sustentar o recipiente.

45 direita. Esta figura de características huaris apresenta estilização e grande força expressiva. As mãos e os braços, tenuemente representados sobre o corpo, contrastam com a precisão dos traços do rosto. A pintura facial e os olhos dilatados pela ingestão de drogas fazem supor que o homem era um xamã em estado de transe.

modo que substituiu todos os que haviam surgido em épocas anteriores.
Os elegantes objetos manufaturados pelos artesãos huaris apareceram até nas áreas mais periféricas do império; além dos grandes recipientes de terracota policromada e dos refinados tecidos, em muitos casos adornados com plumas, é importante lembrar as jóias e as estatuetas de pedra dura, principalmente lápis-lazúli e turquesa, e também a escultura de pedra, outro elemento em comum com os monumentos de Tiahuanaco. Por volta do ano 1000 d.C., quase todos os centros urbanos huaris foram abandonados: uma evidente crise minou os alicerces do império, provocando rapidamente sua dissolução e a decadência política. No entanto, muitos aspectos da ideologia e da cultura material foram absorvidos pelas civilizações do Segundo Período Intermediário. As investigações feitas nos últimos anos, como veremos no capítulo seguinte, levam-nos à conclusão cada vez mais evidente de que as particulares características do império inca derivaram do legado huari e tiahuanaco. Com a queda dos huaris, desapareceu a segunda força unificadora do mundo andino e começou outra época de regionalismos: o Segundo Período Intermediário.

O SEGUNDO PERÍODO INTERMEDIÁRIO

Império chimu
Cultura sican
Reino collique
Reino Ica-Chincha

1 Chanchan
2 Batan Grande
3 Ancon

46. Um dos objetos mais famosos da arte sican é o chamado tumi*, punhal de sacrifícios feito de ouro ou cobre em forma de meia-lua. Este valioso exemplar de* tumi *apresenta na parte superior um adorno composto de uma figura de ouro representando Naimlap, o mítico herói cultural da tradição sican. Destacam-se o adorno de cabeça e os brincos de turquesas.*

Depois do colapso do império huari, surgiram numerosos pequenos "reinos" ou "senhorios" correspondentes a outras tantas culturas, em especial na área costeira. As investigações arqueológicas apontaram vários dados interessantes sobre algumas delas. Diversos cronistas deixaram uma ampla documentação histórica sobre as características e os acontecimentos vividos nesses povos, que se veriam posteriormente submissos, um após o outro, ao poder inca.
A mais antiga destas culturas, de recente identificação, é denominada hoje sican. Até agora, não se puderam definir claramente seus limites geográficos: seu centro de desenvolvimento foi o extremo setentrional da área costeira, mais precisamente o vale do Lambaieque. Parece que os restos mais antigos encontrados pertencem aos anos 700-800 d.C., e que as raízes da cultura se assentam no substrato cultural mochica, ou até no vicus, como demonstram alguns objetos decorativos e têxteis característicos. No entanto, a época de maior apogeu sican corresponde ao Segundo Período Intermediário. Segundo a tradição oral, que se perpetuou através dos séculos e se pôde cotejar com os resultados das investigações arqueológicas, o povo Sican chegou do mar guiado por seu deus-herói Naimlap, e assentou-se no vale

de Lambaieque, na costa norte. Desta interessante história surgiram duas versões, ambas dignas de menção: a primeira, escrita pelo cronista Miguel Cabello de Balboa, de 1586, e a segunda, que apareceu duzentos anos depois, obra de Rubiños y Andrade. Naimlap, chamado também Nimlap, teria chegado em uma balsa com um grupo de familiares e concubinas, o que o transforma em um herói cultural e no pai fundador de um grupo étnico que deu vida a uma nova cultura florescente. A arqueologia confirmou esta tradição oral de episódios históricos e mitológicos: foram encontrados numerosos objetos de cerâmica e metal em alguns centros cerimoniais, como Huaca el Corte, bem como em tumbas em forma de poço.
A época de maior esplendor da cultura sican, também denominada Sican Média, teve início por volta de 900 d.C. A esta fase corresponde o estabelecimento da arquitetura monumental, o uso de grandes câmaras funerárias, o uso intenso do cobre arsenicado e as relações comerciais com as costas equatorianas. Numerosos restos arqueológicos apresentam a imagem de um personagem que corresponde em grande medida à descrição do herói Naimlap transmitida pelos cronistas, chamado também "O Senhor de Sican". Trata-se de um ser com traços de pássaro, incluídas duas pequenas asas, um capuz em forma de meia-lua coberta de plumas, nariz em forma de bico e olhos rasgados. Estes traços são observados principalmente no célebre "Tumi de Illimo", uma bela faca cerimonial em forma de meia-lua. Segundo a lenda, o misterioso homem chegado do mar pertencia a uma estirpe que tinha como antecessor um pássaro divino, e também parece que a própria palavra "Naimlap" significa "galinha-d'água".

47 abaixo. O refinamento da ourivesaria sican fica claro neste delicado pote de ouro sobre cuja asa está pousado um minúsculo pássaro com olhos de turquesa.

47 acima. Segundo a tradição sican, o fundador desse povo foi um herói chamado Naimlap, que chegou do mar em uma balsa com um séqüito de servos. Esta garrafa de terracota reproduz a imagem do personagem mítico, em um baixo-relevo feito no corpo do recipiente.

48 esquerda. Este estranhíssimo objeto de madeira tem forma de braço, com a mão segurando um disco no qual estão gravadas cenas de cunho mitológico. Vem de uma tumba da região chimu, mas não se sabe exatamente qual era a sua função.

48 direita. Os chimus deixaram exemplares de uma produção de objetos de madeira de alto nível de qualidade. Este personagem foi feito de madeira de alfarrobeira e tem incrustações de peixinhos de madrepérola. O objeto foi encontrado junto a três outros exemplares semelhantes em um complexo sagrado chamado Huaca Tacainamo. A posição dos braços dos quatro personagens levou os arqueólogos a pensar que poderiam ser miniaturas de "carregadores de liteira".

A cultura sican se extinguiu, segundo alguns arqueólogos, por causa de uma forte seca, e os sobreviventes foram absorvidos pelo "reino" de Chimu, a partir de 1375. Também neste caso os cronistas e os arqueólogos concordam em que, entre os pequenos Estados e as culturas de mesmo nome que floresceram no Período Intermediário Tardio, o de Chimu (também chamado Chimor) foi sem dúvida o mais poderoso e rico do ponto de vista da cultura material. Surgiu uma série de centros urbanos seguindo o modelo dos huaris; provavelmente os senhores chimus permitiram que cada um desses centros se desenvolvesse de forma autônoma do ponto de vista cultural e econômico, mantendo centralizado o poder administrativo.

Este sistema político, orientado a uma melhor gestão e divisão da água para os terrenos agrícolas, provavelmente se mostraria eficaz, como demonstra a riqueza dos enxovais funerários e o surgimento de complexos urbanos de caráter residencial. Entre estes, o mais amplo e surpreendente é, sem dúvida, Chanchan, cujos restos ocupam uma superfície de 20 quilômetros quadrados. Seus restos são considerados, com toda a justiça, uma das maravilhas da arqueologia andina: o conjunto, complexo e original, contém nove cidadelas, cada uma delas com seus templos, ruas, depósitos de água e residências. Os edifícios mais importantes se caracterizam por suas paredes decoradas com magníficos frisos de adobe, nos quais se observam restos de estuque policromado. Os chimus aperfeiçoaram a tradição da metalurgia herdada de seus predecessores mochicas e do povo sican. Também alcançaram grande qualidade na produção de recipientes, máscaras e jóias de ouro e de prata, e da mesma forma no artesanato com plumas; a cerâmica, ainda mantendo a estética do Primeiro Período Intermediário, perdeu originalidade. Os recipientes monocromáticos, negros ou vermelhos segundo o tipo de cocção, tornam a apresentar a forma arredondada e asas em forma de estribo, segundo a tradição moche, mas não apresentam a variedade e a policromia características dos moches. Por outro lado, a enorme produção de terracota chimu faz supor que se tratasse de uma produção em série, destinada mais ao uso cotidiano que ao ritual. É provável, portanto, que, enquanto a produção têxtil alcançava níveis altíssimos de qualidade nas culturas da região costeira meridional, nas da costa norte, em particular no vale de Lambaieque, os artesãos deram maior impulso ao trabalho do ouro, da prata e do cobre arsenicado, criando preciosos e elegantes ornamentos.

49 acima. Este objeto pode ser considerado uma obra-prima chimu em miniatura. Trata-se de um disco para orelha feito em madeira com a superfície decorada com um mosaico de conchas multicolorido. O vistoso personagem de chapéu em meia-lua lembra um dos principais temas da tradição histórico-mitológica dos povos sican e chimu.

49 abaixo. Também esta caixa de madeira de pequenas dimensões pertence à cultura chimu. Tem forma de paralelepípedo. A superfície da tampa é dividida em seis retângulos, cada um dos quais com uma figura zoomorfa estilizada. Uma série de orifícios na borda superior e na tampa da caixa leva a pensar que ela possivelmente era fechada com cordões.

50 direita, acima.
Entre os objetos de cerâmica produzidos pelos chancais, estão recipientes de grandes dimensões e formas muito simples, como este. Sobre um fundo bege, foram pintados motivos geométricos vermelhos e marrons. Assim como na costa norte, os restos arqueológicos chancais vêm principalmente dos enxovais funerários.

50 esquerda, abaixo. As linhas do rosto deste pequeno recipiente antropomorfo chancai foram traçadas com precisão e habilidade. Destaque para o tema ornamental da grega.

Os cronistas da época colonial narram a existência de outros três reinos, situados ao longo da costa e que, como Chimu, foram submetidos pelos incas em 1450. De um deles, chamado Cuismancu, não foram encontrados até pouco tempo atrás restos arqueológicos, razão por que não havia sido demonstrada sua existência. O reino de Collique, por sua vez, foi identificado na zona de difusão da cultura chancai, na costa central. O sítio que deu mostras mais significativas é a necrópole de Ancon, cujas tumbas, originalmente riquíssimas, foram objetos de saques no decorrer dos últimos dois séculos. Também nesta ocasião, como em Paracas, as sepulturas continham *e contrasta com a simplicidade das obras de terracota, pobres em formas e decoradas com motivos geométricos simples. No estado atual das investigações, é possível afirmar que, enquanto a cultura chimu deixou notáveis e importantes vestígios arquitetônicos, os restos arqueológicos relativos aos outros pequenos "reinos" costeiros, ainda que interessantes, são demasiadamente exíguos para oferecer uma visão clara dos povos que viveram na costa central e meridional durante o Segundo Período Intermediário. No entanto, a investigação arqueológica continua, e no futuro provavelmente será possível adicionar outras peças ao mosaico histórico-cultural que precedeu a chegada da última grande força unificadora do Peru pré-colombiano: o império inca.*

numerosos fardos de cadáveres enterrados em posição fetal ou sentados, envolvidos em magníficos tecidos, e com máscaras mortuárias de madeira. São típicos da cultura chancai os cuchimilcos, *figurinhas de cerâmica antropomorfas, de dimensões variadas e traços estilizados, que eram usadas como amuletos e como objetos de culto. Precisamente como resultado dos saques da necrópole, os enxovais funerários, de que se conserva somente uma mínima parte, oferecem uma visão parcial da cultura material e da iconografia chancai. Ao longo da costa sul, sobre os vestígios deixados pela civilização nazca, permaneceram os rastros de outras culturas citadas pelos cronistas.*

O reino de Chincha floresceu no fértil vale de mesmo nome e no de Ica. Um documento anônimo do século XVI fala dele, e descreve uma sociedade extremamente organizada e dividida em grupos de fazendeiros, pescadores e comerciantes. O último grupo viajava pela costa em balsas e criou uma rede comercial entre o Equador e a região dos Planaltos. O sítio arqueológico de La Centinela, de notável interesse, era provavelmente uma espécie de "capital" do reino de Chincha. No que diz respeito à produção artesanal que floresceu no seio desta cultura, os refinados tecidos representavam uma continuação da tradição paracas e nazca, que nunca foi extinta,

50-51. Também este recipiente duplo em forma de "saleiro" é um exemplo típico da fusão dos estilos incaico e chancai, cuja prova é a decoração geométrica pintada em vermelho tijolo e bege.

51 direita. Este recipiente é um kero, *espécie de copo de madeira destinado à libação ritual. É da época inca, mas o tipo de decoração geométrica gravada na superfície apresenta grande influência do estilo típico das culturas meridionais e lembra os motivos pintados nas peças de terracota chancai.*

O HORIZONTE TARDIO: O IMPÉRIO INCA

Extensão máxima do império
Rede de comunicações

1 Tulcan
2 Quito
3 Chachapoias
4 Cajamarca
5 Moche
6 Chavin
7 Pachacámac
8 Tambo Colorado
9 Machu Picchu
10 Ollantaytambo
11 Cusco
12 Nazca
13 Tiahuanaco
14 San Pedro de Atalama
15 Cumcó

Embora as investigações arqueológicas feitas nas últimas décadas tenham aberto um amplo horizonte de conhecimentos relacionados com o mundo andino pré-colombiano, a origem da civilização incaica não foi ainda desvendada e continua cercada de enigmas. Está comprovado que, dentre os pequenos reinos que se formaram durante o Segundo Período Intermediário na região de Cusco, um deles se assentou mediante a força das armas, estabelecendo deste modo um predomínio cultural.
Os conhecimentos atuais sobre o povo inca durante a denominada "época imperial" são bem documentados nas crônicas espanholas do século XVI, mas são bastante limitados no que se refere à formação deste grupo étnico e à consolidação de seu poder.
A história dos incas, de fato, é cercada de lendas que chegaram até nossos dias através da tradição oral, enquanto os dados arqueológicos são ainda muito limitados.
Entre as lendas que circularam pela corte de Cusco na época da conquista, a mais divulgada narrava a história dos dois progenitores da estirpe incaica: o herói fundador da civilização, Manco Cápac, e sua irmã e esposa, Mama Ocllo.
Estes dois personagens míticos, depois de emergir das águas do lago Titicaca por ordem de seu pai, o Deus Sol Inti-Viracocha, foram levar uma nova cultura aos territórios de Cusco. Segundo outra versão, os progenitores da estirpe seriam quatro irmãos semidivinos, os Aiares, que teriam tentado colonizar a região de Cusco com suas esposas-irmãs. Depois de uma série de adversidades, somente um dos irmãos conseguiria sobreviver junto com sua mulher: Aiar Manco e Mama Ocllo, que juntos fundaram a capital do futuro império. Além das duas tradicionais mais divulgadas, os súditos do imperador inca transmitiram aos cronistas espanhóis

52 esquerda, acima. O texto de Huamán Poma de Ayala fala de quatro períodos mítico-históricos, também definidos como "gerações". O desenho, extraído do próprio texto, ilustra a primeira dessas épocas: a dos Uari Viracocha Runa, ou seja, o "povo branco", descendente de Noé, enviado por Deus para povoar a Terra. O livro contém elementos da tradição andina fortemente impregnados de inovações cristãs.

52 esquerda, abaixo. Manco Cápac, representado em desenho extraído, como o anterior, da obra de Huamán Poma de Ayala, era considerado o fundador da dinastia inca, possivelmente originária da região do lago Titicaca. O soberano veste um unku, *longa túnica de algodão decorada com motivos geométricos chamados* tocapu *e reservada aos membros da elite.*

52-53. Esta tela a óleo pintada por um artista anônimo do século XVIII mostra a dinastia dos incas, descendentes de Manco Cápac e Mama Ocllo. Não há provas da existência dos primeiros sete reis, que poderiam não passar de personagens mitológicos.

54 esquerda, acima. O soberano Pachacuti, ou Pachacútec, o nono da dinastia, foi um dos mais estimados da história do Tahuantinsuio. Neste desenho o Inca está elegantemente vestido com sua túnica real, segurando um escudo. O adorno de cabeça de Pachacuti é coroado por plumas que Garcilaso de la Vega atribui ao pássaro mítico chamado "Coraquenque".

54 esquerda, abaixo. A imagem mostra outro momento solene do Tahuantinsuio: a reunião do Alto Conselho, chamado em quíchua de "Camachicoc Apocuna". Em primeiro plano, cercado pelos mais altos conselheiros, destaca-se o soberano, que segura uma espécie de cetro e veste um elegante unku decorado com motivos geométricos.

outras de menor importância. Sem dúvida, estas narrações partem de realidades históricas, embora, lamentavelmente, seja muito difícil separá-las da lenda devido à falta de fontes escritas. A sucessão dinástica dos Incas supõe um problema de similares características. A lista que se conheceu nos séculos posteriores à conquista compreende treze nomes: destes, o primeiro em ordem cronológica é o de Manco Cápac, e o último, o de Atahualpa. No entanto, somente a partir do nono imperador, Inca Yupanqui, podem ser considerados realistas as datas e os acontecimentos, já que podem ser comprovados historicamente.

A chegada ao poder deste soberano corresponde aproximadamente a 1438 d.C. Parece, portanto, que até meados do século XII os incas eram somente um dos muitos grupos étnicos que habitavam os vales que rodeavam o lugar onde apareceria a futura Cusco. Até algumas décadas depois, não se organizaram senão em uma espécie de "senhorio", graças a alguns êxitos militares sobre os povos que habitavam os territórios limítrofes. Por volta de 1400, conseguiram estabelecer finalmente um "Estado" propriamente dito. O fator determinante que impulsionou os incas a uma evolução tão rápida foi a ameaça, cada vez mais iminente, do belicoso povo dos chancas, assentados no vale do rio Pampas. Os chancas haviam formado tempos antes uma confederação bastante poderosa: alguns estudiosos supõem que constituíam a descendência étnica da antiga civilização huari. Estimulados pelo temor de que a nova potência dos vales do sul se levantasse e começasse sua expansão, depois de haver expulsado a tribo dos quíchuas de seus territórios, os chancas deram bastantes problemas aos incas, numa tentativa de frear a ameaçadora escalada militar e econômica que estes implicavam. Por sua vez, foram precisamente eles os derrotados em uma sangrenta batalha que teve lugar entre 1430 e 1440. A esta época corresponde a ascensão ao trono de Pachacuti, que pôs fim às diferenças com os guerreiros chancas, e ao qual foi concedido, após a vitória, o título honorífico de "Inca".

Como é habitual, existem testemunhos arqueológicos extremamente escassos que confirmem as lendas sobre o nascimento e a consolidação do reino inca depois das derrotas dos chancas e outros povos hostis, como os collas e os lupacas. No entanto, levantaram-se algumas hipóteses interessantes sobre as possíveis raízes

étnico-históricas e culturais do povo que fundou o último grande império do Peru pré-colombiano. Alguns arqueólogos, entre eles o americano J. H. Rowe, após as investigações feitas nos anos 60, afirmaram que as origens da civilização inca não deveriam ser procuradas somente na área cultural e geográfica da serra de Cusco, mas também na região dominada por certo tempo pelos huaris e, provavelmente, também na de Tiahuanaco. Apesar das duras críticas feitas pelos adversários desta teoria, as investigações mais recentes parecem confirmá-la. Trata-se de descobertas procedentes do Horizonte Médio, época em que a civilização huari havia dominado e unificado todo o mundo andino. Os huaris tiveram influência, em grande medida, em um grupo étnico hoje denominado qotakali, assentado na parte setentrional do vale de Cusco e conhecido por sua produção cerâmica. Durante os séculos posteriores à queda da civilização huari, os qotakalis não perderam seus vínculos e afinidades com esta última, mas mantiveram suas características básicas, que foram transmitidas à cultura killke, cuja produção cerâmica é atribuída ao período "Inca inicial", que precedeu ao "imperial". Efetivamente, os restos desta cultura parecem proceder em sua totalidade de um momento histórico preciso, correspondente à chegada ao trono de Pachacuti Inca. Além dos aspectos característicos da região de Cusco, a cultura killke, antecessora da inca, parece ter recebido grande influência da civilização huari, influência que não se limita à cultura material e à tradição cerâmica. Esta influência se tornará evidente

54 direita, acima. Este desenho de Huamán Poma recria uma cena de batalha em que dois exércitos inimigos se enfrentam: à esquerda, acima, o exército inca, liderado pelo soberano com capacete emplumado, ataca o exército de uma tribo local, rebelde e resistente à servidão ao imperador.

55 esquerda, acima. Os caminhos incas apresentavam grande número de pontes de corda sobre as profundas gargantas dos vales. O desenho mostra um Chacha Suiuioc, *funcionário encarregado da construção e manutenção das pontes.*

55 esquerda, abaixo. O desenho mostra o Inca e sua esposa, elegantemente vestidos, na celebração da última festa do ano de acordo com os ciclos do calendário, chamada Capac inti raimi. *Ela acontecia no mês de dezembro e era dedicada ao Rei Sol, em homenagem ao qual eram sacrificadas lhamas e crianças.*

na ideologia imperialista e militarista própria do mundo inca e no modelo de organização política e social adotado. Não se pôde documentar nenhum outro exemplo de sistema político na região, e, no estado atual das investigações, é possível afirmar que o último império andino nasceu da poderosa influência exercida pelo povo huari, e que existiram indiscutíveis semelhanças entre os dois. Considerando por fim a estreita relação entre as civilizações huari e tiahuanaco, pode-se estabelecer uma conexão lógica entre as lendas que falam do lago Titicaca como lugar de origem do povo inca e as conclusões a que levam os achados arqueológicos. Devido às numerosas questões ainda pendentes sobre a origem dos incas, é difícil aventurar-se a estabelecer uma relação de datas precisas dos principais acontecimentos históricos. No entanto, segundo a cronologia elaborada por J. H. Rowe, ainda considerada a mais confiável, o ano de 1200 d.C. pode ser considerado o ano de início da dinastia dos soberanos incas. A partir daquele momento, o reino foi-se consolidando, até a ascensão ao trono de Pachacuti, nono Inca segundo a tradição, em 1438. O nome original do príncipe era Cusi Yupanqui, que significa literalmente "o reformador do mundo", ou, segundo outra versão, "o salvador da Terra". O soberano se instalou na cidade de Cusco e iniciou uma política expansionista que levou seu reino a alcançar gradualmente uma posição de supremacia com respeito aos outros povos da região e dos territórios limítrofes. Pachacútec, no topo do exército junto a seu irmão Cápac Yupanqui e seu filho Túpac Yupanqui, nos anos seguintes à sua chegada ao trono, empreendeu uma série

55 centro. O desenho mostra um personagem segurando um estranho instrumento formado por cordinhas presas a um fio. Trata-se do quipucamaioc, *o "*mestre do quipu*", o encarregado da contabilidade, que utilizava o instrumento para fazer cálculos. O* quipucamaioc *devia* restar contas *regularmente contas ao Inca sobre a situação econômico-financeira do império.*

55 direita. Este precioso quipu *é composto de uma grande série de cordinhas com nós penduradas numa vara de madeira. Com este instrumento, os contadores do Tahuantinsuio podiam calcular com exatidão o número de lhamas e a quantidade de produtos agrícolas. Estudos recentes levam a pensar em um uso histórico-literário do* quipu.

de conquistas destinadas a reforçar seu poder e a ampliar as fronteiras do Estado inca. Estas campanhas militares representaram a primeira etapa da criação do futuro império. Por volta de 1450, o exército inca dominou o território do povo colla, assentado nas margens do lago Titicaca, e, em seguida, a região de Arequipa, chegando até a costa meridional. No norte, as conquistas chegaram até a cidade de Cajamarca, situada a 1.000 quilômetros de Cusco, numa zona habitada por tribos hostis e guerreiras. Enquanto isso, uma revolta do povo chanca era rapidamente derrotada. Ao longo da costa norte, o soberano do florescente reino dos chimus se deu conta da ameaça que representava o avanço dos incas, e enviou um exército para detê-los. No entanto, em 1463, a capital Chanchan caía nas mãos do inimigo, e o último príncipe, Minchancaman, se viu obrigado a capitular. A marcha do exército inca seguiu pela costa norte até a região de Quito, que foi anexada juntamente com as terras de algumas tribos equatorianas. Em 1471, quando as tropas incaicas haviam regressado a Cusco, Túpac Yupanqui sucedeu ao pai e prosseguiu a política de conquistas. Ao final de seu reinado, que durou pelo menos vinte e dois anos, o império inca abarcava a maior parte do sul dos Andes, e suas fronteiras se estendiam por territórios dos atuais Chile, Bolívia e Argentina. Após a morte de Túpac Yupanqui, subiu ao trono seu filho Huaina Cápac. Este empreendeu numerosas expedições pelos territórios do norte do império para aplacar as contínuas revoltas promovidas pelos povos dominados, muitos dos quais se haviam mostrado desde o princípio absolutamente contrários a aceitar a supremacia dos prepotentes conquistadores.
Desse modo, o soberano se deu conta da dificuldade que representava controlar e manter intacto um império tão amplo, do qual formavam parte numerosas etnias que falavam idiomas diferentes e conservavam costumes diversos. Por outro lado, um problema inquietante veio somar-se ao político-militar: uma terrível epidemia incurável de origem desconhecida havia começado a provocar mortes entre a população. Atualmente, supõe-se que se tratava da varíola, transmitida aos indígenas pelos espanhóis, que já haviam alcançado o país de Darién, no atual istmo do Panamá, e haviam chegado ao sul com os mercadores. Huaina Cápac, alarmado fazia tempo por essa difícil situação e pelas notícias da chegada de homens brancos e barbudos que traziam consigo animais estranhíssimos, foi contagiado e morreu em 1527. O reino inca, após seu glorioso mas breve apogeu político e econômico, começou sua fase de decadência, provocada principalmente pela luta fratricida desencadeada entre os dois filhos do falecido soberano: Huáscar, legítimo sucessor do trono, e o ambicioso Atahualpa. A cega ambição e a inveja que desencadearam esta guerra contribuíram para o enfraquecimento do poder inca e abriram caminho aos conquistadores europeus, que em pouco tempo puseram fim ao grande império dos Andes.
Chegando a este ponto, é lógico perguntar em que se baseava o rápido desenvolvimento do poder inca, e o que lhes permitiu passar de pequeno "senhorio" a gigantesco império, que, sob o reinado de Túpac Yupanqui alcançou uma extensão de 950.000 quilômetros quadrados. Poderíamos pensar que se tratou de uma série de elementos inter-relacionados: o poder absoluto dos soberanos, a excepcional

56 esquerda, acima. O desenho mostra um pedaço da cidade de Cusco, vista por Huamán Poma. À esquerda das casas, de teto inclinado, fica o palácio do imperador. Da antiga capital remanescem hoje apenas alguns restos de muralhas e prédios, absorvidos pelas construções da época colonial.

56 esquerda, abaixo. O décimo rei da dinastia, retratado no desenho, foi Túpac Yupanqui. Ficou famoso por seu desejo expansionista, suas conquistas territoriais e suas expedições marítimas. Reinou no Tahuantinsuio de 1471 a 1493.

56 direita. O Inca Huaina Cápac foi o décimo primeiro soberano da dinastia, tendo reinado de 1493 a 1525. Após sua morte, o império começou a se desagregar em função da luta fratricida entre Huáscar e Atahualpa. O desenho mostra o soberano com uma túnica elegante e um capacete coroado de plumas de Coraquenque, e segurando lança e escudo.

57. Esta página, procedente da obra Civitates Orbis Terrarum, *oferece uma vista da capital inca, a cidade de Cusco, considerada por seus habitantes o "umbigo" do universo. No desenho é possível ver a planta quadriculada do centro urbano, herdada da tradição huari, e, à esquerda, um palácio ou templo. Em primeiro plano, um grupo de servos carrega o Inca em seu palanquim.*

CVSCO.

organização do exército, mas também um Estado e uma sociedade estruturados segundo uma organização rigidamente hierárquica. O império, hoje chamado erroneamente "inca", era denominado "Tahuantinsuio". Em quíchua, que era o idioma do povo inca, "Tahuantinsuio" significava literalmente "as quatro partes do mundo". "Inca" era um título honorífico outorgado aos soberanos, simplesmente por nascimento ou por méritos próprios, análogo ao de "César" dos romanos. Ainda se desconhece o nome original do povo inca, bem como o que era dado à sua civilização em geral. O império era dividido em quatro partes, cada uma das quais constituía um suio. *Cada* suio *era, por sua vez, dividido em províncias, que tinham como capital um centro urbano dirigido por um governador local. Cusco, considerado por seus habitantes "o umbigo do mundo", já que representava o centro geográfico ideal do Tahuantinsuio, era a capital e a sede do poder central. No entanto, apesar de sua organização e de sua grande extensão, o império não era unificado, mas constituía uma enorme confederação de grupos étnicos, cada qual com sua própria identidade cultural e lingüística, vinculados a Cusco por tratados e alianças. Por outro lado, deve-se ressaltar que estas alianças com freqüência eram resultado das vitoriosas campanhas bélicas incaicas. De fato, um dos sistemas adotados pelos Incas em sua política*

58 acima. Este mapa mostra o império inca, chamado em quíchua de "Tahuantinsuio", ou seja, "as quatro partes do mundo". Era dividido em quatro regiões, ou suios, *cada uma das quais era voltada para uma direção: Chinchaisuio, Contisuio, Collasuio e Antinsuio. Cusco, capital e cidade sagrada, ficava no centro e era considerada o centro do universo.*

imperialista era a chamada "reciprocidade". O Inca em pessoa, ou em seu lugar um representante eleito dentro de seu exército, apresentava-se ao senhor de outro reino ou de outra tribo e oferecia-lhe abundantes presentes, entre eles algumas belas jovens. Então, propunha-lhe a anexação de suas terras ao estado inca. Se o senhor aceitava, as tentadoras promessas se mantinham e se selavam com grandes banquetes; em caso de recusa, iniciava-se a batalha, que acabava quase sempre com vitória por parte dos exércitos incaicos e com a captura de quem havia ousado rebelar-se contra a vontade de tão poderoso adversário. É, portanto, compreensível que o equilíbrio político do Tahuantinsuio, baseado em tais premissas, fosse tão fraco e que o Inca se visse obrigado a aplacar contínuas tentativas de rebelião por parte das etnias submissas e a elaborar estratégias para manter a coesão de seu imenso território. Uma destas estratégias foi a imposição de uma língua comum, o quíchua, que era o idioma da elite política e administrativa e que os povos submissos se viam obrigados a aprender, embora não se proibisse o uso dos diferentes dialetos locais. O quíchua, provavelmente língua das tribos mais antigas da região de Cusco, foi adotado pelos incas e durante os séculos XV e XVI alastrou-se por todas as regiões do império. Atualmente, ainda o falam cerca de três milhões de pessoas nos Andes peruanos. Numerosos funcionários imperiais eram enviados às diversas regiões para ensinar o quíchua aos habitantes locais; além disso, os filhos dos nobres e dos senhores que governavam as províncias tinham de transferir-se para Cusco para ir à escola na capital e assimilar a cultura incaica.
Outra estratégia política adotada pelos incas foi a do mitmaq: *tratava-se de migrações forçadas mediante as quais alguns grupos populacionais, ou povos inteiros, eram transferidos de seu lugar de origem para outras regiões, com freqüência distantes e já colonizadas, de modo que pudessem*

58 abaixo. *Um grupo de soldados e dignitários rodeia e homenageia o soberano sentado no trono, uma espécie de pedestal coberto por um baldaquino adornado com plumas. Os presentes exibem símbolos de poder, especialmente adornos de cabeça e os discos de orelha, que lembram os signos distintivos do deus-herói Naimlap.*

59 esquerda. *O desenho mostra os depósitos do império, nos quais eram guardados os alimentos. Os depósitos eram chamados de* colcas *e administrados por um funcionário chamado* Suiuioc. *Em primeiro plano pode ser visto um* Suiuioc *no momento em que presta contas ao soberano com o instrumento de cálculo chamado* quipu.

assimilar rapidamente a cultura inca. Os funcionários imperiais tinham a missão de administrar as diversas províncias submissas e de efetuar o censo dos habitantes. Com esse fim, era utilizado o quipu, *instrumento de cálculo herdado possivelmente da civilização huari. Consistia em um punhado de pequenas cordas, de lã ou algodão, unidas por uma extremidade a uma corda transversal e ao longo das quais se davam nós simples ou compostos. Quando os* quipu *começaram a ser estudados de forma sistemática, ficou evidente que cada uma destas pequenas cordas era diferente das demais; supôs-se, portanto, que a cor e o comprimento das cordas tivessem um significado cuja chave de leitura era propriedade exclusiva de quem o havia fabricado, o* quipucamaioc.
No entanto, em 1910 o arqueólogo Locke encontrou um elemento comum a todos os quipu*: os grupos de cordinhas representavam uma quantidade numérica, e cada nó um número do sistema decimal.*
O quipu *era usado, portanto, como instrumento mnemotécnico de cálculo e de codificação das quantidades, e os Incas o empregavam sobretudo nas estatísticas sobre o censo e os bens econômicos do império. As cidades e as províncias eram unidas umas às outras e a Cusco por uma grandiosa rede de caminhos que se estendia desde a costa até as mais agrestes áreas montanhosas, e cujas origens remontavam à época huari. Os* chasqui, *mensageiros a serviço do Inca, percorriam dezenas de quilômetros de trilhas por dia, atravessando pontes de corda sobre os rios e subindo estreitas rampas, e parando somente nos pontos de descanso, denominados* tambo. *É importante lembrar que os incas não dispunham de animais para transporte ou carga além das lhamas, que não podem carregar muito peso, razão pela qual nunca construíram carroças ou outros meios de transporte, nem utilizaram a roda, ainda que a conhecessem. Todo traslado tinha de ser feito inevitavelmente a pé. Os diferentes grupos étnicos eram obrigados a se converter ao culto oficial do império, o do Deus Sol, embora se tolerassem os cultos locais e o do antigo deus criador Viracocha. No grande santuário de Pachacámac, situado na costa e destino de peregrinação fazia muitos séculos, foi erguido um novo templo dedicado a Inti, o Sol, junto ao da antiga Divindade Criadora. Além dos deuses, também era venerada a figura do próprio Inca, como encarnação e filho do Sol, além de único chefe político e religioso, que possuía o poder absoluto ao modo dos faraós egípcios. O Inca reinava com sua esposa-irmã, chamada* coia, *e contava com o respaldo de uma corte de dignitários e funcionários, que ostentavam funções estruturadas segundo uma rígida hierarquia piramidal.*
O Inca era proprietário de todas as terras do império, que só eram cedidas em usufruto às pessoas do povoado, que tinham direito de gestão de seus recursos e de exploração para subsistência, sem nunca chegar a ser proprietários. A ausência total de propriedade privada representa uma característica do Estado incaico, o que levou alguns estudiosos a compará-lo aos Estados comunistas do mundo inteiro.

como

59 centro. *Este desenho de Huamán Poma mostra o administrador nomeado pelo Inca, o qual aparece com dois* quipu, *seus principais instrumentos de trabalho. Os* Suiuioc *eram escolhidos entre os representantes de maior autoridade em cada província do império.*

59 direita. *Em Tahuantinsuio, o oferecimento de mulheres jovens era uma forma habitual de conseguir favores, reforçar alianças ou negociar a paz. No desenho vemos um dignitário do Inca apresentando duas donzelas numa negociação com os espanhóis.*

A CONQUISTA E A QUEDA DO IMPÉRIO INCA

60. Este óleo sobre madeira pintado por um artista anônimo do século XVIII retrata Atahualpa, o décimo terceiro soberano da dinastia inca. A luta violenta que teve contra o irmão Huáscar contribuiu para enfraquecer o poder político do império, o que facilitou a invasão espanhola.

61 esquerda, abaixo. O desenho mostra toda a família real passeando em um palanquim coberto por um rico baldaquino de plumas.

61 esquerda, acima. Francisco Pizarro acabou com o império inca em 1533 ao prender Atahualpa e condená-lo à morte.

61 direita, acima. O desenho mostra o Inca Huáscar aprisionado por dois soldados por ordem de seu irmão Atahualpa. O Inca tem as mãos presas às costas e uma corda no pescoço. O guerreiro da direita, armado de lança, toca o pututo (strombus) para anunciar a captura.

Com a morte do Inca Huaina Cápac, em 1525, desencadeou-se na corte de Cusco uma violenta luta pela sucessão entre Huáscar, filho legítimo do falecido rei e herdeiro designado, e Atahualpa, denominado "o bastardo", uma vez que era filho natural do Inca e de uma concubina. Devemos recordar que, no Tahuantinsuio, a sucessão não era simplesmente uma questão de primogenitura, mas o herdeiro era eleito entre os membros da nobreza, segundo seus méritos e sua capacidade. Para pôr fim ao interminável conflito, foi concedido a Huáscar o trono de Cusco, enquanto Atahualpa era designado soberano de Quito, a segunda cidade do império. Esta divisão provocou, inevitavelmente, o início da decadência e um grande enfraquecimento do poder monárquico, e esta foi exatamente a situação que os espanhóis encontraram e que lhes facilitou sua intervenção e propiciou a conquista. O capitão Francisco Pizarro já havia feito algumas expedições pelas costas da Colômbia e do Equador, que o haviam induzido a pensar que o mítico Eldorado de que falavam os nativos de Darién não se encontrava longe. Em 1527, voltou à Espanha para obter dos soberanos o financiamento necessário para empreender seu ambicioso projeto.

Em 1532, Pizarro partiu em direção ao Peru, embora contasse com menos meios do que esperava: somente cerca de sessenta soldados a cavalo e cento e dez soldados de infantaria. No entanto, a ambição de alcançar os fabulosos tesouros o levou a não se render e prosseguir na tentativa. Depois de desembarcar no porto de Tumbes, que dez anos antes apresentava o aspecto de uma cidade rica e animada, deu-se conta imediatamente de que algo estava errado: por todas as partes se viam rastros evidentes de mortes e sofrimentos causados por uma epidemia e uma guerra. Os indígenas, que conheciam os estrangeiros brancos fazia dez anos e não os temiam, explicaram que, na distante cidade de Cajamarca, o governante Atahualpa estava travando feroz batalha contra seu irmão. Ao avançar rumo a Cajamarca, os espanhóis perceberam o nível de desespero a que havia chegado a população do império e a indignação que mostrava em relação a Atahualpa pelos fortes impostos que lhes impunha e pela obrigação de sacrificar crianças para proteger a saúde do Inca. Esta situação de descontentamento por parte dos povos submissos ao império favoreceu claramente os europeus, e Pizarro logo compreendeu que naquelas

circunstâncias seria fácil estimular os indígenas a se insurgir contra Atahualpa. Partindo de Cajas, e após terem atravessado as passagens da cordilheira andina, o capitão e seus homens chegaram finalmente a Cajamarca. Ali os esperava Atahualpa, disposto a dar as boas-vindas aos estrangeiros barbudos vindos do mar; o soberano consentiu em receber pessoalmente Pizarro na praça principal da cidade, oferecendo-lhe chicha, una bebida de milho fermentado, em grandes jarras de ouro, de acordo com o costume local.

No dia seguinte, ignorando a hospitalidade do Inca, os espanhóis não hesitaram em armar um ardil para Atahualpa, e, com o pretexto de sua rejeição à cruz e à Bíblia, o Inca foi feito prisioneiro e seus homens foram aniquilados.

Para obter a liberdade, Atahualpa prometeu dar aos conquistadores tanto ouro quanto coubesse em uma das salas do palácio real; Pizarro aceitou, tomando posse de parte do precioso espólio – destinado ao rei Carlos V – enquanto amadurecia seu plano. Um pouco depois, em 1533, alguns membros da elite fiel a Atahualpa mataram seu irmão, Huáscar, sob suspeita de colaborar com os espanhóis; Pizarro, sob pretexto de uma rebelião por parte dos fiéis ao Inca prisioneiro, acusou-o de alta traição e condenou-o à morte por garrote.

Diante do desespero e da consternação dos membros da família real, Pizarro se preocupou em pôr panos quentes, colocando rapidamente no trono o outro membro da dinastia reinante como "monarca fantoche". Em primeiro lugar, elegeu um irmão mais

62 esquerda, acima. Este impressionante desenho de Huamán Poma de Ayala ilustra com notável realismo a execução por garrote de Atahualpa pelos soldados de Francisco Pizarro.

62 esquerda, abaixo. Nesta imagem de Huamán Poma de Ayala, Atahualpa aparece sentado com as mãos e os pés amarrados durante sua prisão, antes da execução. Ao seu lado está sentado um membro da guarda de Pizarro.

62 direita. Francisco Pizarro se encontrou com o Inca Atahualpa em Cajamarca. O desenho mostra a tentativa de converter o Inca — sentado ao centro, cercado por seus soldados — à fé católica. A presença de cavalos, animais desconhecidos dos povos andinos, contribuiu para atemorizar as tropas de Atahualpa e preparar o terreno para a traição e captura.

novo de Atahualpa, que morreu envenenado pouco depois, e, em seguida, outro irmão, chamado Manco Inca. Os conquistadores já tinham caminho livre para entrar na capital do império, Cusco, e tomar posse de todos os tesouros que perseguiam fazia tempo. A primeira etapa deste plano implacável foi o saque do Coricancha, o maravilhoso Templo do Sol, de paredes e jardins cobertos de ouro. Isso provocou a queda definitiva do grande Tahuantinsuio, já vacilante e enfraquecido pelo impacto das lutas intestinas, e da civilização incaica. Os espanhóis, no entanto, não tiveram, em seguida, a partida ganha: por um lado, encontraram-se lutando com a resistência de Manco Inca e de seus homens, e, por outro, se viram encurralados em cruentas guerras civis. Os capitães Francisco Pizarro e Diego de Almagro, antes companheiros, mas naquele momento inimigos, foram assassinados pelas facções de seguidores de cada rival. Seus sucessores tiveram de continuar a lutar com a resistência armada de Manco Inca, primeiro, e depois de seus filhos, Sayri Túpec, Titu Cusi Yupanqui e Túpac Amaru. O primeiro, depois de pactuar com os espanhóis por sua rendição, abandonou seu refúgio de Vilcabamba. Titu Cusi, por sua vez, manteve a rebeldia até o momento de sua morte, causada por uma doença estranha, embora tenha aceitado converter-se ao catolicismo e permitido a entrada em seus territórios de Vilcabamba de alguns missionários agostinianos. Túpac Amaru, seu sucessor, continuou a luta até 1572, ano em que foi capturado e decapitado. A morte deste último marcou definitivamente o fim do grande Tahuantinsuio, o império que havia dominado os Andes por um breve período de tempo, no qual chegara ao topo da glória política e militar e do prestígio cultural. Alguns cronistas escreveram relatos detalhados de sua história e outros textos, mais vagos e fragmentários, sobre os povos submetidos aos incas. Entre estes cronistas, os mais importantes são, sem dúvida, Garcilaso de la Vega, filho de um capitão espanhol e de uma princesa incaica e autor dos *Comentários reais*, e Huamán Poma de Ayala, que escreveu *Nova Crônica* e *Bom Governo*.

63 direita, acima. Esta pintura sobre madeira de 1700 apresenta o último inca: Túpac Amaru, capturado pelas tropas espanholas e condenado à morte em 1572.

63 esquerda. Esta ilustração de 1602 mostra a tomada da cidade de Cusco pelas tropas de Pizarro imediatamente depois da morte do rei Atahualpa. Os soldados saquearam primeiramente o Coricancha, o famoso "Templo do Sol". Hoje restam poucos vestígios da época inca.

63 direita, abaixo. O desenho mostra Francisco Pizarro e Diego de Almagro, inicialmente companheiros à frente do exército espanhol, mas depois inimigos figadais. Ambos morreram nas lutas internas que prejudicaram seriamente o exército espanhol depois da morte de Atahualpa e do desmantelamento do império inca.

AS CIVILIZAÇÕES PRÉ-COLOMBIANAS NO EQUADOR E NA COLÔMBIA

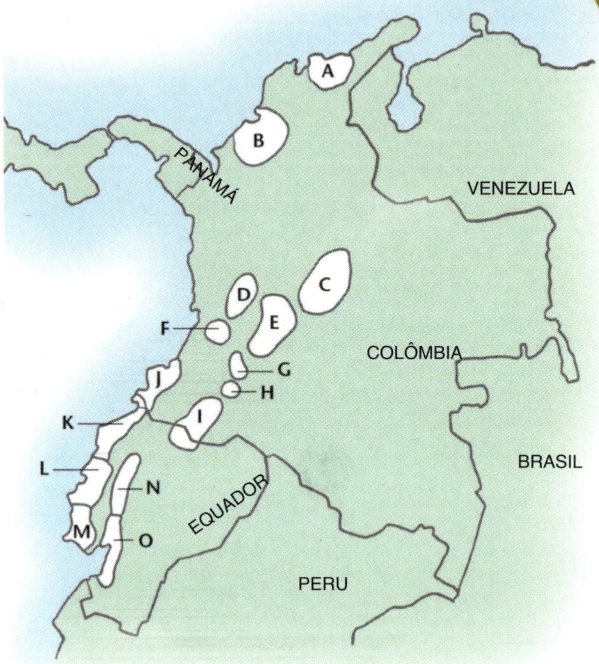

A Tairona
B Sinu
C Musica
D Quimbaia
E Tolima
F Calima
G Tierra Dentro
H San Agustin
I Nariño
J La Tolita
K Jama Coaque
L Bahia
M Guangala
N Quevedo
O Milagro

O estudo do mundo andino pré-colombiano abarca uma área geográfica muito ampla, que não se limita ao antigo Peru, mas compreende os territórios dos atuais Estados do Equador, Bolívia e Colômbia. Falamos da Bolívia no capítulo anterior, a propósito dos fascinantes vestígios de Pucara e Tiahuanaco; as civilizações que floresceram no Equador e na Colômbia antes da conquista incaica deixaram poucas amostras de restos arquitetônicos de qualidade. No entanto, a cultura material de que são prova, sobretudo os achados de objetos de ouro e cerâmica, mostra um altíssimo nível de qualidade e um vínculo, mais ou menos forte segundo a época, com a produção das culturas peruanas. Por isso, não podemos deixar de falar, neste contexto, ainda que brevemente, dos dados conseguidos nas escavações arqueológicas sobre os povos do Equador e da Colômbia anteriores à época incaica. Infelizmente, a total ausência de testemunhos escritos e historiográficos não nos permite, até agora, cobrir as lacunas existentes com respeito às civilizações que nasceram nesses territórios. Em todo o caso, a investigação continua e provavelmente acrescentará novos dados no futuro que resolvam as incógnitas históricas sobre esta parte da América Latina. Baseando-se nos achados arqueológicos, a história do Equador pré-colombiano foi subdividida em diversos períodos: o Período Paleoindígena, o Período Arcaico, o Formativo, o dos Regionalismos, o de Integração e, por último, o Incaico. Analisaremos o desenvolvimento das diversas culturas a partir do Período Formativo, compreendido aproximadamente entre 4000 e 200 a.C. e subdividido, por sua vez, em três fases cronológicas. A mais antiga, entre 4000-3500 e 1500 a.C., vincula-se à cultura de Valdívia, de cuja existência temos notícia desde 1956, como resultado das investigações feitas pelo arqueólogo Emilio Estrada. Os achados mais importantes desta antiqüíssima civilização equatoriana são as célebres "Vênus de Valdívia", graciosas estatuetas femininas de cerâmica. Poucos anos depois de seu achado, Estrada e outros arqueólogos dos Estados Unidos atribuíram a elas a data de 3200 a.C. A importância deste achado vinha do fato de que estes ídolos representavam os restos cerâmicos mais antigos do Novo Mundo: hoje já não se podem considerar como tais, uma vez que, no início da década de 1990, a arqueóloga Anna Roosevelt encontrou fragmentos de terracota bem mais antigos no delta do rio Marajó, em território brasileiro, procedentes de 6000 a.C. aproximadamente. Voltando à década de 1960, Estrada e seus colaboradores puderam confirmar a existência de uma cultura "formativa" nas costas equatorianas, da qual até então não se tinha conhecimento. Após o achado, e depois de longos estudos sobre a tipologia e o estilo das mostras de terracota de Valdívia, Emilio Estrada e sua colega Betty Meggers publicaram os surpreendentes resultados de suas investigações: a cerâmica mais antiga do Equador não havia sido produzida ali, mas chegara cruzando o Pacífico, como resultado dos contatos, talvez fortuitos, entre os povos do Equador e navegantes japoneses que levavam obras cerâmicas da cultura jomon. Naturalmente, apesar do trabalho documentado e detalhado de Estrada e Meggers, outros estudiosos mostraram-se contrários a essa hipótese original, entre os quais o célebre antropólogo John Lathrop. Na sua opinião, eles haviam identificado um

64 acima. Estas duas pequenas estatuetas femininas, com um elaborado adorno de cabeça, levam crianças nos braços. O tema da maternidade é muito presente na cerâmica bahia.

64 abaixo. Esta cabeça humana, simples, mas ao mesmo tempo refinada e de traços perfeitos, é um belo exemplo da cerâmica de La Tolita.

65. Este curioso personagem de cerâmica pertence à cultura equatoriana de La Tolita, que surgiu em uma ilha situada no estuário do rio Santiago. A produção artesanal de La Tolita, de altíssima qualidade, parece concentrada na representação do ser humano e de divindades. Neste caso, a figura sentada pode ser vista como uma espécie de deus protetor das serpentes.

aspecto autóctone da primeira cultura agrícola de Valdívia. A agricultura de Valdívia se teria radicado nos vales férteis do Guaias e de outros rios pequenos; mas essa teoria não ainda não foi confirmada por dados arqueológicos. No sítio de Valdívia, foram encontrados restos de cabanas e estacas, o que faz supor que a área habitada era constituída por residências de planta oval, edificadas totalmente com materiais de vida limitada, como terra batida e junco. O teto provavelmente era feito de folhas de palmeira, como ainda hoje em dia.
Também foram encontrados restos de um povoado da mesma cultura em Rio Alto. O povoado compreende sete residências, uma praça e dois montículos provavelmente destinados a uso cerimonial. A população de Valdívia e de Rio Alto obtinham seu sustento da pesca, do colhimento de moluscos e da caça.
Também podem ser considerados o primeiro exemplo de sociedade agrícola do Equador, já que foram detectados restos de cultivo de milho, de abóbora, de feijão-de-lima ou de feijão-branco, de algodão e de mandioca, embora pertençam a uma época posterior. Entre 1500 e 1200, durante o que se definiu como "Período Formativo Médio", desenvolveu-se no Equador a cultura machalilla, caracterizada por uma cerâmica de formas bastante refinadas, cheias de relevos e com a extremidade do colo em forma de lábio, muito diferente da de Valdívia, cujos recipientes simples, pirogravados, eram inspirados nas formas da abóbora. A produção cerâmica machalilla também compreende os primeiros exemplares de jarros zoomorfos e fitomorfos equatorianos, não muito diferentes dos mochicas do Peru. A origem dessa cultura é bastante controvertida: embora os restos arqueológicos achados se encontrassem num nível imediatamente superior aos de Valdívia, o que fazia supor uma lógica seqüência cronológica e uma simples evolução estilística, alguns estudiosos supõem que a cerâmica machalilla foi fruto de uma cultura importada de outro lugar. Estrada e Meggers foram os promotores de uma teoria de procedência cultural centro-americana, teoria seguida posteriormente por Lathrop, embora ainda não se tenha resolvido o problema de se os contatos culturais e comerciais eram

66. *A imagem mostra um exemplar bastante elaborado de cerâmica de Jama Coaque. Trata-se de um modelo em miniatura que representa uma espécie de templo piramidal coroado por um pequeno personagem feminino sentado, talvez uma sacerdotisa. A superfície externa do pequeno templo é coberta de elegantes motivos em relevo, originalmente pintados em cores vivas.*

realizados por via terrestre ou por via marítima. A tradição estilística da cerâmica machalilla seguiu sem solução de continuidade durante o Período Formativo Tardio, compreendido entre 1200 e 200 a.C., e desembocou na denominada cultura chorrera. Essa cultura, desenvolvida na área costeira e estendida posteriormente pela serra, se desenvolveu numa sociedade agrícola estruturada, cujas relações comerciais se estenderam provavelmente até os territórios peruanos de Chavin de Huántar e os da cultura de Calima, na Colômbia. Uma das principais "moedas" de troca era a concha Spondylus, *chamada* mullu *em língua quíchua e considerada pelas populações da época um alimento dos deuses e símbolo de fertilidade. O povo chorrera vivia em aldeias formadas por residências situadas sobre montículos artificiais e dispostas em torno de uma grande superfície destinada ao mercado e às cerimônias. Os ceramistas chorreras retomaram e desenvolveram as formas e a tipologia machalillas, ampliando os temas iconográficos e aperfeiçoando a representação do ser humano: precisamente a esta cultura remonta o uso do molde, até então desconhecido no mundo andino. No posterior Período de Desenvolvimento Regional, compreendido entre 300 a.C. e 500 d.C., surgiram alguns aspectos culturais fundamentais da história do Equador. O primeiro deles foi o aparecimento de numerosos e pequenos "reinos", territórios nos quais os membros de uma elite estabeleceram seu poder. O segundo foi o nascimento e a formação de uma religião institucional, vinculada a rituais e cerimônias que começaram a fazer parte da vida das aldeias. O terceiro, referente à cultura material, é o início do trabalho dos metais e da aquisição de elaboradas técnicas na criação de jóias preciosas, que representam um dos aspectos que mais se destacam na arte equatoriana. A esse período remontam estruturas urbanísticas complexas e numerosas sepulturas, cujos enxovais funerários dão mostra de uma estratificação social bastante evidente e de uma atividade artesanal já organizada em setores. Na costa, em uma ilha situada no estuário do rio Santiago, foram encontrados os restos de um importante centro cerimonial, denominado La Tolita, onde se desenvolveu a cultura de mesmo nome, cuja origem pode ser atribuída a um período intermediário entre o Formativo e o Período de Desenvolvimento Regional. Os dados arqueológicos confirmaram uma vasta área de influência do centro cerimonial e de seus centros artesanais, a qual se estende ao longo da costa norte do Equador até chegar à costa ao sul da Colômbia, onde esta fase cultural é conhecida pelo nome*

67 esquerda. Este elegante recipiente de estilo mantena mostra uma figura humana. O personagem masculino, reproduzido com grande realismo, tem um adorno de cabeça imponente e apresenta olhos amendoados e um nariz muito pronunciado. O lado direito do corpo, inteiramente coberto de motivos geométricos, sugere o uso de tatuagens ou pinturas rituais.

67 direita. Este simpático recipiente em forma de tartaruga, pertencente à cultura chorrera, lembra muito alguns objetos parecidos oriundos da costa norte do Peru. Os arqueólogos chegaram à conclusão de que houve contatos culturais e comerciais entre o Peru e o Equador desde as épocas mais antigas.

de Tumaco. Outros centros cerimoniais, disseminados pela costa central equatoriana, podem ser atribuídos a culturas diversas, ainda que relacionadas com La Tolita por contatos e intercâmbios comerciais: entre estas, podemos recordar a denominada Jama Coaque, que remonta às últimas fases do Período Formativo, herdeira das culturas de Valdívia e Chorrera, e a da Bahia, caracterizada por centros semiurbanos, organizados ao redor de grandes plataformas artificiais construídas provavelmente para servir de base aos templos.

Entre as culturas da serra, surgiu a denominada Cerro Narrio, muito influenciada pelos estilos costeiros. Os numerosos centros cerimoniais, correspondentes a outras tantas culturas e a outros tantos "senhorios", apareceram durante o Período de Desenvolvimento Regional, e constituíram a origem de uma rica atividade artística e comercial, e do conseqüente poder econômico e da intensa atividade comercial que os unia. Essas relações, que ficaram cada vez mais intensas com os séculos, abriram caminho às estruturas políticas e socioeconômicas organizadas típicas do posterior Período de Integração.

O Período de Integração, compreendido entre 550 e 1480 d.C., deve seu nome ao fenômeno político que representa sua principal característica: os pequenos caciques costeiros se uniram, formando reinos de maiores dimensões, enquanto os da serra se transformaram em centros complexos e

68. *A cultura colombiana de Quimbaia produziu obras tão refinadas que, embora se caracterizem por uma grande complexidade iconográfica, não têm aparência carregada. Esta placa peitoral apresenta um contraste entre o motivo recorrente do perfil do* tumi *e os suntuosos adornos de uma figura em forma de homem e ave acompanhada de figuras híbridas.*

organizados, governados por um só senhor. Algumas das crônicas espanholas da época ilustram este importante fenômeno, que se manifestou sobretudo através de três inovações: o costume de oferecer tributos aos governantes em forma de trabalho ou bens, o nascimento de uma importante corporação de comerciantes navegantes que viajaram por toda a costa do Pacífico, e a construção de grandes plataformas de terra denominadas tolas. *Muitos estudiosos sustentam que as importantes inovações organizativas da época representam o embrião de um Estado propriamente dito, que provavelmente teria sido formado se a conquista inca não tivesse se estendido pelo território equatoriano, o que pôs fim a qualquer tipo de desenvolvimento das civilizações autóctones.*

A cultura mais significativa do Período de Integração é a de Mantena, que se estendeu por toda a costa e deixou numerosos exemplares de obras de pedra e metal e de tecidos. Outra cultura bastante importante, a de Milagro-Quevedo, desenvolveu-se em direção ao interior, e nos deixou mostras do uso de um elemento bastante característico: os chamados "machados-moedas", usados como elemento de intercâmbio no comércio. Entre os pequenos Estados da serra, o Puruha e o Canhari nos deixaram sobretudo vestígios monumentais de pedra: estes povoados foram os primeiros a se opor, sem sucesso, ao avanço do exército inca, em 1490. Depois das primeiras tentativas de conquista feitas por Túpac Yupanqui, o Inca Huaina Cápac, após um longo e sangrento cerco, conseguiu estabelecer sobre estes povos e sobre os outros reinos limítrofes uma hegemonia que durou quase quarenta anos: o atual território do Equador passou, deste modo, a fazer parte do vasto império do Tahuantinsuio. À época inca remontam alguns centros e fortificações, como Cápac Nhan, Tomebamba e o célebre "castelo" de Inga Pirca, na região de Canhari. Quito, a capital do Equador atual, adquiriu grande importância sobretudo do ponto de vista estratégico e religioso, mas não foram encontrados restos arqueológicos especialmente valiosos na cidade. É importante lembrar que, durante o período que precedeu a queda do império, Atahualpa se refugiou ali e se proclamou soberano da cidade.

69 *acima. O personagem masculino reproduzido neste* poporo *quimbaia tem apenas um adorno de cabeça simples e muitas jóias, entre as quais se destaca o adorno de nariz típico de muitas culturas do Peru pré-colombiano. Os indivíduos representados nos* poporo *estão na maioria das vezes nus, como provavelmente estavam nos rituais que envolviam o uso da coca.*

69 *abaixo. Parecida com o* poporo *na forma e nas dimensões, esta "máscara" quimbaia de ouro na realidade é um recipiente que infelizmente perdeu algumas de suas partes, o que deixa a fisionomia incompleta. Dos adornos usados pelo personagem representado, restam o de nariz e o arranjo de cabeça coroado por uma minúscula figura felina. As incisões em linha visíveis nas bochechas representam sinais das cicatrizes rituais.*

VIDA COTIDIANA, ARTE E RELIGIÃO NOS POVOADOS ANDINOS

70-71. Os ourives da cultura equatoriana de La Tolita superior criaram objetos de impressionante força estilística, como esta máscara, feita por cinzelamento de uma lâmina de ouro. Acredita-se que esta obra esplêndida, que representa o deus Sol, era um pingente que deveria balançar com as correntes de ar, como testemunho da presença do deus no centro de cerimônias dedicado a ele.

A SOCIEDADE E A ECONOMIA

72 acima. Esta cerâmica chimu é um recipiente que representa um personagem com uma flauta e uma pequena lhama amarrada. Desde a época pré-incaica, a lhama era um dos poucos animais domésticos andinos, juntamente com o cachorro e o pato.

72 abaixo. Esta graciosa garrafa de cerâmica, da cultura nazca, tem forma de mulher, com o rosto pintado e uma lhama amarrada pela base das orelhas. O objeto confirma a importância desse camelídeo no mundo peruano muitos séculos antes do domínio inca.

A atual ausência de fontes escritas sobre o Peru pré-incaico não permite conhecer os aspectos da sociedade relativos aos povos andinos daquela época. No entanto, através das imagens presentes nas obras cerâmicas, podemos deduzir alguns elementos relativos à vida cotidiana, aos costumes, ao tipo de residências e aos adornos de caráter bélico. Desse ponto de vista, a documentação mais rica é a procedente das civilizações nazca e mochica, que se desenvolveram respectivamente na costa sul e na costa norte no período compreendido entre 200 a.C. e 700 d.C. Os personagens e as cenas representados nos recipientes são em grande parte relacionados com rituais e cultos religiosos; entretanto, aparecem também homens e mulheres que se dedicam simplesmente a tarefas domésticas e ao trabalho. Muitas obras de terracota mochicas representam guerreiros e

72-73. O trabalho nos campos na época inca é magnificamente ilustrado neste kero de madeira pintada, oriundo da região do lago Titicaca. Este tipo de recipiente ritual era típico da civilização de Tahuantinsuio.

73 acima. A fotografia mostra um personagem estilizado que sobressai de um recipiente de forma vegetal, representação de uma espécie de cabaça.

73 abaixo. Esta estatueta inca é um personagem masculino que leva nas costas um aríbalo, espécie de ânfora típica do mundo inca, usada para transportar água ou outras bebidas, como a chicha. O homem tem na mão um pequeno recipiente, talvez usado para levar coca.

prisioneiros; nas nazcas, por sua vez, o tema da guerra se expressa principalmente através da imagem das cabeças-troféus, que testemunham uma espécie de culto claramente obsessivo relacionado à prática da decapitação.
Entre os diversos personagens representados, freqüentemente se encontram pescadores, com peixes ou abastecidos de redes, como testemunho do principal recurso econômico das culturas surgidas nas regiões costeiras; não faltam, no entanto, imagens de caçadores, ocupados com a captura de veados e raposas, e também de pastores junto a suas lhamas. Bastante interessantes são também as imagens de músicos, em geral com seus instrumentos de sopro, e, ainda que mais raramente, imagens de maternidade.
Esse breve quadro não oferece mais que detalhes no contexto do conhecimento das antigas sociedades andinas; por outro lado, em todas estas representações com freqüência é difícil separar os aspectos religiosos e rituais dos estritamente relacionados à vida material. O problema assume uma perspectiva completamente diferente a partir da época incaica: o império de Tahuantinsuio foi descrito nos mínimos detalhes pelos cronistas espanhóis do século XVI, não somente no que diz respeito à vida da corte e da elite reinante, mas também à sociedade e aos costumes das pessoas comuns. Lendo os textos, especialmente os de Garcilaso de la Vega e os de Huamán Poma de Ayala, é lógico surpreender-se com a extrema rigidez com que era estruturado o império do ponto de vista social e econômico e do poder absoluto que o rei, a lei e o Estado exerciam em relação a seus súditos. A vida privada do indivíduo, sua atividade trabalhista e seu sustento econômico eram estreitamente

controlados pelo governo central, ao ponto de muitos estudiosos definirem o sistema político inca como um sistema totalitário de tipo "socialista".

A sociedade se baseava na família, mas principalmente no aillu, *uma espécie de clã familiar formado por um grupo de famílias com um patriarca comum, que viviam e trabalhavam juntas. A economia inca se baseava principalmente na agricultura. Nunca se utilizou nenhum tipo de moeda, mas os recursos circulavam pelos vastos territórios do império mediante permutas e, sobretudo, através dos tributos entregues aos soberanos e aos nobres. Cada homem adulto recebia no momento de seu casamento uma parcela de terra, chamada* topo *em quíchua. A superfície do terreno variava segundo a fertilidade do lugar e outras condições; segundo Garcilaso, aumentava de acordo com o número de filhos. Se o homem em questão mantinha suas condições de saúde, era beneficiário do* topo *até a idade de cinqüenta anos.*

O chefe da família podia fazer uso de uma parte considerável dos recursos agrícolas para o sustento de seus familiares, mas não se tornava proprietário do terreno: a terra pertencia sempre e com exclusividade ao Inca, que, além disso, era o principal beneficiário de seus frutos. Assim, o tributo

74 esquerda, abaixo.
A imagem mostra uma família inca cultivando seu topo, *porção de terra atribuída pelo soberano a cada chefe de família. É preciso lembrar que a terra nunca pertencia a um indivíduo, sendo propriedade estatal trabalhada coletivamente. Todos os integrantes do núcleo familiar participavam da atividade agrícola, cada um deles de acordo com suas capacidades. Parte dos produtos obtidos era oferecida ao Inca.*

74 direita.
Este desenho mostra um jovem oferecendo um rico dote à família da futura esposa. A monogamia era obrigatória nas classes populares.

consistia tanto em produtos do campo como em mão-de-obra.
Em cada aillu *reinava um forte espírito de colaboração: todos os homens tinham o dever de construir a residência para os que se casavam; se algum era chamado a servir ao exército ou a desenvolver funções de caráter público, os outros membros do clã tinham o dever de substituí-lo no trabalho do campo e de manter sua esposa e filhos. Os homens trabalhavam os campos com um instrumento muito simples, uma enxada de madeira denominada* taclla; *mesmo após a conquista, mostraram-se reticentes quanto ao uso do arado e dos bois. No Tahuantinsuio, ninguém podia se permitir não trabalhar, e era praticamente impossível escapar aos rígidos e constantes controles do poder central. Somente os doentes e os inválidos podiam se eximir da dura atividade agrícola e receber ajuda e subsídios. Além dos camponeses, existia outra categoria tributária do Inca: os artesãos, ourives, tecelões e ceramistas, os quais, entregando o fruto de seu trabalho, ficavam isentos de qualquer outra obrigação para com o soberano. A rica economia incaica, baseada fundamentalmente na produção agrícola, não pode deixar de surpreender se*

75 esquerda.
No mês de julho, depois da colheita, os frutos da terra, propriedade do Estado, eram transportados em lombo de lhama ou nas costas dos próprios camponeses até os depósitos do Inca, como ilustra este desenho.

75 direita.
A agricultura era a principal atividade econômica e meio de sustento no mundo inca. O desenho mostra um grupo de homens transportando produtos do campo, e entregues como tributo nos depósitos estatais por cada chefe de família adulto. Eles são vigiados por um funcionário especial, em destaque no centro, para impedir o desvio de parte dos tributos.

TRAVAXOS
PAPAALLAIMITAPA
haucay ausqui quilla
labrador
pachaca

pensarmos no território, tão amplo, mas tão inadequado para o cultivo: agreste, pedregoso e de difícil irrigação. Por outro lado, como já assinalamos, os instrumentos de trabalho usados eram escassos e primitivos, e nem sequer eram de ferro. Ainda assim, os incas conseguiram superar estes problemas: não somente graças a sua rígida organização do trabalho, mas também à surpreendente habilidade de exploração e ampliação de grandes estruturas de terraços e canais, em muitos casos procedentes de culturas mais antigas. Já mencionamos as obras hidráulicas dos moches e dos huaris, utilizadas pelos incas para obter a máxima superfície possível de terreno cultivável. As plantas mais freqüentemente cultivadas, que constituíam a base da alimentação diária, eram a batata e o milho, além do feijão e do feijão-de-lima, das cucurbitáceas, do pepino e do pepinilho. A batata, da qual se identificaram cerca de trezentas variedades, provavelmente é originária do lago Titicaca, e cresce em altitudes de até 4.000 metros, resiste ao gelo e a baixíssimas temperaturas. Um dos alimentos mais consumidos nas regiões andinas, não somente durante a época incaica, mas também nos nossos dias, é o chunho, a batata desidratada. O milho, que não suporta as rígidas temperaturas dos planaltos, era cultivado principalmente nos vales mais quentes, onde podia amadurecer mais facilmente. Como os povos da América Central, os peruanos atribuíram a esse poderoso cereal um significado que ia

76. Também as mulheres do aillu participavam do trabalho agrícola, sem ser poupadas das tarefas mais pesadas. Parte da colheita servia para alimentar as famílias, enquanto o restante era destinado aos depósitos estatais como tributo ao Inca.

77 esquerda, acima. Uma parte da obra de Huamán Poma de Ayala retrata o trabalho agrícola, descrito em cada um dos doze meses do ano. Este desenho, dedicado a janeiro, apresenta um casal de camponeses que trabalha com as enxadas curtas ainda utilizadas em algumas regiões do Peru.

77 esquerda, centro. No desenho do "almanaque" para o mês de outubro, vemos um personagem armado com uma funda tentando espantar os pássaros do milho, que começa a brotar. Como se pode deduzir de sua vestimenta, não se trata de um camponês, mas de um "homem de medicina".

77 direita, centro. O desenho mostra um corte do sistema pelo qual eram construídos em Tahuantinsuio as plataformas ou terraços para o cultivo nas encostas.

77 direita, abaixo. Um camponês rega seu topo durante as cerimônias agrícolas e religiosas celebradas no mês de novembro. A água sai através do duto de um reservatório.

78 acima, esquerda.
O desenho mostra um soldado oferecendo uma bebida alcoólica ao deus Sol Inti, de acordo com a tradição inca, antes de partir para a batalha.

78 acima, direita.
Este recipiente de argila da cultura sican mostra dois personagens preparando a chicha, *bebida feita a partir da fermentação do milho.*

78 abaixo, esquerda.
Este gracioso prato com asa é um recipiente usado nos rituais privados, provavelmente ligados à fertilidade da terra. Ainda contém restos de espigas de milho da época inca.

mais além do puramente nutritivo, já que se relacionava com antiqüíssimos mitos e rituais sagrados. Também obtinham do milho uma bebida fermentada, chamada chicha, *que geralmente era consumida somente ao final das refeições.*
Nos primeiros encontros com os indígenas peruanos, os espanhóis souberam da existência de uma planta muito especial,

79 direita, acima.
Pequeno prato de madeira gravada da cultura tiahuanaco ou da huari, usado pelos povos andinos para colocar plantas alucinógenas pulverizadas e aspirá-las através de um tubo fino.

79 direita, abaixo.
Este desenho de Huamán Poma, com grande número de detalhes interessantes, ilustra a compra de folhas de coca por um homem de classe alta, como indica sua vestimenta, de um mercador que tem uma pequena bolsa.

78 abaixo, direita.
O milho era a planta mais cultivada no mundo inca. O desenho mostra uma plantação e dois camponeses em meio à colheita. Do milho se obtinha também uma bebida fermentada de leve teor alcoólico, consumida abundantemente durante as festas.

79 acima, esquerda.
Este precioso achado é uma pequena bolsa de lã em que eram guardadas as folhas de coca. Uma série de longas faixas pende do tecido, decorado com pequenas imagens estilizadas de lhamas. Os povos andinos mastigavam as folhas de coca com objetivos estritamente rituais, misturando-a com cal para aumentar o efeito tonificante.

dotada de profundo significado ritual, quase mágico: tratava-se da coca, cultivada nas áreas úmidas e quentes desde épocas remotas, anteriores à civilização incaica. A mastigação das folhas da coca reduz o efeito da fome, da sede e do cansaço. Os nobres incas e os sacerdotes haviam reservado para si o uso da planta, enquanto ao povo era consentido o privilégio somente em situações particulares. A antiguidade do consumo de folhas de coca foi testemunhada por numerosos achados arqueológicos. Ao desaparecer a dinastia dos soberanos do Tahuantinsuio, e com o início do domínio espanhol, o hábito de mastigar as folhas de coca se estendeu rapidamente entre o povo, favorecendo, deste modo, um mercado que enriqueceu rapidamente os conquistadores.
Além da agricultura, as populações andinas praticavam a criação de camelídeos, como a lhama, a alpaca e a vicunha, em particular na região do Planalto. Embora a carne destas "ovelhas do Peru" – nome dado pelos espanhóis a esses animais – seja

80 esquerda.
O desenho mostra um caçador com uma funda e um pássaro na mão tentando capturar outro. Por causa da escassez de animais domésticos, a caça era intensa no mundo andino para satisfazer a necessidade de carne.

80 direita, acima.
As espécies animais conhecidas na Europa desde tempos remotos, como bovinos, eqüinos, ovinos e porcinos, não existiam na América até a conquista. O desenho mostra duas lhamas, criadas no Peru por sua carne, mas principalmente pela lã e para o transporte de carga.

excelente, eram criadas principalmente por sua abundante produção de lã. Em muitos casos, eram usadas também como animais de carga, embora não rendessem muito, por não terem a força e a resistência de asnos e mulas, podendo levar somente pesos leves.

Nas regiões costeiras e nas margens do lago Titicaca, o consumo de proteínas se baseava nos produtos da pesca. Em outros lugares, criavam-se cobaias ou porquinhos-da-índia e patos destinados ao consumo humano. Estas duas espécies animais eram desconhecidas na Europa até sua introdução no século XVI, após a conquista.

As plantas e os animais citados não só representavam fontes de sustento indispensáveis, mas também eram atribuídos a eles significados mágicos e religiosos, que variavam segundo as diferentes culturas e mentalidades por toda a América pré-colombiana. Aparecem representados, com certa freqüência, nas cerâmicas das civilizações mais antigas, em versões realistas ou divinas: alguns vegetais, em particular o milho, são associados com freqüência a seres antropomorfos de traços monstruosos, provavelmente divindades tutelares da própria planta.

A iconografia da abóbora, com freqüência, parece a da Pacha Mama, a Mãe Terra dos peruanos, deusa ancestral associada à natureza e à fertilidade.

Os estudiosos se perguntam ainda hoje qual era o papel da mulher no mundo incaico.

80 direita, abaixo. Esta cerâmica moche traz uma cena complexa, em parte feita em baixo-relevo, na qual o deus Ai Apaec parece "caçar" ou "pescar" animais marinhos de aspecto monstruoso.

81 esquerda. O desenho mostra uma das estruturas típicas do mundo inca: a Aclla Huasi, *a "Casa das mulheres escolhidas". No centro, destaca-se a figura do vigilante, cercado pelas jovens, entre as quais o Inca escolhia suas concubinas.*

81 centro. O terceiro período histórico-mítico da história andina foi, segundo Huamán Poma de Ayala, aquele "em que os homens aprenderam a construir casas sólidas, a fiar e a tecer".

81 direita. Huamán Poma de Ayala forneceu, através de seus desenhos, informações interessantes sobre a estrutura social e a vida do mundo inca. A ilustração mostra um jovem casal no leito nupcial, constituído de uma espécie de esteira e um cobertor.

Embora as teorias sejam controvertidas, provavelmente o status *social era igualitário, e a esposa não era relegada à simples função de dona de casa e de mãe, mas participava de todas as atividades, em particular do trabalho agrícola, junto com o marido, bem como de atividades artesanais como a tecelagem. As mulheres grávidas eram dispensadas das tarefas mais duras somente durante as últimas semanas de gravidez, mas nem por isso podiam se permitir ficar acomodadas; o nascimento de uma criança era considerado um grande acontecimento na sociedade incaica, na medida em que cada novo nascimento significava futura mão-de-obra e capacidade de trabalho para o Inca. Deste modo, não é difícil imaginar que o aborto fosse considerado um delito especialmente grave, que podia ser castigado com pena de morte.*

Em muitos casos, o futuro pai participava no parto, jejuando e rezando; contudo, em geral a mulher dava a luz sozinha, num lugar isolado, e imediatamente após o parto ia se lavar e purificar junto com o filho em um arroio ou rio.

Uma vez terminado o parto, dava-se na família uma grande festa, na qual eram cortadas as unhas e o cabelo do recém-nascido, que recebia presentes de familiares e amigos como bom agouro para a vida futura como pessoa e como súdito. Também o momento da puberdade era bastante solene: no caso dos meninos, correspondia ao décimo quarto aniversário, e era comemorado com uma ostentosa cerimônia pública, enquanto a puberdade das meninas era celebrada no momento de sua primeira menstruação, em casa, com a família e os amigos.

Diferente do mundo asteca, no qual até os jovens mais pobres tinham direito ao ensino público, no Tahuantinsuio somente os jovens que pertenciam à elite freqüentavam a escola, enquanto o restante não tinha acesso ao ensino e tinha como único dever aprender com os pais a cultivar os campos e a desempenhar outras atividades artesanais. O Inca, de fato, temia qualquer forma de educação por parte das classes inferiores: instrução e conhecimentos poderiam significar rebelião e tomada do poder, perspectiva demasiadamente perigosa para a solidez do império.

Existiam também outras diferenças substanciais entre as pessoas do povo e os nobres. Uma delas consistia no fato de que aos primeiros era consentida somente a monogamia, enquanto entre as classes altas se aceitava sem problemas a poligamia. Naturalmente, o matrimônio era um estado desejado, já que supunha a garantia para receber o topo, *e era bastante raro que um jovem continuasse solteiro depois dos 25 anos de idade, enquanto as meninas se casavam entre os 15 e os 20 anos. Em algumas regiões do império, era permitida a convivência, que era considerada uma espécie de "casamento de prova": no caso de fracasso, o casal se separava tranqüilamente, e os filhos passavam a ser criados pela mãe e sua família. Segundo os critérios de uma óptica cultural e de uma mentalidade tão particulares e diferentes da ocidental, a virgindade de uma mulher ainda solteira não era considerada um fator por valorizar, mas, ao contrário, as "mães solteiras" eram muito apreciadas: como já mencionamos, cada filho significava braços e mao-de-obra para as terras do Inca. Os pais tinham o dever de escolher o esposo ou a esposa para os filhos, mas, em caso de indecisão, era o* curaca *quem fazia a escolha em seu lugar. O Estado também intervinha na celebração dos casamentos, que eram realizados em cerimônias coletivas em datas preestabelecidas. Em um sistema tão rígido e organizado, o equilíbrio podia ser facilmente perturbado por situações imprevistas, como a guerra, que provocava importante perda de homens. Em tal caso, as mulheres que sobravam eram enviadas ao* Aclla Huasi, *a "Casa das mulheres escolhidas" de Cusco, enquanto outras adotavam o papel de artesãs tecedoras ou ceramistas, ou mesmo de criadas em famílias abastadas.*

A ARQUITETURA

82 esquerda, acima. Esta cerâmica provavelmente pertence ao contexto cultural chimu-inca. O vaso representa uma casa com planta em U. Tem quatro janelas retangulares, e o teto de duas águas sugere que o modelo é o das casas típicas da serra ou de outras regiões de chuvas abundantes. A chaminé, na verdade, é o gargalo do recipiente; a casa é decorada com motivos pintados em forma de grega e de espinha de peixe.

82 direita. Não foram encontradas ruínas de casas particulares do mundo andino pré-incaico, em razão da baixa resistência do material utilizado na construção. Apesar disso, as imagens encontradas em cerâmicas como esta cupinisque oferecem um grande leque de reproduções que permitem deduzir a estrutura das casas.

82 esquerda, abaixo. Este recipiente duplo, da civilização inca, apresenta dois pequenos modelos de casa com teto inclinado, provavelmente uma referência às construções típicas das regiões montanhosas de clima chuvoso. Na costa, onde as chuvas eram poucas, as casas de adobe tinham teto plano.

Os achados arqueológicos trouxeram à luz numerosos exemplares de templos procedentes de algumas civilizações peruanas pré-incaicas. Entre eles, os mais célebres são os templos moches denominados "do Sol" e "da Lua", a "Huaca do Dragão" de Chanchan, da época chimu, mas também os edifícios de Tiahuanaco, de Cerro Purgatório e de Pachacámac. Nesses sítios, como nos mais antigos centros cerimoniais do Período Pré-cerâmico e do Formativo, os templos apresentavam uma estrutura piramidal escalonada, formada por diversos níveis em forma de terraços. Como na América Central, a arquitetura religiosa era impregnada de um significado particular: o lugar sagrado onde eram realizados os ritos e as cerimônias se erguia imitando a forma de uma montanha, para permitir a elevação do homem e sua aproximação máxima possível dos deuses. O material usado para a construção das pirâmides eram os tijolos de adobe, ou de argila crua modelada e alisada a mão, e posteriormente seca ao sol. Supõe-se que no mais alto dos

terraços se encontrava o templo propriamente dito, um pequeno edifício de madeira ou outro material perecível destinado à elite sacerdotal. As únicas mostras de sua existência que restam são algumas maquetes de cerâmica.
Em algumas pirâmides, como na mochica de Panhamarca, denominada "O Bruxo", foram descobertos afrescos murais. A tradição do adobe na arquitetura prevaleceu durante muitos séculos nas civilizações costeiras, nas quais a ausência de chuva permitia sua utilização. O exemplar mais bem conservado é o de Chanchan, capital do reino de Chimu, o centro urbano mais imponente e de maiores dimensões da época pré-incaica conservado até nossos dias.
Os sólidos muros de adobe que rodeiam as diversas cidadelas têm uma espessura de mais de quatro metros na base e vão-se estreitando até um metro e meio na parte mais alta. O elemento mais surpreendente que apresentam são os esplêndidos baixos-relevos que decoram as paredes de palácios e sepulcros. Foi demonstrado que os símbolos

83 direita. Esta peça ica-chincha mostra um modelo de casa de três andares, dotada de pórticos com colunas. São curiosas as figuras humanas e o cachorro, quase como se fosse um cão de guarda.

83 esquerda. Este recipiente, da civilização chimu-inca, apresenta uma bela reprodução de um modelo arquitetônico de casa com teto inclinado. Destaca-se a decoração com figuras zoomorfas em baixo-relevo no teto da casa, típicas do contexto cultural chimu.

em que consistem foram feitos segundo dois métodos: o primeiro consistia em esculpir diretamente a argila úmida; o segundo em comprimi-la com grandes moldes. Em muitos casos, os baixos-relevos, originalmente de cor ocre pálida, eram cobertos de estuque e pintados com cores vivas, das quais ainda restam vestígios. Os motivos iconográficos aparecem sempre em formas simétricas e estilizadas: alternam-se desenhos geométricos com representações zoomorfas, relacionadas principalmente com o mundo marinho, muito parecidas com os motivos estampados nos tecidos, que foram talvez a fonte de inspiração dos baixos-relevos murais. Contudo, depois da conquista incaica, durante o Horizonte Tardio, começou-se a usar a pedra como material principal de construção. Tanto os primeiros conquistadores como os estudiosos de todas as épocas ficaram desconcertados diante da complexidade e da precisão das técnicas empregadas no trabalho da pedra, mas também da imponência das construções do Tahuantinsuio. No entanto, é importante ressaltar que os incas não foram os primeiros a erguer construções megalíticas: de fato, haviam sido construídos muitos séculos antes exemplares impressionantes de arquitetura de pedra em Tiahuanaco, às margens do lago Titicaca, região da qual eram provenientes os mais hábeis quebradores de pedra até a época da conquista. Além disso, alguns conceitos urbanísticos como a subdivisão da cidade em bairros residenciais traçados seguindo um rígido esquema

geométrico, as canchas, eram de origem huari. Os incas adaptaram novas idéias e técnicas a outras herdadas de povos mais antigos, realizando obras prestigiosas e destinadas a perdurar por séculos.

Um dos grandes méritos arquitetônicos dos incas foi integrar perfeitamente as construções e as muralhas na agreste paisagem andina, em muitos casos com a ajuda de terraços artificiais, como se observa ainda hoje em Machu Picchu e em Ollantaitambo. Ainda que em muitos centros urbanos hoje em dia reste muito pouco das modestas residências destinadas ao povo, os vestígios dos palácios, dos edifícios monumentais, de caráter administrativo ou religioso, demonstram a grande mestria e a precisão dos incas no uso da pedra. Na costa, por causa da ausência total de chuva, os incas mantiveram o estilo das residências de teto plano e de muros de adobe; no entanto, distinguiam-se das procedentes de culturas mais antigas pelo uso inovador e constante de janelas e abóbadas de forma trapezoidal.

Embora existam alguns exemplos de edifícios nos quais os blocos de pedra estão unidos com uma espécie de concreto barrento segundo uma técnica denominada pirka, a maior parte das enormes construções foi feita colocando-se os pesadíssimos blocos de pedra um junto ao outro sem nenhuma argamassa. Os escassos vestígios de Cusco que sobreviveram à destruição mostram exemplos surpreendentes de habilidade nesse campo: encontram-se blocos de forma irregular que se encaixam uns nos outros como peças de quebra-cabeça, ao ponto de não se poder passar nem a lâmina de uma faca entre eles. Os técnicos e os operários das pedreiras davam forma aos blocos com ferramentas de bronze ou de pedra, friccionando uns contra os outros até fazê-los encaixar-se perfeitamente. Diante da qualidade da arquitetura das construções não só de Tahuantinsuio, mas também de Tiahuanaco, outro grande motivo de surpresa e espanto é a questão de como os construtores da época puderam transportar os grandes blocos e fazer tudo aquilo sem dispor de meios de transporte sobre rodas nem de sistemas de polias. Os estudos sugerem muitas hipóteses, mas permanecem muitas perguntas sem resposta.

84 abaixo. Este desenho mostra uma fortaleza na aldeia de Camar, exemplo típico de construção inca de base circular. Os estudiosos estão quase certos de que os incas herdaram os modelos arquitetônicos utilizados em suas cidades e fortalezas do império huari, que dominou o Peru no Horizonte Médio.

84-85. O desenho, extraído de um atlas da América do Sul do século passado, ilustra um dos palácios do soberano inca, chamado "Callo". A estrutura quadriculada lembra a das cidades da época; também o torreão de base circular é característico da arquitetura inca e lembra o famoso "Torreão" de Machu Picchu.

85 direita. Os incas deixaram notáveis vestígios de arquitetura monumental e estruturas megalíticas, realizadas com enormes blocos de pedra. Ainda não foram inteiramente esclarecidas as técnicas de transporte e construção.

86 esquerda. Este estranho personagem em cerâmica pertence à cultura equatoriana Jama Coaque. É, provavelmente, um xamã em estado de transe ou uma divindade protetora das serpentes. Apesar da antiguidade da peça, de talvez 500 a.C., as formas elaboradas e o estilo evoluído exibem notável conhecimento técnico do trabalho em cerâmica.

86 direita. Um estilo muito particular distingue esta figura feminina, da cultura equatoriana de Bahia. O chapéu imponente, o adorno de nariz e os ouros ornamentos fazem pensar que poderia ser a imagem de uma dama de alto nível ou, talvez, uma sacerdotisa.

87 esquerda. Uma grande estilização das formas, juntamente com uma policromia notável, são as características desta estatueta paracas, que representa um flautista. Os ceramistas paracas costumavam aplicar a cor após o cozimento.

Os fragmentos de cerâmica mais antigos encontrados em território peruano datam de cerca de 1800 a.C., época bastante recente em relação ao momento no qual a cerâmica apareceu no Equador. No estado atual das investigações, é possível afirmar que a cerâmica não existiu no Peru em estado primitivo, mas foi importada, provavelmente do próprio Equador: de fato, os recipientes mais antigos encontrados são pratos, garrafas e jarros de formas já evoluídas e elaboradas.
É fundamental lembrar os dois grandes tipos de produção cerâmica peruana: o da cerâmica de uso cotidiano, mais simples e rústica, e o de uso ritual funerário, feito em estilo refinado e elegante. Quase todos os achados expostos nos museus, objeto de estudo e de análise, pertencem à segunda categoria. Os recipientes em questão procedem em sua maioria de sepulturas ou templos, lugares que permitiram em geral que se conservassem em bom estado. É provável que se tratasse de objetos destinados a guardar oferendas votivas ou libações, ou simplesmente a acompanhar o defunto em sua última viagem. No mundo andino, nunca foram encontrados vasos que tivessem a função de urnas cinerárias, já que o enterro representava o único costume funerário.
O repertório cerâmico compreende algumas formas fundamentais, curiosas e elegantes, cuja origem e significado são ainda motivo de perplexidade para os estudiosos. A primeira é a dos denominados "vasos trípodes": trata-se de um tipo de recipiente bastante difundido na América Central, mas quase desconhecido no Peru. Foram encontrados alguns exemplares unicamente no vale do Viru e na zona de influência da cultura cajamarca, em ambos os casos procedentes do Primeiro Período Intermediário. O número exíguo e geograficamente limitado desses restos arqueológicos faz supor que se tratem de produtos importados, fruto de intercâmbios comerciais com pessoas de outros países.
A tipologia cerâmica que tem maior importância é a representada pelos "vasos com estribo". Também nesse caso, as investigações e as hipóteses fazem pensar numa origem equatoriana: essa tradição, de fato, teria raízes talvez no contexto cultural macalilla, a partir do qual se teria difundido até chegar à costa norte do Peru.

87 direita. Esta graciosa estatueta feminina vem de Curaiacu, na região de Lima. Trata-se de um ídolo de argila oca, oriunda do Horizonte Precoce. Apesar da simplicidade e da estilização que a caracterizam, os traços do rosto e o cabelo foram feitos com grande precisão e dão à peça notável harmonia e refinamento.

90 esquerda. Desde épocas remotas a cerâmica da costa norte do Peru é caracterizada pelos recipientes arredondados, nos quais prevalece mais o interesse pela forma que pela policromia, freqüentemente muito limitada. Este elegante exemplo de recipiente vicus representa a cabeça de um pássaro e é dotado de uma pequena asa unida ao gargalo fino.

90 direita. Os ceramistas vicus, assim como os moches, freqüentemente criavam recipientes que representavam partes do corpo, como este, em forma de mão. Acredita-se que esses objetos, bastante singulares, eram utilizados como oferendas.

91 esquerda, acima. Este recipiente em forma de cabeça pertence à cultura huari. É interessante observar a pintura facial, que lembra o manto jaspeado do jaguar, enquanto o adorno de cabeça cilíndrico, que dá forma ao pescoço do vaso, é pintado com um motivo quadriculado típico do Horizonte Médio.

91 esquerda, abaixo. As garrafas nazcas, como já dissemos, distinguem-se por sua rica policromia. O exemplar da fotografia representa um personagem feminino no qual se destacam os longos cabelos presos em cachos e os traços do rosto.

91 direita. Este gracioso modelo arquitetônico de terracota é atribuído ao Horizonte chavin: a forma e a estrutura do recipiente são bem simples e estilizadas; a iconografia, em que aparece também um personagem minúsculo, pode fazer referência a um templo.

É curioso que, enquanto na área costeira setentrional prevaleceu o interesse e o estudo de formas plásticas e de recipientes esculpidos arredondados, guarnecidos com asa em forma de estribo e de colo, nas regiões do sul sempre se deu mais importância à cor. Os especialistas que estudam a tradição cerâmica moche identificaram algumas técnicas empregadas na feitura dos recipientes: muitos haviam sido modelados a mão, mas a maioria havia sido feita com moldes simples ou por metades, unidas posteriormente. Esses ceramistas não se mostravam particularmente interessados na policromia, mas pintavam seus produtos simplesmente de vermelho e branco. A cocção, normalmente feita em uma atmosfera oxidante, dava à argila um tom bege ou marrom avermelhado.

92 esquerda. Os cuchimilcos, *como o da imagem, são ídolos de terracota de produção chancai, em muitos casos com vestidos e adornos de cabeça, freqüentemente de grandes dimensões. Foram encontrados nos enxovais funerários e provavelmente tinham função mágico-religiosa.*

92 direita. Outro exemplar de cuchimilco *chancai. Em geral são ídolos femininos, mas neste caso são evidentes os genitais masculinos. Estas estatuetas são vazadas, e as menores apresentam furos, para que pudessem ser penduradas nas paredes das casas e assim manter afastados os espíritos malignos.*

93. Os motivos geométricos que decoram os tecidos chancais também são encontrados nas cerâmicas: este vaso em forma de frasco apresenta um símbolo do Sol com uma cruz no centro. Dois pequenos macacos, considerados animais sagrados no mundo andino, aparecem do lado do gargalo.

94. Este vaso-retrato moche traz um personagem de expressão severa com adorno de cabeça decorado com motivos zoomorfos ligados ao mundo marinho. É possível que esses objetos pertencessem a pessoas de alta estirpe, membros da elite política e sacerdotal.

Sobre a superfície de muitos recipientes, aplicava-se um pigmento orgânico negro imediatamente após a cocção, e queimava-se levemente para destacar alguns detalhes faciais, os bigodes ou a decoração da roupa. O repertório iconográfico moche é tão amplo, que seriam necessárias muitas páginas para descrevê-lo; um exemplo característico são os denominados "vasos-retratos", elegantes garrafas nas quais se mostra a imagem do rosto arredondado de personagens sempre diferentes e por isso considerados por alguns retratos propriamente ditos. São freqüentes as representações de guerreiros, de prisioneiros, de seres híbridos antropozoomorfos, de deuses e demônios, de xamãs fantasiados, mas também de animais, plantas, instrumentos musicais e templos piramidais em miniatura.
Outro tipo de vasos mostra cenas que se desenvolvem em uma progressão em toda a largura do recipiente, como as de personagens que correm, talvez os famosos mensageiros andinos chamados chaski *da época inca, cenas de pesca, de caça ritual e de cruentos episódios bélicos com imagens de prisioneiros capturados e sacrificados.*

95. O repertório cerâmico moche inclui os chamados vasos-retratos, dos quais este é um exemplo magnífico. São recipientes dotados de asa em estribo representando rostos humanos masculinos, realizados com extremo realismo, a ponto de os especialistas pensarem que realmente eram retratos.

96 acima. Muitas interpretações foram dadas para a enigmática iconografia deste curioso recipiente moche. No interior de uma construção, talvez cerimonial, um personagem com caninos felinos parece torcer o próprio pescoço, segurando a parte superior do chapéu cônico. Outro pequeno personagem parece observar a cena. Poderia ser outro exemplo de ritual xamânico, uma espécie de dança cujo significado não conhecemos.

96 abaixo. Em contraste com as decorações enigmáticas de muitos vasos da cultura moche, alguns personagens modelados pelos artesãos desse povo exprimem uma profunda doçura, como prova este recipiente que representa um personagem dormindo placidamente.

97. A iconografia dos recipientes moche é rica e elaborada, e em muitos casos versa sobre temas de difícil interpretação. O personagem representado neste caso, que tem um grande adorno de cabeça e asas de morcego, usa uma máscara zoomorfa e parece soprar uma espécie de trompa em forma de peixe bicéfalo. Talvez seja a imagem de um xamã com fantasia e máscara numa cerimônia.

98 esquerda, acima. Este belo recipiente apresenta adornos pintados de vermelho sobre fundo creme: os motivos da escada e da faixa, símbolos relacionados ao templo e ao Sol, são freqüentes na produção artística moche. A rã, colocada na parte mais alta, sob a asa em estribo, era considerada no mundo andino uma divindade protetora da fertilidade, das águas e da chuva.

98 esquerda, abaixo. Esta garrafa moche representa uma ave que tinha papel importante no mundo andino: o condor, considerado um ser ligado às divindades celestes por sua força e pela impressionante envergadura das asas.

98-99. O pato, representado nesta garrafa de terracota moche, era provavelmente domesticado nas cidades litorâneas do antigo Peru; foi introduzido na Europa pelos espanhóis no século XVI.

99 esquerda, abaixo. Entre os seres híbridos e monstruosos que compõem o panteão religioso moche, está o chamado "demônio-caranguejo", aqui representado, e cujo aspecto terrível se deve à fusão do corpo e das pinças do crustáceo com um rosto humano dotado de caninos felinos.

99 direita. As imagens relacionadas ao mundo animal são muito freqüentes na cerâmica moche. Este vaso gracioso mostra um caracolcuidadosamente reproduzido, apresentando até quatro pequenas antenas.

Algumas cenas pintadas nas paredes dos prédios moche mostram personagens elegantemente vestidos recolhendo caracóis; isso faz pensar que esses animais tinham um especial significado mágico-religioso.

Os "vasos eróticos" mais interessantes encontrados no Peru pré-colombiano foram atribuídos à cultura moche. Parece que somente as civilizações que floresceram nas regiões da costa norte mostravam exemplares de representações do ato sexual. Entre estas, encontram-se a vicus, a recuai e a chimu. Das épocas mais remotas chegaram até nós vestígios de simples reproduções simbólicas de órgãos genitais femininos e masculinos, sem dúvida relacionadas a cultos da fertilidade, como em tantas civilizações de outros continentes. No entanto, a produção "erótica" posterior compreende um repertório nem sempre associável a um culto e a uma noção ancestral de fecundidade. Entre os muitos exemplos de cenas sexuais, encontram-se numerosas imagens de masturbação, de felação e, sobretudo, de sodomia; esta última era ainda muito praticada na época incaica, como se vê nas narrações críticas dos cronistas. Existem também estatuetas bastante estranhas, de aspecto humano, mas cuja forma evoca a do falo, e outras dotadas de falos de dimensões desproporcionais. Naturalmente, os arqueólogos escreveram grande quantidade de páginas sobre as possíveis interpretações das peças cerâmicas de caráter erótico. Alguns atribuem a elas um significado unicamente mágico-religioso; outros encontraram muitos exemplos em que se vê a presença de uma doença no corpo de um dos participantes da cena erótica. Isso poderia dar a entender que o significado ritual do objeto seria proteger das doenças venéreas.

É muito difícil, à luz dos conhecimentos atuais e de nossa mentalidade enraizada no mundo moderno ocidental, encontrar uma resposta para as inúmeras questões sugeridas a partir da arte erótica das imagens da cerâmica moche. Talvez precisamente por isso esses vasos suscitem maior curiosidade e interesse que qualquer outro tipo de cerâmica.

100 esquerda.
O repertório de cerâmicas "eróticas" moche inclui muitas cenas de felação, como esta. Não se sabe o significado nem a finalidade dessas representações de inspiração sexual, que talvez fossem relacionadas a cerimônias e rituais mágicos.

101 direita. Esta estatueta masculina nazca, em posição agachada, talvez represente um personagem de alto nível. Podem ser vistos a túnica curta, decorada com quadrados pretos e brancos, o tapa-sexo e o adorno de cabeça, uma espécie de rede presa por uma faixa dupla. O rosto e os lábios mostram sinais de maquiagem e de pinturas rituais.

100 direita. Outro exemplo de arte erótica é este vaso moche, que representa uma cena de sodomia. Além das cenas puramente sexuais, há peças que representam muitas cenas de partos.

101 esquerda. O estranho personagem representado neste recipiente nazca tem o rosto coberto por uma máscara felina e leva na mão espigas de milho. Isso faz supor que se trate de um xamã fantasiado realizando ritos de fertilidade.

Transportando-nos em direção à costa sul, encontramos a cerâmica nazca, com um aspecto completamente diferente do da moche: a plasticidade e a variedade de formas é substituída por uma impressionante gama de cores. As garrafas nazcas, as tigelas e os vasos herdaram da tradição paracas a característica da dupla boca com asa em forma de ponte. Têm uma estrutura extremamente refinada e paredes muito finas, e não eram feitos com moldes, mas mediante simples técnicas manuais.
A mais difundida consistia na preparação de uma massa de argila formada por tiras arredondadas sobrepostas que, uma vez colocadas sobre um suporte baixo e plano, eram giradas lentamente, com o que o artesão conseguia modelar com as mãos o recipiente, dando-lhe aspecto uniforme. Não se deve confundir este método com o do torno, que, como assinalamos anteriormente, não era conhecido pelos povos pré-colombianos. Tal método parece remontar a 500 a.C. e ainda é utilizado em muitas regiões do Peru, em particular na de Nazca.
Formado o corpo do vaso, antes da cocção se pintava a superfície com água e pigmentos minerais, usando a técnica do engobo. Usava-se óxido de ferro para obter

102 acima. Os chamados "vasos-saleiros", como estes, são típicos do estilo chimu-inca; são pequenos recipientes gêmeos ligados por uma asa plana, feitos na época inca, mas cujo estilo lembra o da costa norte. A imagem do pequeno macaco colocada na parte superior do gargalo é característica das cerâmicas chimus.

102-103. Os chimus em grande parte herdaram as técnicas e a iconografia da cerâmica moche, especialmente no que diz respeito às representações zoomorfas. Esta bela peça mostra um tucano comendo um fruto.

uma coloração vermelha ou manganês para o negro, acrescentando argila branca ou ocre para criar suspensões finas de cor. Os artesãos nazcas conseguiram obter uma gama de 13 cores com o método do engobo, entre eles o bordô, o violeta e o azul esverdeado, sempre cozendo os recipientes a temperaturas muito baixas. Após a cocção, quando o engobo estava totalmente seco, a superfície dos vasos era polida repetidamente até brilhar.

Supõe-se que a grande predileção por parte dos nazcas pela terracota de cores vivas não era casual, mas estava relacionada com a tradição dos esplêndidos tecidos policromados dos paracas.

103 acima. O aríbalo *foi uma cerâmica difundida no mundo andino apenas após a chegada do império inca. Trata-se de uma espécie de ânfora sem fundo plano que armazenava água ou outra bebida e era transportada nas costas por um sistema de cordas. Os* aríbalos *eram freqüentemente decorados com finos motivos geométricos, como neste caso.*

104 acima. Este recipiente em forma de cabeça felina é um particular e elaborado exemplar de kero *inca. O culto ao felino nunca foi abandonado, e suas representações sobreviveram até a conquista.*

104 direita. O kero *reproduzido abaixo é em parte decorado com um rosto humano estilizado, em baixo-relevo, e em parte com uma cena pintada. O grande repertório iconográfico do* kero *oferece muitos detalhes e informações sobre a vida cotidiana, a guerra e as vestimentas do povo inca.*

Os incas introduziram poucas inovações no campo da cerâmica, em comparação com os amplos e refinados repertórios que haviam caracterizado a produção das civilizações mais antigas. No entanto, durante o Horizonte Recente, difundiu-se a moda de um recipiente, talvez originário da zona de Tiahuanaco, muito particular e esteticamente refinado, a tal ponto, que se continuou fabricando também na época colonial: o kero*.*
Esta palavra quíchua dava nome a um tipo de vaso cilíndrico de madeira com a superfície gravada ou pintada, usado somente por ocasião de particulares libações rituais. O material usado para fabricar o kero *era a madeira de uma árvore, o* chachacomo*, que tem o nome científico de* Escallonia resinosa*. Foram constatados dois tipos básicos de* kero*: o de simples vaso cilíndrico oco na parte superior, e o do recipiente escultórico, normalmente trabalhado em forma de cabeça humana ou felina. Os* kero *fabricados antes da conquista apresentam simples decorações geométricas gravadas; os da época colonial, por sua vez, apresentam cenas da vida do Tahuantinsuio pintadas*

em variedade de cores, o que os torna uma fonte preciosa de informação. Parece até que o período de máximo florescimento e difusão dos kero *foi o século XVI, e que tal fenômeno esteve relacionado com a nova sociedade formada pelos nobres incas que se tinham refugiado em Vilcabamba, entre as florestas amazônicos dos Andes. De fato, existem muitas cenas pintadas em recipientes de madeira que mostram guerreiros incas, com armas e ostentosos vestidos, combatendo os belicosos povos das florestas. Outros temas iconográficos bastante difundidos são a caça, o gado e a*

105 esquerda. Faixas verticais decoradas com pequenas casas, personagens, animais e motivos geométricos pintados adornam a superfície deste kero *de notáveis dimensões. Dois pumas estilizados formam as asas do recipiente.*

105 direita. Também os keros *de madeira, como os* aríbalos*, são oriundos da civilização inca. São recipientes cilíndricos, elegantemente decorados com cenas pintadas, utilizados principalmente para libações de caráter ritual. Este* kero *policromado apresenta o motivo do felino estilizado em relevo.*

agricultura, e não faltam, além disso, graciosas representações de residências incaicas em miniatura. Embora esses kero *sejam provenientes de uma época posterior, as imagens são muito representativas do povo inca e de seu estilo de vida.*
A técnica usada para pintar os kero *da época colonial é, em geral, a do* encausto*, introduzida no Novo Mundo pelos europeus, e que consistia na aplicação de uma pasta especial formada por óxidos minerais, cera de abelha e substâncias corantes. Esta técnica, além de permitir a policromia, dava às cenas pintadas um aspecto extremamente brilhante.*

106 acima.
As civilizações que floresceram ao longo do litoral meridional do Peru foram as que deixaram os mais notáveis exemplos de arte têxtil.
A imagem é um detalhe de tecido de algodão nazca decorado com um motivo zoomorfo estilizado.

106 abaixo. Esta descoberta da época inca é uma pequena estatueta feminina de ouro coberta por um tecido de lã de cores vivas. Acredita-se que seria uma das mamaconas, *as escravas do Inca que viviam na "Casa das mulheres escolhidas" e se dedicavam principalmente à feitura de tecidos.*

107 esquerda. Esta peça de roupa de algodão, encontrada na região litorânea meridional do Peru, é da época inca. Trata-se de um unku, *uma túnica retangular com uma faixa horizontal de peculiares motivos geométricos chamados "tocapu", que muitos estudiosos consideram uma espécie de escrita cifrada.*

OS TECIDOS E A ARTE DAS PLUMAS

107 direita. Este desenho de Huamán Poma mostra uma tecedora do Tahuantinsuio tecendo com um instrumento típico do mundo andino e de origem muito antiga: o tear de cintura. O tecido é uma das expressões artísticas fundamentais do Peru pré-colombiano.

Os cronistas espanhóis ilustraram com profusão de detalhes os tipos de vestimenta dos peruanos no mundo inca. As pessoas comuns usavam um tipo de roupa bastante simples, uma espécie de túnica feita de pano de algodão ou lã de alpaca tecido de forma bastante grosseira. Esse pano se chamava ahuasca. *O* cumbi, *por sua vez, era um tipo de tecido mais elegante e refinado, cujo uso era reservado somente aos membros da casa real e aos que desfrutavam de privilégios especiais. O* cumbi *era feito de fibras muito delicadas tingidas com vivas cores e finamente tecidas, formando motivos geométricos regulares. A textura dos* cumbi *lembrava aos espanhóis a da seda. Em Cusco, e em geral no mundo incaico, as pessoas mostravam que pertenciam a uma categoria elevada através da qualidade do tecido de suas roupas e da riqueza dos motivos que apresentavam.*

Alguns estudiosos sustentam que tais motivos faziam parte de um sistema gráfico, e que apresentavam signos de valor pictográfico ou fonético. A vestimenta peruana era, em conjunto, bastante simples. Os homens vestiam uma túnica curta, uma espécie de camisa sem mangas chamada unku, *combinada com um estreito tecido que cobria as costas; as mulheres, por sua vez, usavam um* acsu, *túnica parecida com o* unku, *porém mais larga.*

Sobre este simples vestido, podia-se usar uma capa, a llacolla *no caso dos homens ou a* lliclla *no das mulheres. Naturalmente, as pessoas de alta linhagem se enfeitavam também com jóias, toucas adornadas com plumas, sandálias e bolsas de tecido colorido. É importante lembrar que tecer era considerado uma forma de tributo: cada família tinha de tecer regularmente para o Inca, além de fazer o trabalho agrícola.*

108 esquerda.
Em muitas necrópoles peruanas foram encontradas múmias envoltas em muitas camadas de tecido, as quais formam uma espécie de "pacote" volumoso chamado "fardo". A imagem mostra um fardo da época huari, envolto em uma túnica policromada e decorado com um longo colar e uma cabeça falsa.

O tecido, por outra parte, era considerado uma oferenda votiva, um valor de troca, um presente para selar promessas de casamento e alianças diplomáticas. Os tecidos representavam também um excelente espólio de guerra.
As vasilhas mochicas que apresentavam imagens de prisioneiros amarrados e nus expressam a humilhação de quem se via privado da própria roupa, elemento que talvez estivesse revestido de significado mágico ou ritual que escapa ao conhecimento atual.
O trabalho com o tecido, pois, tanto na civilização incaica como nas mais antigas, ostentou sempre um papel fundamental, uma vez que as roupas e os panos tinham valor não inferior ao das jóias ou ao dos outros materiais preciosos aos olhos dos povos andinos.
No Peru pré-colombiano, a arte de fiar fibras vegetais foi a expressão artística mais antiga, anterior à cerâmica e à metalurgia. Na Caverna do Guitarrero foram encontrados restos de tecido feito com fibras vegetais fiadas procedentes de cerca de 5780 a.C., época correspondente ao Período Pré-cerâmico. A cerca de 2500 a.C. correspondem os primeiros fragmentos de tecido de algodão, procedentes do sítio de Huaca Prieta, no vale do Chicama. Além das diversas fibras vegetais e do algodão, a atividade têxtil recebeu forte impulso após o início da criação de camelídeos andinos, como a lhama e a alpaca.
Os instrumentos técnicos usados para tecer e fiar eram bastante simples. Os fragmentos mais antigos, feitos mediante o entrelaçamento de fibras vegetais anteriores ao cultivo do algodão, eram trabalhados somente com as mãos. Para fiar a lã foram adotadas a bobina e a roca.

108 direita, abaixo. A iconografia dos tecidos paracas e nazcas geralmente está ligada ao universo cosmogônico e religioso comum a estas e outras culturas peruanas. A imagem mostra um detalhe de um tecido em que se destaca a imagem do Deus das Varas, herdado da antiga civilização chavin.

108-109. Esta peça paracas é um "manto", uma túnica com uma grande gola em V, encontrada em um contexto funerário. O personagem monstruoso de aspecto híbrido que aparece no tecido, juntamente com as serpentes, lembra o Deus das Varas chavin e tiahuanaco.

109. Este tecido, da cultura paracas-nazca, é enriquecido com minúsculos personagens estilizados, talvez seres divinos cujo significado ainda não foi descoberto pelos estudiosos, alguns dos quais consideram estes tecidos suportes para símbolos gráficos ainda não decifrados.

A primeira consistia em uma vareta de madeira dura, geralmente de chonta (Guilielma chiliata), com uma pedra ou osso encaixado na extremidade. Para tecer as fibras de algodão, o instrumento mais freqüente era o tear de cintura, ainda usado hoje em dia pelas mulheres dos países andinos. Trata-se de um utensílio bastante simples, formado por duas barras de madeira, chamadas subbi, uma das quais se une a um pau e a outra às costas da tecedora mediante uma correia de couro. Algumas iconografias cerâmicas e algumas descrições dos cronistas ilustram o uso de um tear vertical, cuja existência, no entanto, não pôde ser confirmada pela arqueologia. Embora os instrumentos fossem bastante simples, as técnicas usadas para fazer os tecidos de algodão eram, por sua vez, muito variadas. O mais comum era a técnica de tecido com trama entrecruzada, com a qual se obtinha a estrutura de base para o pano.

Outra, de que existem belíssimos exemplares procedentes sobretudo da cultura chancai, é a das gazes, que consiste em tecer com o sistema de urdidura cruzada; os "mantos" e os panos mais ricos e refinados, produzidos pelas culturas paracas e nazca, foram bordadas a ponto de erva. Os tecidos eram tingidas com corantes de origem mineral ou vegetal.
Na cultura inca, existia uma categoria de artesãos, os canticamaios, que desenvolviam essa atividade, depois de colher a matéria-prima. O índigo (Indigofera suffructicosa) era colhido para obter as cores azul, verde, negra e violeta; com a chilca (Baccharis polyanta) eram obtidos o amarelo e o cinza, enquanto para o laranja se recorria ao urucum (Bixia orellana). O vermelho era extraído das raízes de algumas plantas, mas também de um inseto, a cochonilha (Coccus cacti), um parasita do cacto opuntia. O uso desse parasita não é documentado antes da época huari. Era colhido, secava-se ao sol e

110. O inquietante motivo decorativo do manto paracas que se vê na fotografia pode ser inserido no contexto iconográfico das culturas litorâneas meridionais do Primeiro Período Intermediário, posteriormente retomado pela arte huari. Trata-se, neste caso, de um ser monstruoso de aspecto antropozoomorfo, que agarra serpentes com a mão enquanto tira outras da boca.

111 esquerda. Este tecido impressiona por sua rica policromia. Trata-se de um poncho oriundo da península de Paracas. O poncho tem dimensões menores que os mantos que cobriam os fardos funerários. A produção têxtil paracas se caracteriza por composições quadriculadas nas quais se repetem as mesmas figuras, diferenciadas apenas pelas cores.

111 direita. A imagem do ser mítico com chapéu em forma de meia-lua aparece também neste detalhe de um tecido chimu. A iconografia, portanto, é análoga à que se vê nas peças de argila e nos vasos e ouro e prata. Os tecelões deste povo costumavam decorar as vestimentas com plumas e ornamentos metálicos.

112-113. As penas coloridas dos pássaros tropicais eram não só colocadas em suportes rígidos, mas também costuradas em tecidos de algodão, segundo uma técnica muito elaborada que permitia a criação de desenhos magníficos. Esta descoberta ica-chincha apresenta um tema decorativo composto de três personagens feitos de penas amarelas e vermelhas sobre fundo azul.

113 direita. Nesta tapeçaria de origem chimu aparecem estranhos seres antropozoomorfos vermelhos e verdes obtidos com a costura de penas. Os estudiosos acreditam que os chimus herdaram a tradição de trabalhar as penas de seus antepassados moches, embora não tenham sido encontrados exemplares desse tipo de artesanato anteriores ao Horizonte Huari.

112 esquerda. No mundo andino, as penas eram freqüentemente utilizadas junto com os tecidos para embelezar roupas e adornos de cabeça. Esta luxuosa coroa cerimonial chancai, com base de madeira e um par de discos para orelhas pendurados, é decorada com penas amarelas e azul-turquesa tiradas de um tipo de papagaio chamado arara-azul-e-amarela. Além disso, a peça apresenta pingentes, contas de ouro e passarinhos presos na superfície.

112 direita. Também esta coroa de forma cilíndrica, oriunda, como a anterior, da área cultural chancai, tinha uso cerimonial. Sobre uma estrutura rígida de fibra vegetal e madeira foram colocadas penas de cores variadas, utilizando a técnica chamada "de mosaico". O uso de adornos de cabeça com penas era muito difundido no Segundo Período Intermediário.

pintavam grandes figuras ou cenas complexas, com monstros, divindades e rituais relacionados com os panteões religiosos, imagens que se observam também nas peças cerâmicas. As escavações dos sítios arqueológicos procedentes do império huari permitiram trazer à luz uma quantidade notável de elegantes túnicas, provavelmente destinadas aos membros da elite político-militar. A feitura dessas grandes capas, em muitos casos formadas por duas peças, exigia tempo, habilidade e grande quantidade de matéria-prima. De fato, para cada túnica eram necessários entre 10 e 14 km de fio. A iconografia mais freqüente nas túnicas huaris consistia nas imagens estilizadas do estilo das da Porta do Sol de Tiahuanaco: o Deus do Arco e as outras figuras antropozoomorfas.

fervia-se. Também a cor púrpura era de origem animal, já que se obtinha de dois moluscos, o Murex brandaris e o Murex truncullus. Ainda não foi possível determinar que tipo de fixador era usado para fixar as tintas nos tecidos de algodão. Em muitas ocasiões, as roupas e os diversos tecidos eram adornados com complementos de metal e sobretudo com plumas de cores procedentes de pássaros tropicais, que eram fixadas e costuradas ao pano por meio de uma técnica bastante elaborada.
Se as civilizações andinas da costa norte se destacaram na ourivesaria, as mais meridionais nos deixaram um legado de verdadeiras obras-primas do setor têxtil. Os exemplares mais refinados, ricos em colorido, mas também de maior qualidade, procedem das necrópoles de Paracas, de Nazca e de Chancai, mas também dos sítios arqueológicos da época huari: é importante ressaltar que o clima especialmente árido dessas regiões permitiu uma excelente conservação de materiais orgânicos frágeis e facilmente deterioráveis, como as fibras de algodão, a lã e as penas.
As múmias encontradas nas sepulturas das necrópoles de Paracas estavam envoltas em numerosos panos de cores vivas e bordados, os chamados "mantos", símbolos de riqueza ou de nobreza.
A maior parte desses tecidos, encontrados em contextos funerários, apresentava uma decoração riquíssima com motivos geométricos e zoomorfos; eles oferecem admiráveis imagens estilizadas de animais, peixes, pássaros e insetos, mas também com grande precisão e refinamento. Os artesãos nazcas utilizavam grandes peças de tecido, verdadeiras mostras de "tapeçaria" em que

A padronização dos motivos decorativos, e também do número de fios e do tamanho das túnicas huaris, sugere que tenha havido uma espécie de controle por parte do império sobre a atividade têxtil e, provavelmente, também sobre outras expressões artísticas. Embora possivelmente de menor qualidade estética e de produção, são muitos também os tecidos procedentes de centros da costa norte, em particular das culturas sican e chimu.
É interessante observar que os motivos geométricos e zoomorfos que decoram os panos e as túnicas chimus lembram em grande medida os dos afrescos em adobe estucado da capital, Chanchan. Podemos, portanto, afirmar que neste contexto cultural, como em muitos outros, a arte têxtil inspirou quase sem dúvida todas as demais.

A METALURGIA

114 esquerda.
Este pingente de tumbaga (a liga de ouro e cobre utilizada no mundo andino), originário da Colômbia, pertence à civilização de Tairona. Ele traz um personagem híbrido, com maxilares de crocodilo e um traje elaborado.

114 direita.
Esta peça é um peitoral cerimonial, também de tumbaga, procedente da Colômbia. No centro há um personagem de aparência divina, com minúsculos cavalos marinhos ao lado.

A região central dos Andes, que se estende do Equador à Bolívia, foi o berço de uma das mais importantes tradições metalúrgicas do mundo. As primeiras mostras de trabalho do ouro no Peru foram encontradas no pequeno povoado de Huaihuaca: trata-se de finas lâminas de ouro, procedentes de cerca de 1900 a.C.. Em Mina Perdida, por sua vez, foram encontradas lâminas de cobre procedentes de 1250 a.C. Trata-se de dois casos isolados, que testemunham, no entanto, a antiguidade da atividade metalúrgica no Peru pré-colombiano. A partir dessas regiões, o trabalho do ouro se estendeu, provavelmente, pelo restante das áreas do continente americano. Sua aparição na Colômbia, onde alcançou altíssimos níveis técnicos e de qualidade, foi calculada a partir do século VI a.C. Assim, pois, no Peru a ourivesaria conheceu um verdadeiro desenvolvimento a partir do Primeiro Horizonte, como resultado de três descobertas importantes.
A primeira foi o uso dos metais para criar ligas úteis para reduzir a temperatura durante a fusão e facilitar que os metais brandos mantivessem a forma. A segunda foi o método da soldadura, que consiste em soldar pedaços de metal vertendo algumas gotas de metal fundido ao modo de "cola" em pontos precisos, para dar volume às lâminas e transformá-las em objetos. A terceira consistia na técnica do martelado ou repuxado: as lâminas, com freqüência de grandes dimensões, eram golpeadas sobre blocos rígidos de madeira ou metal duro com uma espécie de martelo, e eram cortadas e forjadas para criar formas em relevo.
Os produtos da ourivesaria de estilo chavin, os mais antigos do Peru pré-colombiano que se encontraram, são sobretudo coroas cilíndricas, obtidas trabalhando-se lâminas de metal precioso, decoradas a seguir com a imagem do Deus das Varas. No estado atual das investigações, podemos afirmar, portanto, que o ouro foi o primeiro metal trabalhado e apreciado, provavelmente

115 esquerda. O aspecto perturbador deste pingente de origem calima é acentuado pela obsessiva repetição das plaquinhas em forma de meia-lua que o decoram. Os ourives colombianos freqüentemente acrescentavam estes elementos móveis ao corpo principal de suas peças, para produzir reflexos.

115 direita. Também esta pequena estatueta de ouro calima é adornada com acessórios tão vistosos, que tornam difícil apreciar os traços da figura. Trata-se de um pingente para colar representando um indivíduo com um "bastão de poder" e um escudo em forma de pele de animal.

bastante fácil de obter em estado puro, em forma de pepitas presentes nos cursos d'água. Outros metais buscados e trabalhados eram a prata, o cobre e o estanho, cuja descoberta remonta, contudo, ao século VI d.C. O ferro não passou a fazer parte do mundo pré-colombiano senão com a chegada dos europeus. Como ressaltamos anteriormente, os metais são trabalhados preferentemente em forma de ligas: o bronze, obtido com a mistura de cobre e estanho, mas também uma liga obtida da fusão de ouro e cobre, denominada tumbaga. A técnica mais apreciada e difundida desde os tempos mais antigos foi a do repuxado, que permitia ao ourives criar objetos ostentosos, como máscaras e coroas, mas também refinados recipientes, ornamentos de pequenas dimensões, jóias e estatuetas, decoradas or meio de incisões ou com um punção. As ferramentas metálicas, como machados, martelos ou escalpelos, eram feitas dando-se forma ao metal com um molde simples. Somente os artistas peruanos da região moche adotaram uma técnica para o trabalho do ouro muito difundida na Colômbia: o método da cera perdida. Consistia na criação de um modelo de cera do objeto que se queria produzir, cobrindo-o depois com uma espessa capa de argila com um buraco. Quando a argila já havia endurecido, esquentava-se a massa do molde e se deixava sair a cera fundida através do orifício, introduzindo em seu lugar o metal líquido. Uma vez solidificado o metal, rompia-se o molde de argila e extraía-se o objeto moldado. Os moches fabricaram com essa técnica estatuetas arredondadas e magníficas cabeças de cetro, verdadeiras esculturas que representavam cenas de culto.
Depois, durante o Horizonte Inca, foram fabricadas estatuetas de ouro e prata, sólidas e maciças, não já com o método da cera perdida, mas com o uso de moldes de duas peças. A especialidade dos artesãos peruanos era o tratamento da superfície externa dos objetos: para isso, recorriam a dois tratamentos do ouro bastante comuns. O primeiro consistia na aplicação de uma fina lâmina de ouro sobre a superfície de um objeto de cobre ou prata, enquanto a segunda, denominada método por esgotamento, fazia com que emergisse o ouro presente em ligas de prata e cobre.
Ao se repuxar e esquentar a lâmina metálica, forma-se sobre a superfície um estrato de óxido de cobre, facilmente eliminável com a ajuda de um ácido suave. Nesse ponto do procedimento, obtém-se um estrato de prata que contém uma pequena proporção de ouro; ao submergir-se o objeto em um banho ácido de origem vegetal, a prata se dissolve, deixando à mostra uma superfície dourada.
O uso das ligas, em particular da tumbaga, em grande quantidade de objetos metálicos provocou raiva e frustração entre os conquistadores, que, consumidos pela avareza, mandaram fundir o precioso espólio obtido de Atahualpa e se deram conta de que a quantidade de ouro puro presente nas jóias e vasos era mínima.

116. Este elegante peitoral de ouro pertence à produção calima, da Colômbia. A decoração da borda, feita por cinzelamento, apresenta motivos em forma de ave estilizados que lembram a cerâmica de estilo iotoco, contemporânea da calima.

117 esquerda. Também esta agulha de ouro é de estilo calima. Os estudiosos têm dificuldade para definir com precisão os detalhes da cultura calima, já que ela abrange um grande período de tempo. A agulha é coroada por um gracioso passarinho, de aparência especial em função dos quatro cachos que tem na cabeça.

117 direita. Outro tipo de agulha de ouro calima: neste caso, o adorno da extremidade é um elemento antropomorfo. Trata-se de um pequeno personagem estilizado, de traços apenas insinuados, que leva um cetro em uma das mãos e na outra um bastão cerimonial, com o que se simboliza que pertence a uma casta alta.

118 acima. As formas dos poporo são muito variadas e sempre muito sóbrias. Estes pequenos recipientes são da cultura quimbaia, que produziu as peças mais famosas da ourivesaria colombiana.

118 abaixo. Este pingente quimbaia é feito de tumbaga, uma liga de ouro e cobre na qual a percentagem do metal precioso é bastante baixa. Apesar disso, essa liga permitia aos artistas colombianos criar objetos com aparência de ouro maciço.

No império do Tahuantinsuio, o ouro era considerado o "suor do Sol", e a prata, "as lágrimas da Lua". Como bons amantes das jóias, dos objetos decorativos e refinados, os soberanos incas eram rodeados dos mais especialistas e famosos ourives, que geralmente procediam de Chimu, para satisfazer seus desejos. A civilização da costa norte, de fato, havia herdado a tradição chavin e a perpetuou até a época da conquista. Além dos moches, também os vicus, os sicans e os chimus se especializaram na criação de maravilhosos ornamentos de ouro, e sobretudo de prata. O conjunto de objetos preciosos da cultura sican que chegaram até nossos dias compreende grandes máscaras funerárias, facas cerimoniais chamadas tumi, *vasos, adornos peitorais e discos para as orelhas. Muitas vasilhas e garrafas de argila, caracterizadas pela dupla boca e pela asa em forma de ponte, eram reproduzidos em ouro ou em prata, provavelmente para uso exclusivo de pessoas destacadas. Também nesse caso, a técnica preferida era a do martelado e do repuxado; junto aos motivos decorativos, encontravam-se mosaicos de turquesas e de* Spondylus. *Os chimus continuaram a tradição sican, mantendo a mesma qualidade; as túnicas e os tecidos dessa cultura encontrados são adornados com placas de ouro, de prata, e com plumas de diversos tipos, que conferiam ao tecido o aspecto de verdadeiros "tesouros têxteis". Foram, sem dúvida, os artistas chimus que executaram o famoso Coricancha, o grande Templo de Cusco, casa de todos os deuses, com as paredes cobertas de ouro, uma maravilha arquitetônica saqueada e destruída pelos conquistadores.*

119. Eis um poporo de ouro, outra esplêndida criação dos ourives quimbaias: neste caso, o corpo principal do objeto apresenta uma típica figura de cacique, ou chefe de tribo. Apenas os membros das castas mais altas utilizavam estes objetos preciosos.

120 esquerda.
Este exemplar de poporo *quimbaia, diferentemente dos outros, traz a imagem de um personagem feminino: uma mulher sentada com um vestido curto, uma faixa na cintura e a genitália exposta.*

120 direita.
Esta pequena estatueta de ouro, inteiramente oca, é típica da cultura quimbaia, da Colômbia: trata-se de um poporo*, uma espécie de recipiente para a cal que era misturada à coca no momento de mastigá-la. Sem dúvida, apenas as pessoas de alta linhagem podiam usar estes recipientes, preciosos e elegantes, por ocasião das cerimônias especiais em que a coca era utilizada.*

121. Outros exemplares de poporo*. São duas pequenas estatuetas masculinas nuas, uma das quais um personagem de pé, de aparência bela e musculosa; a outra, por seu lado, é um homem sentado e atarracado.*

122 esquerda. Os incas apreciavam muito os objetos de ouro e prata feitos pelos joalheiros dos povos conquistados, especialmente os chimus, e levaram esses hábeis artesãos para a corte de Cusco, para que continuassem a produzir jóias e outros objetos preciosos. A imagem mostra um gracioso ídolo feminino da época inca, dotado de vistosos brincos.

122 direita, acima. Este colar de prata tem no centro a imagem de uma coruja. Segundo as narrativas dos cronistas espanhóis, no mundo andino as aves de rapina noturnas eram veneradas como seres divinos ligados aos sacrifícios rituais e como guardiões da Morte e do Reino de Além-túmulo.

122 direita, abaixo. Este minúsculo felino de prata é datado de um período compreendido entre 700 e 500 a.C. Trata-se, portanto, de uma peça da época chavin, exemplo do notável nível de qualidade que havia sido atingido na metalurgia já no Primeiro Horizonte. De fato, os primeiros exemplares de trabalho em ouro no Peru remontam ao segundo milênio a.C., muito antes do surgimento da primeira cerâmica.

123 abaixo. Também este elaborado pingente de prata pertence à produção moche: a divindade central se apóia no corpo em meia-lua de uma serpente bicéfala. Este símbolo, de muitos significados mágico-religosos, volta a aparecer na iconografia das pinturas murais da cultura chanchan, muitos séculos posterior à civilização moche.

123 acima. A tradição de trabalho em metais preciosos e outras pedras duras na costa norte do Peru tem origem muito antiga. Um exemplo é este esplêndido disco para orelha moche, no qual foram utilizados ouro, lápis-lazúli, turquesas, conchas e coral em um mosaico que representa um demônio alado com aparência de pássaro, ligado à cosmogonia e à religião do mundo moche.

124 acima.
Este elegante copo de ouro sican, de forma cilíndrica, tem uma superfície inteiramente decorada por cinzelamento. No centro da cena, destaca-se a imagem de Naimlap, caracterizada pelo adorno de cabeça em forma de meia-lua.

124 abaixo.
Esta placa de ouro da cultura sican representa um jaguar de aspecto monstruoso, o que fica claro pela língua proeminente e pelo dorso eriçado. Orifícios dão ao objeto a função de elemento decorativo para um tecido ou adorno de cabeça.

124-125. O povo sican deixou como testemunho da habilidade de seus ourives diversos recipientes de metal como este. Uma asa em forma de ponte liga dois gargalos finos, um em cada extremidade; os personagens minúsculos que adornam o recipiente lembram o culto ao deus-herói Naimlap. Estes objetos não eram de uso cotidiano, tendo função exclusivamente cerimonial.

126 acima. Esta máscara de ouro repuxado vem de um contexto funerário sican. Entre os povos do litoral setentrional, as pessoas de casta elevada eram enterradas com ricos enxovais funerários, e sobre o rosto do morto era colocada uma máscara de ouro ou prata.

126 abaixo. Este elaborado vaso cilíndrico de ouro, claramente de produção sican, é decorado com fragmentos de turquesas, colocados ao longo da borda e na pequena figura situada no centro do recipiente. Trata-se, mais uma vez, de uma imagem do deus-herói Naimlap, que, segundo a tradição, fundou a civilização sican após chegar do mar em uma balsa.

127 acima. Esta máscara funerária de ouro é mais elaborada que as anteriores. Apresenta restos da pintura vermelha e azul original e tem, além disso, um adorno de nariz e vários brincos nas orelhas.

127 abaixo. Nos enxovais funerários do litoral norte foram encontradas impressionantes máscaras de ouro, prata e tumbaga. Esta, oriunda do contexto cultural sican, apresenta olhos arregalados em forma de ave que mais uma vez lembram a iconografia de Naimlap, e ainda mostra vestígios da pintura vermelha que originalmente a decorava.

128. *Um dos mais famosos* tumis *de produção sican é este, verdadeira obra-prima da arte da ourivesaria.* O tumi *é um punhal cerimonial em forma de meia-lua, utilizado pelos povos do litoral norte no Segundo Período Intermediário. Este é coroado por uma pequena estatueta elaborada com turquesas engastadas que lembra o herói Naimlap. O personagem é caracterizado pelo chapéu em forma de meia-lua, os olhos em forma de ave e a presença de asas; também os brincos têm forma de passarinhos. A parte posterior apresenta um elaborado trabalho de incisão e cinzelamento. Esta peça sem dúvida pertencia a um dos "senhores" que se sucederam na dinastia sican segundo a tradição descendente do deus Naimlap.*

129 esquerda.
Esta peça magnífica mostra a notável mestria dos artesãos chimus no trabalho em ouro. É uma coroa cerimonial coberta de motivos decorativos cinzelados e rematada por um tumi.

129 direita.
Também pertencem à civilização chimu estas "luvas" de ouro decoradas com elaborados motivos geométricos e antropomorfos. Também neste caso, trata-se de objetos relacionados a contextos cerimoniais especiais.

130 esquerda.
Esta pequena estatueta de ouro faz parte do repertório artístico da época inca.
É a representação de um personagem masculino.
É importante destacar as dimensões dos lóbulos das orelhas: entre os incas de alta classe, era tradição deformar os lóbulos desde a infância, o que levou os espanhóis a dar a eles o apelido de "orelhudos".

130 direita.
Os ídolos femininos de ouro da civilização inca costumam caracterizar-se pelo longo cabelo que desce pelas costas e sobre os ombros e por terem os braços cruzados no peito.

131 acima.
Esta peça é um exemplar extraordinário e luxuoso da utilização do ouro nos tecidos. É uma túnica de lã de alpaca coberta de placas de ouro finamente cinzelado. A veste foi encontrada num sítio funerário da época inca, mas em uma região periférica do império, junto à costa meridional.

131 abaixo. Além das imagens humanas, a produção inca de objetos de ouro e prata também inclui imagens de animais, como esta graciosa lhama de ouro.

DIVERSÕES, MÚSICA E DANÇAS

132 esquerda. Esta graciosa cerâmica, da civilização moche, representa um personagem sentado de pernas cruzadas tocando um instrumento de sopro, talvez equivalente à flauta de Pã. É interessante observar, no rosto do músico, que se trata de um cego.

132 direita. Este estranho personagem de terracota, obra do povo nazca, tem um aspecto curioso, e os genitais estão à mostra. É um músico que toca ao mesmo tempo uma flauta de Pã e uma espécie de tambor apoiado no joelho.

As iconografias e os objetos cerâmicos ou de outros materiais de algumas civilizações andinas pré-incaicas oferecem um interessante testemunho sobre os instrumentos musicais utilizados por esses povos. Sem dúvida, a música acompanhava os coros e danças durante as festas que, supõe-se, eram celebradas nos rituais religiosos, mas também nas cerimônias relacionadas com os ciclos das estações e com a agricultura. Numerosos enxovais funerários mochicas, nazcas e huaris continham instrumentos musicais de terracota ricamente decorados com diversas cores: os modelos, em particular as flautas e os tambores, são os mesmos adotados, muitos séculos mais tarde, pelo povo inca. Alguns graciosos objetos representam tocadores de tambor, mas também pastores que sempre levavam uma pequena antara *ou flauta de Pã; as representações mais*

antigas de bailarinos são as encontradas nas paredes rochosas, com signos ou desenhos, que remontam à época dos caçadores-colhedores. Ao Horizonte Chavin pertence uma pedra com uma cena gravada que reproduz uma dança guerreira entre dois combatentes. Mais uma vez, os dados mais consistentes de que dispomos são os relativos à cultura incaica, e chegaram até nós através dos cronistas que assistiram pessoalmente às festas e rituais.
Segundo os cronistas, as festas sempre começavam depois que os sacerdotes acabavam seus ritos e sacrifícios destinados a satisfazer os deuses. Em seguida, todos bebiam chicha, a bebida obtida pela fermentação do milho. Pedro Cieza de León descreve com detalhe a célebre festa do Inti Raimi, que era realizada por ocasião do solstício de verão: "Depois de haver comido e bebido, todos estavam ébrios, também o Inca e o sacerdote; felizes e excitados, de tarde todos os homens se reuniam e começavam a cantar canções e poemas que haviam aprendido de seus progenitores".

133 esquerda, abaixo. A arte nazca deixou exemplares de instrumentos musicais de terracota de produção esmerada, pintados de cores vivas. Na fotografia, podem ver-se três flautas pintadas de cores chamativas, uma das quais imita um peixe, e outra uma cabeça humana.

133 direita. Entre os mais antigos exemplares de imagens relacionadas à música no mundo andino, está este recipiente vicus: um estranho personagemde genitais à mostra aparece tocando uma flauta de Pã, um dos instrumentos de sopro mais difundidos nos países da América do Sul.

134. Estas extraordinárias peças de produção moche são duas cornetas de terracota. A forma arredondada lembra os cornos de caça utilizados na Europa. Uma delas termina em uma figura zoomorfa, enquanto a outra é decorada com uma estatueta, talvez um deus, que usa um chapéu em forma de meia-lua.

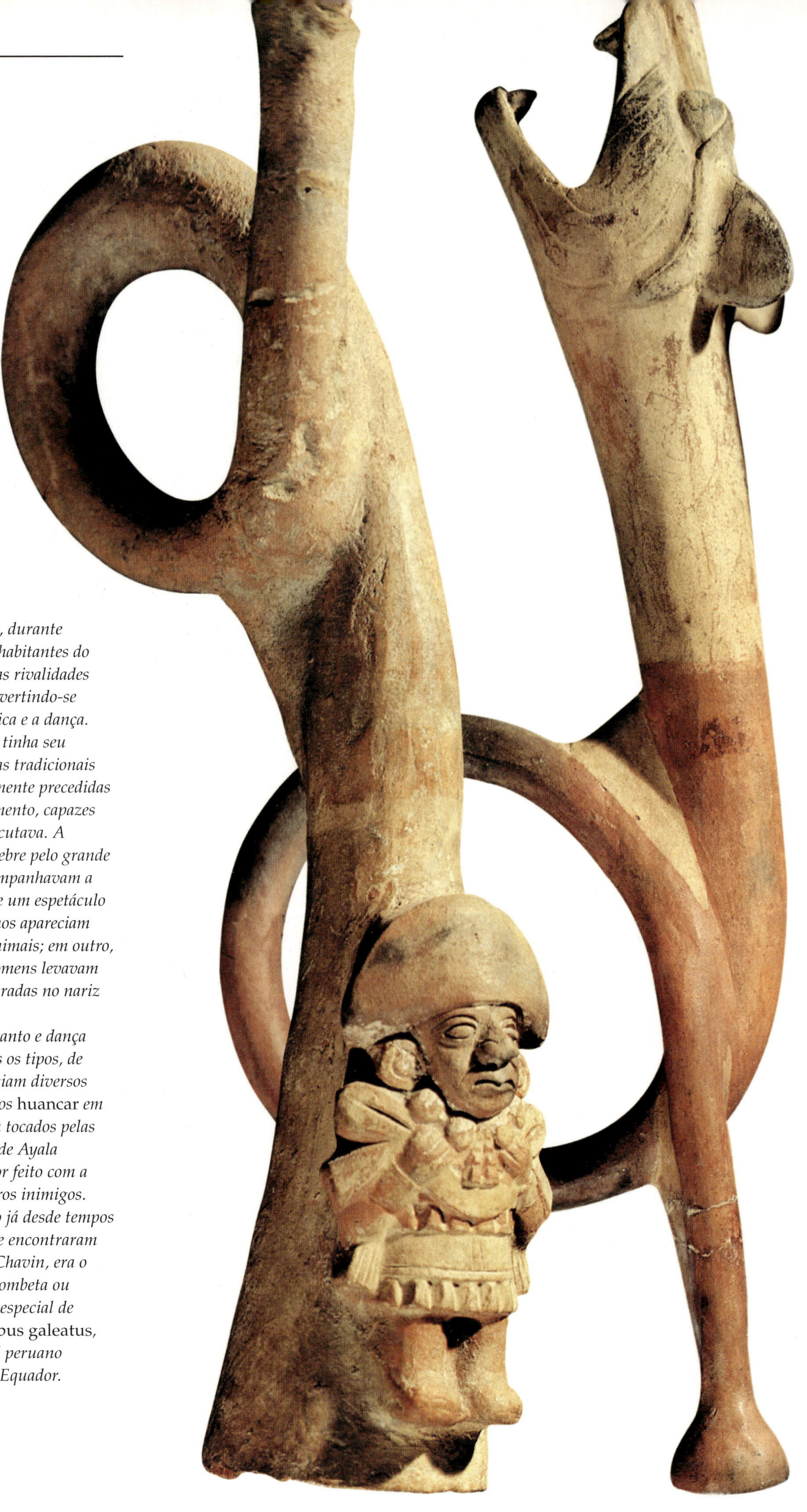

Pelos relatos, deduz-se que, durante essas celebrações, todos os habitantes do Tahuantinsuio esqueciam as rivalidades étnicas, e aproveitavam, divertindo-se unanimemente com a música e a dança. Cada província do império tinha seu próprio repertório de danças tradicionais de caráter ritual, habitualmente precedidas de melodias e cantos de lamento, capazes de hipnotizar a quem as escutava. A província do Collao era célebre pelo grande número de danças que acompanhavam a festa. Entre eles, recorda-se um espetáculo durante o qual os dançarinos apareciam com máscaras e peles de animais; em outro, ainda mais pitoresco, os homens levavam fitas de ouro e prata penduradas no nariz e nas orelhas.

Os incas acompanhavam canto e dança com instrumentos de todos os tipos, de sopro e de percussão. Existiam diversos tipos de tambores, chamados huancar *em quíchua. Os menores eram tocados pelas mulheres. Huamán Poma de Ayala descreve um tipo de tambor feito com a pele do crânio dos guerreiros inimigos. Outro instrumento, usado já desde tempos muito antigos, e do qual se encontraram inúmeros exemplares em Chavin, era o* pututo, *uma espécie de trombeta ou corneta feita com um tipo especial de concha marinha, o* Strombus galeatus, *muito difundida no litoral peruano setentrional e na costa do Equador.*

135 esquerda.
Esta figura oriunda da região de Ica, sul do Peru, mostra um personagem com um longo barrete cilíndrico tocando uma flauta, um dos instrumentos mais difundidos do mundo andino.

135 direita, acima.
O desenho de Huamán Poma mostra o final de uma festa solene celebrada pelas pessoas de Contisuio, uma das quatro partes em que o império se dividia. Enquanto os homens dançam, com máscaras de pássaro e vestidos de plumas, as mulheres os acompanham tocando tambores.

135 direita, abaixo.
Este personagem agachado é uma das imagens típicas da arte moche, como se vê pelo gorro amarrado sob o queixo. O nariz pontudo e os olhos ampliados lembram os traços de um pássaro. O personagem, que toca um tambor, provavelmente representa um xamã numa cerimônia acompanhada de música.

O som profundo deste instrumento marcava o ritmo do trabalho coletivo e das cerimônias religiosas. O pututo *era feito também de cerâmica; algumas iconografias moches representam músicos soprando seus* pututo. *Também as flautas eram muito apreciadas, e existiam diversos tipos. Eram feitus de madeira, osso, bambu e às vezes de cerâmica. Entre as mais conhecidas está a* antara, *que tinha a forma da flauta de Pã, formada por um mínimo de cinco varas amarradas juntas, e a quena, feita com uma única vara de bambu na qual se abriam oito buracos. Nas festas, além do canto e da dança, o povo gostava de ouvir narrações e poemas populares de caráter épico, transmitidos de geração em geração e de origem antiqüíssima, que eram acompanhados de cantos de caráter romântico, sobre temas amorosos e nostálgicos.*

RELIGIÃO E MORTE

No contexto dos estudos sobre as antigas civilizações do Peru pré-colombiano, além das investigações sobre a cultura material, são feitos há muito tempo estudos para conhecer e aprofundar os aspectos mais recônditos e peculiares dos povos andinos: a espiritualidade, o pensamento e as crenças religiosas. Mais uma vez, as notícias mais consistentes são as referentes à época incaica, graças às descrições e às narrações dos cronistas espanhóis. No que diz respeito aos períodos anteriores, o estudioso moderno dispõe somente das imagens reproduzidas nas vasilhas, nos tecidos, nas jóias e nas imponentes construções de pedra.
As investigações arqueológicas trouxeram à luz diversos exemplares de edifícios cerimoniais procedentes de algumas civilizações peruanas pré-incaicas. Os mais célebres são os templos moches "do Sol" e "da Lua", a "Huaca do Dragão" de Chanchan, de época chimu, e também os edifícios de Tiahuanaco, de Cerro Purgatório e de Pachacámac. Nesses sítios, como nos mais antigos centros cerimoniais do Período Pré-cerâmico e Formativo, os templos apresentavam uma estrutura piramidal escalonada. Como na América Central, a arquitetura cerimonial era impregnada de um significado particular: o lugar sagrado onde eram realizados os ritos se erguia imitando a forma da montanha, para permitir que o homem se elevasse ao máximo na direção dos deuses.

136 esquerda. Esta bela peça de prata da cultura chancai representa um templo: duas pequenas colunas sustentam o teto, do qual pendem três fileiras de sinos.

136 direita. As cerâmicas moches são a principal fonte de informação sobre o estilo arquitetônico dos prédios religiosos. Este modelo em miniatura mostra uma estrutura formada por patamares superpostos. A pequena "casa" com teto inclinado que está sobre o templo representa o santuário propriamente dito, no qual só podiam entrar os encarregados do culto.

137 esquerda.
Embora no Peru só alguns exemplares de templos tenham sobrevivido até os nossos dias, chegaram até nós muitos modelos arquitetônicos de terracota em miniatura. Este recipiente, de estilo sican, mostra um curioso prédio de paredes decoradas em baixo-relevo. Dois minúsculos personagens estão na entrada, aparentemente encarregados da guarda do prédio.

137 direita.
O motivo da escada que termina em espiral, como a deste vaso moche, simboliza o prédio com escadarias. As escavações revelaram várias estruturas deste tipo, feitas de adobe, como a Huaca do Sol *ou a* Huaca da Lua*. A pirâmide com degraus e o motivo da escadaria expressam a ligação com a montanha, local sagrado por excelência que aproxima o homem dos deuses.*

O material usado para a construção das pirâmides era constituído por adobes. Acredita-se que o templo propriamente dito se encontrava no alto dos terraços, para uso exclusivo dos sacerdotes, dos quais se conservam imagens nas estatuetas de cerâmica. Em algumas pirâmides, como na moche de Panhamarca, chamada O Bruxo, foram encontradas pinturas murais. Existem alguns vínculos entre a religião e o culto incaicos e os das outras civilizações andinas, embora sejam demasiado vagos para podermos conhecer suas origens. Enquanto na América Central foi possível determinar numerosas divindades, cujo culto em muitos casos foi perpetuado através dos séculos até o domínio asteca, no Peru só sobreviveram até nossos dias algumas imagens de seres sobrenaturais, algumas das quais aparecem de forma recorrente e obsessiva, e são constantemente relacionadas com três

138 centro.
A superfície do monólito de Chavin chamado Estela Raimondi é coberta com a inquietante iconografia do Deus das Varas. Esta imagem, que mostra um ser híbrido entre humano, felino e serpentiforme, volta a aparecer em todas as expressões artísticas do mundo andino, especialmente na Porta do Sol de Tiahuanaco.

representantes do mundo animal: o jaguar, a serpente e a ave de rapina. Entre essas imagens, uma das mais antigas é a que se vê em um fragmento de tecido encontrado em Huaca Prieta e pertencente ao Período Pré-cerâmico. Nela, pode-se distinguir claramente uma espécie de pássaro com bico de águia – um condor ou uma águia –, com o qual agarra pelo ventre uma serpente que se retorce. Seres monstruosos, dotados de numerosas patas, estranhas trombas e presas felinas, constituem os detalhes decorativos dos famosos baixos-relevos de estuque do átrio do templo de Garagai, pertencente ao Período Cerâmico Inicial. Ninguém conhece o significado dessas iconografias, integradas nos contextos arquitetônicos costeiros mais antigos do Peru pré-colombiano, ao redor de cujos templos cresceram as primeiras comunidades estáveis de agricultores e pescadores. No estudo das religiões que se propagaram pelo mundo andino, não se pode prescindir do conhecimento do que, junto a Tiahuanaco, se considera o mais célebre santuário do mundo andino: Chavin de

*138 esquerda.
Um horrível sorriso debochado caracteriza este rosto de madeira com caninos felinos e aspecto monstruoso que era ornamento de um espelho moche. Os arqueólogos identificaram esta imagem com a de Ai Apaec, principal divindade do panteão religioso desse povo, talvez derivada dos antigos cultos da cultura chavin.*

138 direita. Também no Obelisco Tello pode ser vista uma imagem híbrida e complexa que reúne muitos elementos de origem amazônica, além de outros de influência litorânea. Os estudiosos identificaram na divindade principal deste quebra-cabeça iconográfico a imagem do jacaré. Neste caso, como no da Lança e no da Estela Raimondi, estão presentes os principais temas do culto venerado em Chavin de Huántar e em várias outras culturas do Peru antigo.

Huántar, cuja época de esplendor começou em aproximadamente 900 a.C., cerca de 3.000 metros acima do nível do mar. Esse lugar, que ainda conserva seu poder de atração, encerra um importante enigma, constituído pelos três monumentos de pedra e pelos seres esculpidos neles: criaturas cujo significado ainda não foi decifrado completamente, mas que formam a base de uma espécie de religião pamperuana, cuja influência se difundiu provavelmente até o lago Titicaca e talvez até a Colômbia. O templo mais antigo de Chavin, conhecido como Castelo, foi construído ao redor de um monólito central, chamado Lanção por causa de sua forma, que segundo os conquistadores lembrava a de uma grande lança. Sobre a pedra, de quatro metros e meio de altura, vê-se uma série de complexas figuras que rodeiam a de uma criatura principal, híbrida e monstruosa. Muitos a consideram a imagem do grande deus venerado em Chavin desde o início da construção do santuário. O personagem antropozoomorfo, orientado para o oriente, caracteriza-se por uma cabeleira em forma de serpente, mas também por suas impressionantes presas e garras felinas. Tem o braço direito levantado, possivelmente em um gesto de saudação ou de advertência. Está comprovado que o culto ao Deus Felino teve grande difusão por todo o mundo peruano, até depois do fim da hegemonia religiosa de Chavin; mas o problema de sua origem ainda continua uma incógnita para os estudiosos. Alguns deles sustentam que existe um vínculo inevitável com o universo religioso-cultural

139 esquerda. O Deus dos Caninos, com aparência de jaguar e cabeleira feita de serpentes, é o elemento principal do monólito chamado a Lança, encontrado no Castelo de Chavin. Ninguém conseguiu estabelecer a origem deste e de outros cultos misteriosos que fizeram de Chavin um dos mais famosos centros religiosos do mundo andino.

139 centro. A imagem do felino reaparece constantemente em todas as formas de expressão artística peruanas. O exemplo aqui reproduzido corresponde à civilização moche; neste caso, o animal é representado sem atributos monstruosos, mas com grande realismo. O cunho sagrado do jaguar e o culto associado a esse animal provavelmente tinham raízes na selva amazônica, habitat *natural dessa espécie. A adoção pelos povos andinos deste credo religioso continua cercada de mistério até hoje.*

139 direita. Entre os animais considerados sagrados e que aparecem repetidamente nas cerâmicas moche, o lobo tem grande importância, como mostra este elegante recipiente decorado com notável realismo.

140 esquerda. No contexto cultural do Peru pré-colombiano, há muitas representações de sacerdotes ou xamãs, em muitos casos celebrando rituais. Esta peça moche mostra um personagem de classe alta – como se pode deduzir pela faixa que usa na cabeça, pelo manto e pelo capuz – com as mãos em postura de oração.

140 direita. Este estranho objeto é um recipiente de argila da cultura salinar; representa um homem coberto de tatuagens e com pintura fácil no momento de cortar a garganta com uma espécie de punhal: é possível supor que se trate de uma imagem de sacrifício pessoal.

centro-americano: talvez tenha procedido da civilização olmeca, parcialmente contemporânea da de Chavin, e tenha chegado aos Andes por mar ou por meio das relações comerciais. Segundo outros, por sua vez, ambas as civilizações teriam recebido a influência de um culto religioso que teria origens na Amazônia, única região da América do Sul na qual o jaguar tem seu habitat *natural.*
A uma fase cronológica incerta corresponde a construção de outro emblemático monólito, que apresenta uma impressionante e ainda mais complexa iconografia: trata-se do Obelisco Tello, que adotou o nome do arqueólogo que analisou as imagens pela primeira vez. O conjunto dos motivos gravados, tão elaborado e intrincado que poderia ser definido quase como barroco, compreende um casal de jacarés, serpentes, jaguares e pássaros de aspecto monstruoso, mas também plantas típicas da selva tropical, como a do amendoim ou a mandioca. Essas imagens são claramente típicas da Amazônia, a uma considerável distância dos planaltos, mas também se vêem imagens das regiões costeiras, como a das conchas do Strombus *e do* Spondylus*, dois moluscos de procedência equatoriana.*
A hipótese de Tello, segundo a qual os motivos religiosos do obelisco e o culto de Chavin fundiriam suas raízes no substrato geográfico-cultural amazônico, contrasta com a de outros arqueólogos, que consideram a possibilidade de uma origem costeira, baseando-se não somente nos símbolos das conchas, mas também no estilo arquitetônico dos edifícios cerimoniais. Poder-se-ia pensar que em Chavin de Huántar confluíram diversas correntes de pensamento, procedentes de lugares muito distantes entre si, e que teriam dado vida a iconografias e credos complexos e únicos, tanto do ponto de vista ideológico como do estilístico.
Durante uma fase cronológica mais recente, correspondente à construção do "Templo Novo", ergueu-se a Estela Raimondi, que também deve seu nome ao de um célebre arqueólogo. De cerca de dois metros de altura, apresenta gravada a dupla imagem, reta e invertida, de um único ser: o Deus das Varas, de monstruoso aspecto antropozoomorfo, dotado de presas e garras de felino, que leva nas mãos duas varas ou bastões em forma de serpente. Também nesse caso o simbolismo é

141 acima. Este estranho objeto ritual era conhecido como paccha *entre os incas. Trata-se de um complicado recipiente, composto de um pote em forma de ave dotado de um orifício na base que se comunica, pelo interior de um longo cabo, com o pequeno animal localizado em frente. Desse modo, o líquido colocado na tigela atravessa a passagem interna e sai pelo furo colocado na boca do animal, cai no bebedouro e percorre o pequeno canal até chegar à extremidade do cabo. Ao que parece, a* paccha *era utilizada em rituais ligados à fecundidade.*

uma combinação rica e complexa de elementos entre os quais emergem o jaguar e a serpente. Quem é o personagem da dupla imagem da Estela Raimondi, e que relação tem com o mundo natural, com o povo Chavin, com tantas civilizações do Peru e dos países limítrofes? Estas perguntas sem resposta e as diversas hipóteses giram em torno da enigmática divindade, mas aqui nos limitaremos a traçar em grandes traços alguns aspectos desse culto e de sua difusão no mundo andino pré-incaico. A herança que deixou foi recuperada por dois povos que presenciaram a decadência de Chavin: os testemunhos arqueológicos precedentes dos moches, dos nazcas e de outras culturas menores mostram repetidamente a imagem de um ser híbrido, de traços felinos e em forma de serpente. Apesar das diferenças estilísticas e das referentes a alguns detalhes, é fácil distinguir nas divindades em questão uma derivação direta da de Chavin, naturalmente com influências dos elementos típicos da cultura local. Entre as iconografias recorrentes, podem ser destacadas a de Ai Apaec, o monstruoso demônio moche, cujo nome perdurou até a civilização incaica. No entanto, o centro que recebeu em maior medida a herança religiosa chavin foi Tiahuanaco, cujas ruínas se levantam ainda, imponentes e misteriosas, às margens do lago Titicaca. Segundo a maior parte dos estudiosos, Tiahuanaco teria sido fundada como centro religioso por volta de 300 a.C., depois do abandono de Chavin, transformando-se, em seguida, na sede de uma poderosa teocracia. A figura emblemática associada ao culto venerado no lago Titicaca é a representada pelo personagem esculpido no umbral da Porta do Sol, o qual, apesar de algumas diferenças, lembra inevitavelmente o Deus das Varas. A tradição oral levou até os conquistadores o nome deste ser divino: Viracocha, "o que chegou sobre as espumas das ondas". A imagem sobre o portal, decorada com elementos felinos e caracterizada pelos cabelos em forma de serpente, aparece no centro de um grupo de figuras aladas

141 abaixo. Esta figura de cerâmica da época inca, de traços bem rústicos, mostra um homem carregando um recipiente em cada mão: talvez seja um ministro religioso cultuando a água e as fontes.

(demônios?, serviçais?) também dotados de traços antropozoomorfos. Viracocha, ou qualquer que fosse o nome que dado à divindade dos cetros, não era venerado somente em Tiahuanaco, mas assumiu papel fundamental também no império huari e nos territórios submetidos por esse povo, como demonstram as numerosas iconografias presentes nos restos têxteis e cerâmicos encontrados. Seu culto, divulgado pelas pessoas de Tiahuanaco, assentou-se provavelmente em outros lugares e prevaleceu sobre as divindades locais; os próprios incas, adoradores do Deus Sol Inti, toleraram sempre a devoção a Viracocha, considerado por alguns povos o Deus Criador, ser supremo relacionado com a água e a fertilidade. Se as imagens do Deus Felino e do Deus das Varas são onipresentes nas manifestações artísticas do mundo peruano pré-incaico, é importante lembrar que, nesse caso, como na América Central, todos os elementos naturais, as plantas e os animais, eram tão venerados como os seres divinos. Por todas as partes existiam huacas, palavra quíchua que expressa o conceito de "sagrado" e que era usada para indicar lugares onde se manifestava a presença sobrenatural: a água, a montanha, as tumbas, os templos, mas também os espíritos da selva e das fontes. Nas civilizações moche, nazca e chimu, representavam-se peixes, pássaros, veados, raposas e moluscos, freqüentemente com traços antropomorfos ou monstruosos; do mesmo modo, aparecem também com forma humana plantas como o feijão, o milho e a abóbora, associadas com o sustento diário, como guardiões da fertilidade. Na época incaica, ainda se mantinha vivo o culto da Pacha Mama, a Mãe Terra representada por uma imagem de traços femininos misturados com os da abóbora. Lamentavelmente, a atual ausência de fontes escritas faz com que nosso conhecimento de grande quantidade de deuses e credos do antigo Peru seja incompleto e se baseie principalmente nas imagens que aparecem em mostras da cultura material. Os cronistas contam que os incas impuseram aos povos submissos o culto do Deus Sol, seu antecessor e pai, ao qual dedicaram templos como o famoso Coricancha, em Cusco, a "Casa do Sol" de paredes cobertas de ouro e prata. O próprio Inca, ao estilo de um faraó egípcio, era objeto de veneração como encarnação terrena do astro, junto com sua esposa-irmã, encarnação da Lua.

142 acima. Este recipiente moche reproduz uma cena mítica muito perturbadora: em uma espécie de barco em forma de peixe, um remador de aparência terrível transporta dois prisioneiros — ou prisioneiras —, um dos quais está amarrado.

O ser monstruoso, dotado de caninos, lembra o deus Ai Apaec ou uma divindade semelhante, mas a interpretação da cena é muito difícil. É possível pensar que estivesse relacionada a sacrifícios humanos em honra de uma divindade marinha, mas isso não passa de especulação.

142-143. Este estranho vaso moche tem elementos religiosos cujo significado não sabemos. Uma espécie de dragão com cauda de serpente segura com as patas dianteiras uma cabeça humana com os olhos costurados. A cena lembra o culto das cabeças-troféus, muito difundido no mundo peruano, associado a sacrifícios rituais e à decapitação, mas o aspecto do animal continua a ser um enigma. Segundo alguns estudiosos, seria um dragão herdado da cultura recuai, ligado ao culto da Lua.

143 direita, abaixo. Entre os moches e outros povos andinos, as aves de rapina noturnas, como a coruja, são muitas vezes representadas em forma de seres de aparência híbrida, zooantropomorfa, associados a cenas de sacrifícios. Em outros casos, os pássaros são representados de forma mais realista.

143 acima. Esta garrafa de cerâmica traz um tema iconográfico recorrente em muitas culturas andinas: a ave de rapina, neste caso provavelmente uma águia, devorando uma serpente.

144 centro.
Uma cena associada ao culto dos mortos é representada neste recipiente de argila sican: quatro figuras acompanham um morto colocado em uma espécie de liteira. É interessante notar a postura de dor e os lamentos que os personagens parecem expressar.

144 ao lado. Esta cerâmica moche provavelmente representa um sacerdote com uma máscara ritual que simboliza a morte. Como em todos os povos antigos, também no mundo andino o Deus da Morte tinha aparência de esqueleto.

144-145. Esta peça curiosa, da cultura chimu, retrata uma cena complexa: é uma procissão fúnebre composta por um grupo de pequenas figuras de argila acompanhando um sarcófago.
A iconografia ligada aos ritos funerários é muito comum na arte da costa norte, o que demonstra a importância do culto dos mortos.

145 centro. Também no povo inca as tradições e as cerimônias ligadas ao culto dos mortos tinham importância fundamental. Este desenho de Huamán Poma de Ayala mostra uma cena ritual com água praticada no funeral de um Inca. Com essa cerimônia, o morto adquiria caráter divino.

O número mais consistente de restos arqueológicos do Peru pré-colombiano procede de enxovais fúnebres encontrados em sepulturas hipogéias. O clima particularmente seco, sobretudo na zona costeira, contribuiu para a excepcional conservação não somente de cerâmicas e jóias, mas também de materiais orgânicos, como tecidos, plumas e restos ósseos humanos e animais. Quase todas as civilizações andinas praticavam o rito do enterro, como demonstram as mais antigas tumbas coletivas, procedentes do Período Pré-cerâmico.

Como tantos outros povos antigos, também os andinos acreditavam intensamente no Além e veneravam os antepassados. Queriam oferecer aos mortos uma sepultura digna e rica, de modo que, no outro mundo, pudessem desfrutar da felicidade e dos privilégios da vida terrena. A tradição cultural e o credo religioso também impulsionavam as civilizações peruanas pré-colombianas a praticar o culto aos mortos, não somente para preservar seu espírito, mas também para salvar seu corpo da destruição do tempo. Naturalmente, os nobres e os membros da elite reinante eram particularmente favorecidos nesse sentido, como demonstram alguns exemplos, como a hoje em dia famosa tumba do Senhor de Sipan, da cultura moche. Junto a esse privilegiado defunto, além das jóias, das armas e de outros objetos preciosos, foram encontrados corpos de escravos, concubinas e de um cão, sacrificados para que acompanhassem seu dono em sua viagem ao Além.

A coleção de tumbas de maior dimensão e mais interessante é a que se encontra nas duas necrópoles de Paracas. As tumbas ali achadas vão das mais modestas às mais suntuosas, segundo a classe social dos defuntos. As mais antigas remontam ao século VII a.C. aproximadamente. Os arqueólogos puderam constatar que as pessoas de origem mais modesta eram enterradas envoltas em um grosseiro tecido de algodão, o chamado "manto", e que os acompanhavam em sua viagem simples recipientes de terracota. Seus corpos foram encontrados pouco abaixo da superfície da areia.

Os membros das classes superiores e os indivíduos de maior poder, por sua vez, se distinguem pelas numerosas camadas de tecidos preciosos que envolvem o cadáver mumificado, até formar uma espécie de grande "fardo" de até dois metros de altura.

O "fardo funerário", típico das culturas costeiras da região sul do Peru, era preparado colocando-se o corpo em posição fetal no interior de uma canastra e envolvendo o conjunto em numerosas camadas de tecido cosidas entre si; algumas investigações experimentais demonstraram que a fabricação de uma quantidade de tecido assim precisaria de entre 5.000 e 29.000 horas de trabalho.

Com freqüência, o fardo era decorado com uma túnica de plumas coloridas, um lençol de couro ou uma máscara funerária e um cetro. Alguns estudiosos formularam a hipótese de que o número de camadas de tecido não seria casual, mas estaria relacionado a rituais mágicos e religiosos.

O enxoval funerário que acompanhava os fardos era bastante suntuoso, e incluía jóias, plumas, conchas, vasilhas e peles de animais. As tumbas da necrópole mais antiga de Paracas têm forma de garrafa, enquanto as de uma época mais recente são câmaras propriamente ditas, de estrutura cúbica ou paralelepipedal. Umas e outras eram utilizadas normalmente como sepulturas múltiplas: em algumas, foram encontrados até quarenta fardos, às vezes amontoados uns sobre outros.

145 abaixo. A fotografia mostra a múmia de um personagem de alta linhagem encontrada em uma necrópole de Paracas, coberta com um elaborado manto de lã. Um cetro cerimonial coroado por um crânio humano, provavelmente uma cabeça-troféu, denota poder e nobreza.

146 esquerda, abaixo, e direita, acima. Nas sepulturas dos povos andinos, encontradas nas escavações arqueológicas, foram achados grandes enxovais, que acompanhariam os mortos em sua viagem ao Além-túmulo. As fotografias mostram dois exemplares de máscaras funerárias chancais de madeira; elas eram colocadas sobre o fardo, para indicar a posição da cabeça do morto.

146 esquerda, acima. A importância do culto fúnebre no Peru pré-colombiano é clara pela presença de muitas múmias, encontradas nas necrópoles e nas tumbas individuais. O desenho mostra a procissão em que os mortos eram levados para receber oferendas dos vivos; essa celebração acontecia no mês de novembro.

Os fardos de grandes dimensões, menos numerosos em relação aos de volume mais modesto, contêm sem dúvida os corpos de pessoas de alto nível social, membros da elite reinante. A análise dos esqueletos revelou que eram de sexo masculino. Como já mencionamos, o clima costeiro desértico e seco permitiu uma excepcional conservação de grande quantidade de material, a que os saqueadores locais, os huaqueros*, não chegaram antes dos arqueólogos; se o tivessem feito, teriam roubado o conteúdo das tumbas e provocado a destruição de um enorme patrimônio histórico e cultural. O grande interesse que suscitaram as descobertas de caráter funerário de Paracas e de outras áreas geográfico-culturais não se deve somente aos tipos de sepultura ou à qualidade dos enxovais funerários, mas também ao excepcional estado de conservação dos cadáveres. Em 1896, o ilustre arqueólogo alemão Max Uhle, durante as escavações feitas em Pachacámac, perto da atual cidade de Lima, encontrou um fardo: em seu interior se encontrava o cadáver mumificado de uma menina de 12 anos, envolvida em panos e no interior de uma cesta, perfeitamente conservada depois de 500 anos. O corpo não havia sido embalsamado pelos familiares, mas simplesmente se havia confiado sua conservação ao terreno árido. Esse achado e*

146 direita, abaixo. Os fardos funerários das culturas paracas, nazca e chancai eram freqüentemente cobertos pelas chamadas "cabeças falsas": esta era feita de algodão e adornada com uma espécie de arranjo de ouro e cobre.

147 acima. A imagem mostra duas bonecas de pequenas dimensões, típicas da cultura chancai. Feitas de lã, algodão e fibra vegetal, não eram brinquedos, mas ídolos para rituais mágicos ou cerimoniais.

147 abaixo. A cultura chimu produziu uma série de ídolos de madeira de aparência sóbria e elegante, que sem dúvida tinham significado mágico e religioso. Foram encontrados em um sítio chimu.

tantos outros que se deram posteriormente revelaram a existência de defuntos cujo corpo, envolto cuidadosamente em magníficos tecidos, havia passado por um processo de mumificação.
Foi demonstrado que o costume da mumificação no Peru e no Chile se iniciou por volta de 4000 a.C. e que foi adotado por todas as culturas até o império incaico. Nenhum desses povos e nenhum achado revelou nunca aos estudiosos modernos o segredo das técnicas de embalsamamento; no entanto, é importante recordar que a maior parte das múmias encontradas, incaicas ou pré-incaicas, havia secado graças a processos naturais e que somente alguns grupos étnicos praticavam métodos de embalsamamento artificial.
Nos casos em que se escolhia a dissecação natural do corpo, eram escolhidos para a sepultura lugares com clima e terreno absolutamente secos. Para facilitar o processo, havia quem secava os cadáveres perto do fogo. Os métodos mais sofisticados consistiam na mumificação propriamente dita, esvaziando o corpo do defunto de vísceras e recheando-o com produtos conservantes obtidos de plantas, para depois ungi-lo com resinas e ungüentos especiais. No Tahuantinsuio, os soberanos, os nobres e também os patriarcas dos aillu*, depois de serem mumificados, assumiam quase o papel de* huacas*, isto é, de ídolos sagrados, e eram levados periodicamente em procissão a Cusco nas festas religiosas, vestidos e com máscaras, como se fossem seres vivos. Estas múmias-fetiches não eram sepultadas nunca, mas se conservavam no interior de pequenas grutas, a uma temperatura adequada, e durante o ano recebiam oferendas e sacrifícios. Garcilaso e Huamán Poma de Ayala deram interessantes detalhes sobre o estado de conservação das múmias incas. As modernas análises de laboratório feitas nas múmias andinas de diversas épocas revelaram dados interessantes sobre o estado de saúde dos defuntos no momento da morte, as doenças que a haviam provocado, e também sobre o tipo de alimentação que haviam seguido e o eventual consumo de coca ou drogas durante a vida. Os cronistas deixaram também citações, em muitos casos confusas e contraditórias, sobre sacrifícios humanos ordenados pelos Incas para conseguir o favor do Deus Sol Inti.*
Os recentes achados de múmias de crianças e de adolescentes, falecidos por morte violenta após macabros rituais e preservados pelas baixas temperaturas das geleiras andinas, confirmaram mais uma vez o conteúdo das fontes históricas.

A GUERRA

O poder do Inca dependia estreitamente de uma estrutura de tipo militarista: era necessário um aparato bélico fortemente organizado para manter o expansionismo em larga escala. Existiam dois tipos fundamentais de soldados: os que estavam em serviço efetivo permanente, e os homens adultos que, em qualquer momento de necessidade, podiam ser convocados para o exército. Em tais casos, estes últimos se viam obrigados a abandonar o trabalho dos campos, e isso representava um notável inconveniente econômico. Os soldados de ofício eram, em geral, oficiais de alto nível social, recrutados nas diversas províncias; a família os seguia em seus deslocamentos, mas as mulheres nunca participavam dos combates.

As tropas eram bem preparadas e organizadas também no que se refere à disciplina e ao tipo de armamento. Com o passar dos anos, o exército foi-se tornando cada vez mais poderoso, em conseqüência da política expansionista do Tahuantinsuio e da necessidade de sufocar as contínuas revoltas organizadas pelos diversos grupos étnicos que não aceitavam a submissão ao imperador. O conjunto das armas era bastante completo, mas eram parecidas com as usadas pelos outros povos andinos. Sem dúvida, podemos

148 esquerda. Este desenho de Huamán Poma de Ayala mostra uma cena bélica do mundo inca. O imperador Huaina Cápac, de pé em uma elegante liteira, prepara-se para fazer um arremesso com a funda contra o inimigo. Este tipo de arma, muito difundido no Horizonte Tardio, era chamado huaraca *em quíchua.*

148 direita.
A iconografia moche fornece informações preciosas sobre os costumes bélicos do antigo povo do litoral norte. Na imagem, um recipiente que mostra um guerreiro com um adorno de cabeça vistoso, símbolo de poder, e que leva na mão uma das armas mais difundidas, a maça-lança.

149 esquerda. São muitas as cerâmicas peruanas que representam guerreiros armados: a fotografia mostra um guerreiro ajoelhado, em uma cerâmica vicus, armado de escudo e maça-lança. Também neste caso se destaca o adorno de cabeça com faixa, símbolo de distinção social.

149 direita. Esta imagem mostra outro exemplo de guerreiro moche de terracota, de aparência agressiva e ameaçadora, armado de escudo e lança. Atenção para o motivo em cruz que decora o escudo e o adorno de cabeça.

afirmar que o exército incaico, na época da conquista, era o mais bem armado da América pré-colombiana.
A força militar se beneficiava, ainda, de uma eficaz rede de infra-estrutura, de comunicações e abastecimento. Os deslocamentos eram feitos pelos numerosos caminhos do império, de milhares de quilômetros de extensão, e dotados de postos de descanso e de lugares para o abastecimento de víveres e de armas.
Os oficiais se distinguiam dos soldados da tropa pelo vestuário: usavam o unku, *típica túnica sem mangas símbolo de nobreza, uma espécie de tapa-sexo chamado* huara, *e calçavam sandálias, as* ojotas. *Também eram signo de distinção o capacete de madeira adornado com plumas e as joelheiras justas.*
As batalhas eram travadas a campo aberto, e o tipo de combate mais freqüente era o

corpo a corpo. Parece ser que o povo inca conhecia o uso do arco e flecha, mas desprezava este tipo de arma por ser considerado típico dos chunchos, *os "selvagens" da Amazônia. O primeiro instrumento bélico usado na batalha era, em geral, a funda,* huaraca *na língua local, indispensável na fase inicial, quando o combate se produzia a distância. Para o combate de perto, os guerreiros utilizavam uma espécie de dardo com ponta de madeira ou de metal; no corpo-a-corpo, por sua vez, as armas por excelência eram os diversos tipos de porretes, criados para romper o crânio do inimigo. Um desses consistia em uma esfera de cobre com pontas e amarrada a uma corda, enquanto outros tinham forma de estrela de pedra ou de cobre, atados a um cabo de madeira. Em muitos casos, fixava-se ao cabo uma cunha de machado em forma de T em vez do porrete. Como instrumento de defesa, os incas usavam alguns escudos de pequenas dimensões, decorados com o emblema do soberano. A cabeça dos soldados era protegida com um robusto capacete de madeira. Os guerreiros vestiam em alguns casos roupas especiais forradas com uma felpa de algodão.*

150 abaixo. Nesta cena pintada em madeira com notável mestria, são evidentes a policromia e a minuciosa disposição dos detalhes. Três mulheres, vestindo uma espécie de saia e com os seios nus, desfilam em frente ao Inca, sentado em seu trono luxuoso. As mulheres têm os pulsos amarrados: são prisioneiras destinadas à escravidão ou a integrar a Aclla Huasi, a Casa das mulheres escolhidas.

150-151. Nesta cena pintada em um kero *de madeira, da época colonial, destaca-se em primeiro plano um personagem de alto nível, provavelmente um guerreiro inca, brandindo um machado em frente a um prisioneiro. O inca segura o prisioneiro pelos cabelos, seguindo um costume que pode ser visto em muitas iconografias do mundo andino.*

151 esquerda e centro, acima. Nesta imagem podem ver-se alguns exemplares de instrumentos de guerra muito difundidos no mundo inca, mas originários de épocas anteriores. São extremidades de maças de pedra em forma de estrela e de machados, também de pedra, em forma de T. As primeiras eram encaixadas em um bastão de madeira; as segundas, colocadas em um cabo também de madeira.

151 direita, acima. A imagem mostra com precisão os trajes bélicos da época. Uma série de guerreiros incas enfrenta um europeu a cavalo: eles usam um capacete emplumado e um escudo retangular, e empunham machados de combate, formados por um T de pedra firmemente preso a um longo cabo de madeira.

151 centro, abaixo. As armas da cena anterior podem ser vistas aqui: à esquerda, um machado em forma de T de bronze, com cabo de madeira, e uma maça de pedra. Deve-se lembrar que as populações andinas não conheciam o ferro antes da chegada dos europeus.

151 esquerda, abaixo. A elegância do vestuário militar do Inca fica clara neste kero*: o soberano, armado de lança e escudo, veste um manto de cores vivas sobre a túnica e ostenta um suntuoso adorno de cabeça de plumas. Os adornos de plumas eram símbolos de poder e carisma.*

152 abaixo. Esta impressionante peça cerâmica moche mostra um prisioneiro, com expressão aterrorizada, despojado de roupas e preso a troncos que terminam em cabeças zoomorfas. Os estudiosos supõem que os moches sacrificavam grande parte de seus prisioneiros.

152 acima. A iconografia relativa às diversas culturas andinas mostra claramente a sorte dos prisioneiros de guerra. O desenho mostra o terrível castigo a que é submetido um nobre (provavelmente acusado de trair o Inca), do qual é arrancado um olho.

Ao final de cada batalha, os inimigos sobreviventes eram capturados para ser levados a Cusco e sofrer ultraje e humilhação durante as celebrações da vitória. O Inca podia mandar que os humilhassem, sacrificassem e transformassem em escravos. Quando os espanhóis começaram a conquista dos Andes, dispunham de grande vantagem graças aos cavalos, aos sabres e às armas de fogo, à vista das quais os indígenas se mostraram profundamente perplexos. Estes tentaram defender-se recorrendo ao antigo instrumento das boleadeiras, formado por três pedras atadas entre si por meio de tendões de lhama trançados. Após fazê-las girar, lançavam-nas contra o inimigo: o cavalo e o cavaleiro, apanhados, caíam ao chão.

Também foram encontradas fontes iconográficas referentes a culturas anteriores ao Horizonte Tardio que nos instruem sobre guerreiros e armas. Muitas cerâmicas moches representam guerreiros armados com porrete e dotados de capacete e escudo de forma variada. Outros objetos mostram personagens amarrados ou nus, sem dúvida prisioneiros destinados ao sacrifício ou à humilhação da escravidão.

A produção artística nazca mostra, por sua vez, um ritual particular, também relacionado à guerra: o de conservar a cabeça dos inimigos. O culto das cabeças-troféus também se evidencia nos enxovais funerários, nos quais aparecem crânios dissecados junto à múmia do guerreiro.

153. As imagens de prisioneiros são numerosas nas peças de terracota moche. Este recipiente representa um prisioneiro sentado de pernas cruzadas: o homem está amarrado pelo pescoço com uma corda grossa, as mãos estão presas atrás das costas e os genitais estão expostos, para demonstrar a humilhação de ser privado das roupas.

ITINERÁRIOS ARQUEOLÓGICOS PELA AMÉRICA DO SUL

154-155. O detalhe arquitetônico que se vê na imagem faz parte de um baixo-relevo da Huaca do *Dragão, na cidade de Chanchan. Em uma cena complexa, composta de personagens antropozoomorfos, destaca-se a serpente bicéfala, cujaimagem aparece com freqüência no contexto cultural chimu.*

158 esquerda, abaixo. O sistema de terraços cultivados, cavados nas encostas das montanhas, é característico do mundo inca, que tinha uma economia baseada principalmente nos frutos da terra.

158 direita, acima. Os incas provavelmente herdaram do império huari e de outras culturas mais antigas os sistemas de irrigação e drenagem dos terraços cultivados, permitindo que o império baseasse seu poder econômico na agricultura.

exemplo de adaptação perfeita dos modelos arquitetônicos típicos do Horizonte Tardio ao estilo e à tradição costeira.
Indo mais em direção ao sul, o percurso se detém inevitavelmente numa das regiões mais misteriosas do mundo: o deserto El Ingenio, cuja árida superfície é marcada por geóglifos atribuídos à cultura nazca. As enigmáticas figuras são tão grandes, que só podem ser identificadas de grande altura. Alguns estudiosos até colocam em dúvida a data atribuída aos geóglifos, e os consideram muito mais antigos que as ricas necrópoles e os edifícios construídos pelos nazcas.
Após deixar a zona costeira, a rota muda de direção e prossegue até os frios planaltos situados na fronteira entre o Peru e a Bolívia. A região do lago Titicaca oferece ao visitante una série de ricos vestígios acompanhados por iconografias complexas no sítio de Tiahuanaco, identificado por alguns como a antiga capital de um poderoso império teocrático que difundiu pelo mundo o culto ao Deus do Arco, durante o Horizonte Médio. Na mesma região se encontram as chullpas *de Sillustani, curiosas estátuas funerárias em forma de torre, originárias da cultura colla e, logo depois, reutilizadas pelos incas. Os sarcófagos antropomorfos de argila, que imitam formas humanas, constituem um tipo diferente de tumbas, situadas sobre as rochas de Ulasa, na floresta amazônica. Recentemente, algumas expedições arqueológicas colocaram em evidência estas estranhíssimas necrópoles, provavelmente obra dos inimigos mais tenazes dos incas: os guerreiros chachapoias. Após a visita aos numerosos centros cerimoniais e cidades construídas por povos e culturas tão diferentes entre si, as etapas finais da viagem percorrem os lugares onde os soberanos do Tahuantinsuio ergueram seus palácios e templos, deixando para a posteridade impressionantes obras arquitetônicas gigantescas, que alguns cronistas atribuíam "à mão de Deus".*
Após as magníficas ruínas que se elevam nas ilhas do lago Titicaca, chegamos a Cusco, o "umbigo do mundo", a capital do império, cidade rica e moderna pelos seus palácios, ruas e instalações hidráulicas. Atualmente, só podemos perceber a sua grandiosidade através dos fragmentos remanescentes dos muros, cercados pelo tecido urbano da época colonial. Próximo a Cusco, é obrigatório fazer uma visita à "fortaleza" de Sacsaihuaman, que pode ter sido lugar de culto do sol.
A paixão que os incas tinham pelo trabalho da pedra, mas também pelo cinzelamento e pela escultura na rocha viva, é evidente nos sítios de Quenco e Tambomachai, de profundo significado ritual e dedicados, em seu tempo, ao culto das águas. No que tange aos lugares sagrados, o mais famoso do Peru pré-colombiano é, sem dúvida, o santuário de Pachacámac, sede do culto ancestral dedicado ao deus de mesmo nome, e lugar de peregrinação muitos séculos antes da expansão incaica e até o século XVI.

EM BUSCA DE MUNDOS PERDIDOS

Quando os conquistadores visitaram as majestosas cidades dos Incas, ficaram impressionados com a sua perfeição arquitetônica e perceberam que haviam existido outras cidades, obra de povos antigos, dos quais os próprios incas pouco ou nada sabiam. Já então, destes antigos centros não restavam mais que as ruínas, algumas das quais estão descritas nas narrações dos surpresos cronistas.
O itinerário proposto a seguir, no próximo capítulo, percorre a serra e a costa do Peru, detendo-se em lugares nos quais se encontram as ruínas dos sítios mais célebres e significativos. A existência de algumas delas, extraordinariamente conservadas, ou usadas através dos séculos, como o santuário de Pachacámac, sempre foi patrimônio do conhecimento coletivo. Outras foram recentemente descobertas pelos arqueólogos sob a areia do deserto.

O ponto de partida desta trajetória narrativa situa-se a uma altitude de quase 4.000 metros acima do nível do mar, onde se erguia o centro religioso mais importante do Horizonte Inicial: Chavin de Huántar. Neste lugar, entre as galerias e os muros dos templos, jaz, desde sempre, a inquietante iconografia do Jaguar e de outros seres monstruosos que representam os símbolos fundamentais da religião andina. Outro sítio antiqüíssimo, que ainda não recebeu uma localização cronológica precisa, é Cerro Sechin, cujos estranhos baixos-relevos são objeto de estudo dos pesquisadores há muito tempo. Deixando para trás a serra até chegar à costa setentrional, encontramos um sítio que se caracteriza pelas imponentes estruturas cerimoniais, formadas por plataformas dispostas em terraços: são as Pirâmides do Sol e da Lua, que constituem o testemunho arquitetônico de uma civilização evoluída e opulenta, que se desenvolveu a partir dos primeiros séculos depois de Cristo, denominada moche. Nos vales desta área costeira, hoje desérticos, mas em outros tempos férteis graças à ação dos povos que neles habitavam, surgem outros dois importantes complexos: Chanchan e Paramonga. O primeiro, repleto de esplêndidos baixos-relevos de adobe estucados e pintados, foi na realidade, a "capital" do reino chimu, um dos mais poderosos do Peru pré-colombiano. Ainda hoje é possível ver a enorme extensão do centro urbano, que infelizmente, se encontra em péssimo estado de conservação devido à degradação dos materiais utilizados na construção. Também Paramonga, cujo aspecto lembra o de uma fortaleza, apesar de ter sido remodelada e utilizada na época incaica, se origina provavelmente da civilização chimu, embora sua importância histórica e sua localização cronológica sejam ainda um enigma para os especialistas.
Descendo pela costa, este itinerário passa por outros fascinantes sítios arqueológicas: Tambo Colorado, o posto de avançada construído pelos incas para descentralizar o poder militar e administrativo do império, constitui um

156 acima. As impressionantes ruínas de Chavin de Huántar estão em uma região montanhosa agreste e são um dos mais antigos e enigmáticos centros cerimoniais do Peru pré-colombiano.

156 abaixo. Os nazcas conseguiram transformar terrenos áridos e desérticos em regiões cultiváveis e fornecer água aos centros habitados graças a excepcionais sistemas de abastecimento, como o aqueduto que pode ser visto na foto.

156-157. Tiahuanaco é o mais impressionante exemplar de arquitetura megalítica pré-incaica do mundo andino. A imagem mostra um detalhe do templo semi subterrâneo e, ao fundo, a grande porta de Kalasasaia.

157 abaixo. Tambo Colorado, que tem um trecho representado na fotografia, foi construído como posto avançado do Tahuantinsuio no litoral. É atualmente o exemplar mais bem conservado de arquitetura inca combinada com a tradição litorânea anterior.

158 esquerda, abaixo. O sistema de terraços cultivados, cavados nas encostas das montanhas, é característico do mundo inca, que tinha uma economia baseada principalmente nos frutos da terra.

158 direita, acima. Os incas provavelmente herdaram do império huari e de outras culturas mais antigas os sistemas de irrigação e drenagem dos terraços cultivados, permitindo que o império baseasse seu poder econômico na agricultura.

exemplo de adaptação perfeita dos modelos arquitetônicos típicos do Horizonte Tardio ao estilo e à tradição costeira.
Indo mais em direção ao sul, o percurso se detém inevitavelmente numa das regiões mais misteriosas do mundo: o deserto El Ingenio, cuja árida superfície é marcada por geóglifos atribuídos à cultura nazca. As enigmáticas figuras são tão grandes, que só podem ser identificadas de grande altura. Alguns estudiosos até colocam em dúvida a data atribuída aos geóglifos, e os consideram muito mais antigos que as ricas necrópoles e os edifícios construídos pelos nazcas.
Após deixar a zona costeira, a rota muda de direção e prossegue até os frios planaltos situados na fronteira entre o Peru e a Bolívia. A região do lago Titicaca oferece ao visitante una série de ricos vestígios acompanhados por iconografias complexas no sítio de Tiahuanaco, identificado por alguns como a antiga capital de um poderoso império teocrático que difundiu pelo mundo o culto ao Deus do Arco, durante o Horizonte Médio. Na mesma região se encontram as chullpas *de Sillustani, curiosas estátuas funerárias em forma de torre, originárias da cultura colla e, logo depois, reutilizadas pelos incas. Os sarcófagos antropomorfos de argila, que imitam formas humanas, constituem um tipo diferente de tumbas, situadas sobre as rochas de Ulasa, na floresta amazônica. Recentemente, algumas expedições arqueológicas colocaram em evidência estas estranhíssimas necrópoles, provavelmente obra dos inimigos mais tenazes dos incas: os guerreiros chachapoias. Após a visita aos numerosos centros cerimoniais e cidades construídas por povos e culturas tão diferentes entre si, as etapas finais da viagem percorrem os lugares onde os soberanos do Tahuantinsuio ergueram seus palácios e templos, deixando para a posteridade impressionantes obras arquitetônicas gigantescas, que alguns cronistas atribuíam "à mão de Deus".*
Após as magníficas ruínas que se elevam nas ilhas do lago Titicaca, chegamos a Cusco, o "umbigo do mundo", a capital do império, cidade rica e moderna pelos seus palácios, ruas e instalações hidráulicas. Atualmente, só podemos perceber a sua grandiosidade através dos fragmentos remanescentes dos muros, cercados pelo tecido urbano da época colonial. Próximo a Cusco, é obrigatório fazer uma visita à "fortaleza" de Sacsaihuaman, que pode ter sido lugar de culto do sol.
A paixão que os incas tinham pelo trabalho da pedra, mas também pelo cinzelamento e pela escultura na rocha viva, é evidente nos sítios de Quenco e Tambomachai, de profundo significado ritual e dedicados, em seu tempo, ao culto das águas. No que tange aos lugares sagrados, o mais famoso do Peru pré-colombiano é, sem dúvida, o santuário de Pachacámac, sede do culto ancestral dedicado ao deus de mesmo nome, e lugar de peregrinação muitos séculos antes da expansão incaica e até o século XVI.

158-159. Vestígios do sítio de Sillustani, perto da atual cidade de Puno. São o que resta das muitas chullpas, as torres funerárias erguidas pelas populações assentadas perto do lago Titicaca e posteriormente absorvidas pelo império inca.

159 acima. O povo inca considerava sagrado o vale formado pelo caudaloso rio Urubamba. Nas encostas das montanhas que o cercam, ainda podem ser encontradas imponentes ruínas de pedra.

160 acima. Um dos mais impressionantes monumentos incas esculpidos na rocha é a famosa "Pedra de Saihuite", localizada a 3.500 metros de altitude, perto de Curahausi. É um monólito vulcânico de quatro metros de diâmetro e 2,5m de altura. Na parte superior foram esculpidas duzentas imagens de plantas e animais, talvez ligadas ao culto das águas e da mãe terra, a "Pacha Mama".

A viagem continua com a visita aos gigantescos muros, às íngremes escadas e aos monólitos solares de Ollantaitambo e de Písac, que se erguem entre montanhas agrestes e estreitos vales na região de Cusco. Embora os especialistas tenham atribuído a estes lugares una grande quantidade de funções, seu significado real é ainda um mistério.
Após uma breve parada em San Pedro de Ragchi, próximo à cidade de Sieuani, para visitar as ruínas do que foi um templo gigantesco, dedicado, segundo a tradição, ao deus supremo Viracocha, a viagem termina entre a exuberante floresta e os picos andinos, na cidade mais inacessível do Novo Mundo: Machu Picchu, diante da qual nem o mais experiente dos estudiosos nem o mais profano dos visitantes conseguem permanecer indiferentes. Passeando pelos muros, casas, torres e terraços desta cidade fantasma, talvez abandonada com a chegada do homem branco, é fácil compreender por que já se escreveu tanto mas se continua a saber tão pouco da civilização inca e do mundo andino em geral, de todas as suas surpreendentes manifestações artísticas e de seu universo cultural.
A viagem acaba em Sipan, onde nos últimos anos foram encontradas esplêndidas tumbas ocultas. A história deste lugar e de seus tesouros ocultos foi contada pelo próprio descobridor do sítio, Walter Alva.

160 abaixo. Um dos melhores exemplos de arquitetura maciça inca foi a cidade de Písac, aqui retratada. Suas ruínas dominavam o vale do Urubamba do alto de uma grande encosta com terraços.

160-161. A imagem mostra uma vista dos sólidos muros de Sacsaihuaman, o misterioso sítio que fica perto da cidade de Cusco. Definida em certo momento como fortaleza, Sacsaihuaman na realidade foi um centro religioso e um observatório astronômico utilizado para o culto do Sol.

161 esquerda, abaixo. Aqui podemos ver as ruínas de uma complexa estrutura inca, chamada "Fortaleza Vermelha", que se ergue no sítio de Puca Púcara, a poucos quilômetros de Cusco. É uma espécie de fortificação dotada de moradias, terraços e escadarias.

161 direita, abaixo. Os templos com terraços de Ollantaitambo são cercados de mistério: talvez representem o que resta de um importante templo-observatório dedicado ao culto do Sol.

CHAVIN DE HUÁNTAR, OS DEUSES DE PEDRA

162-163. O Castelo, também chamado "Templo Antigo", é a primeira construção erguida na área cerimonial de Chavin de Huántar. O imponente prédio, construído entre 900 e 700 a.C., apresenta planta em U, típica das primeiras estruturas monumentais costeiras.

163 esquerda, acima. Esta grande cabeça monolítica pertence ao conjunto arquitetônico do Templo Novo, e devia estar integrada a uma peça maior. O rosto apresenta caninos felinos. Também se encontraram cabeças parecidas nos muros do templo semi-subterrâneo de Tiahuanaco.

163 direita, acima. A fotografia oferece uma visão de conjunto do sítio arqueológico onde estão as ruínas do antigo centro religioso de Chavin de Huántar. O lugar fica 3.150 metros acima do nível do mar, em um profundo vale da Cordilheira Negra, chamado "Beco de Conchucos".

163 direita, abaixo. Também este baixo-relevo esculpido em um dintel do Templo Novo mostra uma das criaturas míticas veneradas no centro religioso de Chavin: uma ave de rapina de aspecto monstruoso, dotada de impressionantes caninos felinos.

O sítio arqueológico de Chavin de Huántar fica a 3.150 metros de altitude, no Beco de Conchucos, nas encostas orientais da Cordilheira Branca. O núcleo principal do complexo estende-se por uma superfície inclinada e dividida em terraços, e ocupa uma área de cerca de 45.000 metros quadrados; é formado por uma série de edifícios piramidais dispostos em terraços, de estrutura cerimonial e com planta em U, portais monolíticos, escadarias e "praças afundadas", ou pátios semi-enterrados. Uma das características de maior destaque do lugar é a surpreendente e monstruosa iconografia presente nas esculturas de pedra que representam, pelo menos em parte, uma

síntese do credo religioso pamperuano. A arte e a arquitetura de Chavin classificam-se em dois períodos diferentes: a primeira fase corresponde ao Horizonte Inicial, que compreende o período de 900 a 500 a.C., enquanto a segunda compreende o tempo de 500 a 200 a.C.. Nesta fase se desenvolveram elementos estilísticos e culturais típicos dos centros primitivos costeiros, que rapidamente se fundiram com contribuições mais diretamente vinculadas ao mundo da floresta amazônica e do planalto. Esta fusão deu vida a uma iconografia quase barroca, relacionada com cultos misteriosos. A partir de 900 a.C., Chavin de Huántar passou a ser um centro religioso de grande

A A dupla mísula
B Os cativos
C As pedras gravadas
D As colunas
E Os morcegos
F Os armários
G As escadarias
H Os labirintos
I A lança
J O louco
K Os labirintos
L O acampamento
M Os búzios
N As rochas

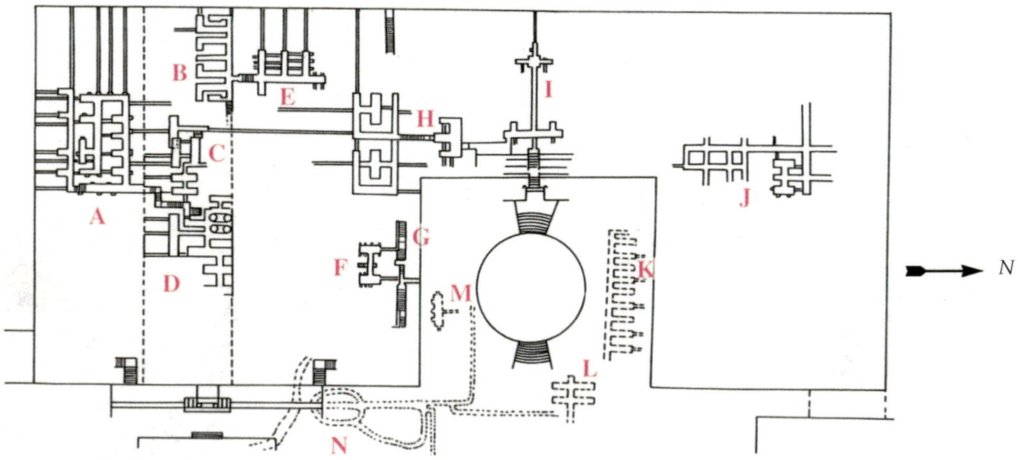

importância, objetivo de peregrinação e sede de um oráculo, análogo em importância ao costeiro de Pachacámac.
Na época da conquista, os nativos contaram aos primeiros exploradores espanhóis da existência de um antigo santuário, do qual, já naquela época, remanesciam apenas alguns restos abandonados. Um dos edifícios mais antigos deste complexo é o Templo Antigo ou Velho, denominado erroneamente "Castelo" devido a suas imponentes dimensões. Era constituído de uma plataforma em U, formada por três degraus sobrepostos, unida a um pequeno pátio circular semi-enterrado. A fachada posterior media originalmente 100 metros de comprimento, e a altura total do templo chegava a 15 metros. A entrada era voltada para o rio Mosna e para o ponto onde nascia o Sol. Na parte posterior ficava uma rua comercial e algumas construções de caráter civil.
Uma estreita escadaria dava acesso aos fiéis e aos representantes do culto. O pátio circular, escavado a dois metros e meio de profundidade e tão amplo que podia acolher mais de 500 pessoas, é "revestido" na parte interior de placas gravadas e em baixo-relevo. Trata-se de surpreendentes figuras de traços humanos e felinos que desfilam ou dançam numa procissão ritual, semelhantes às que provavelmente eram praticadas na realidade pelos que freqüentavam o templo. Sobre a plataforma há dois muros construídos com pedras talhadas e polidas, dos quais

atualmente existem apenas alguns restos. A parte interior do templo era atravessada por galerias e passagens que constituíam o percurso sagrado e talvez simbolizassem o caminho do homem da Terra até um mundo sobrenatural. Esta espécie de labirinto conduzia a uma grande escultura erguida no centro do edifício, ao redor da qual, ao que parece, havia sido construído todo o edifício. O denominado Lanção representa um dos três monumentos-chaves de Chavin de Huántar. O ser monstruoso antropozoomorfo esculpido no monólito de estrutura maciça e em ponta era o objeto de culto mais antigo do santuário, a imagem da própria divindade oracular. Por volta de 500 a.C., o Templo Velho sofreu uma modificação parcial, que coincidiu com novas contribuições culturais, refletidas em um tipo diferente de cerâmica, com o início do apogeu cultural do centro religioso. Uma nova estrutura cerimonial, chamada justamente "Templo Novo", substituiu a anterior, cuja estrutura em U foi modificada pelos sacerdotes ou pelos que detinham o poder, deixando obsoletos os modelos originais. Além disso, construíram-se novas praças, que do rio levavam até a entrada do Templo Novo, decorada com um portal de dimensões impressionantes, feito de blocos de pedra branca e preta. As praças tinham capacidade para um público muito grande, sinal evidente do aumento do número de fiéis que viajavam até o santuário. A fachada principal do edifício era decorada com umas quarenta cabeças esculpidas com traços antropozoomorfos, além de apresentar numerosos painéis em relevo. É importante lembrar que, apesar das mudanças arquitetônicas e da ampliação das estruturas cerimoniais, os cultos antigos não desapareceram, e tampouco se identificaram em Chavin mudanças substanciais que levassem a pensar em uma mudança ideológica ou em uma substituição das imagens sagradas. O Obelisco Tello e a Estela Raimondi, mesmo sendo obra de épocas posteriores à do Lanção, conservam muitos elementos deste, e combinam em sua iconografia o aspecto monstruoso antropojaguariforme com outros símbolos, como o da ave de rapina, da serpente, do jacaré ou das plantas tropicais, mas também das conchas marinhas, dificultando a leitura para o estudioso moderno. Após 700 anos, durante os quais o centro de Chavin foi objeto de grande número de visitas sem solução de continuidade, por volta de 200 a.C. começou o declínio. Não se sabem as causas, mas a arqueologia ilustra um declínio lento e constante, sem traumas.

A primeira grande força unificadora do Peru, seus templos, suas praças, foram abandonados pouco a pouco, ou talvez tenham se transladado para as frias margens do lago Titicaca. Chavin de Huántar se tornou uma cidade fantasma, mas suas divindades conservaram sua "imortalidade" aos olhos de todas as civilizações que se sucederam nos Andes.

165 direita, centro. Duas cabeças de pedra esculpidas, localizadas no "labirinto", uma espécie de longo corredor cerimonial cavado no interior do Castelo.

165 direita, abaixo. Também neste recipiente encontrado em uma tumba de Chavin de Huántar encontramos a imagem do Deus Jaguar.

164-165. Perspectiva do Templo Antigo de Chavin: o prédio tinha originalmente entre 11 e 16 metros de altura e a fachada posterior media mais de cem metros de comprimento.

164 esquerda, abaixo. A longa parede oeste do Castelo é adornada com pedras talhadas em forma de cabeças monstruosas, que lembram o culto das cabeças-troféus, difundido por todo o antigo Peru.

164 direita, abaixo. Estranhos baixo-relevos decoram as paredes do Castelo. O muro oeste, aqui retratado, apresenta motivos em voluta que formam um ser monstruoso.

165 esquerda. Um impressionante monólito de 4,5 metros de altura fica no centro do Castelo: é chamado a Lança, porque sua forma lembra a de uma grande lança pontuda.

165 direita, acima. A imagem oferece uma visão de uma das estreitas galerias do interior do Castelo, chamada "Galeria da Mísula Dupla".

166-167. A imagem mostra um dos monólitos que cobrem as paredes externas do templo de adobe em Cerro Sechin: cada monólito é decorado com uma figura gravada, de grandes dimensões, cuja iconografia enigmática parece estar associada ao tema da guerra ou do sacrifício humano.

166 abaixo. Visão panorâmica do famoso templo de adobe de Cerro Sechin. Não se sabe exatamente a época em que foi erguida esta complexa plataforma cerimonial: alguns estudiosos sustentam que a fundação do centro é anterior a 1700 a.C.

CERRO SECHIN, A PLATAFORMA DOS SACRIFÍCIOS

No vale de Casma ergue-se o maior centro cerimonial do Período Inicial: Sechin Alto. O momento histórico de sua fundação é, ainda hoje, motivo de muita controvérsia. Alguns estudiosos sustentam que a construção dos edifícios mais antigos remonta a 1700 a.C., e a dos mais recentes a 500 a.C. O considerável interesse por este sítio arqueológico não reside apenas na sua grandeza, mas principalmente na seqüência de praças retangulares e pátios circulares afundados, coroados por uma plataforma piramidal denominada "Cerro Sechin". No alto de uma grande estrutura com terraços de doze andares, situa-se um edifício retangular formado por numerosos espaços. As paredes do edifício são de adobe, parcialmente pintado. O complexo é cercado por um recinto amuralhado quadrangular, cujos lados medem 51 metros, e são recobertos, no lado exterior, por uma série de monólitos decorados com figuras gravadas. Tello, o primeiro arqueólogo que explorou o sítio, em 1937, formulou com seus colegas uma hipótese, segundo a qual o edifício amuralhado representa o setor mais antigo do sítio. As hipóteses mais recentes indicam uma independência cultural entre Sechin e Chavin. Talvez ambas tenham partido de uma cultura comum que ainda não pôde ser identificada. Os monólitos que decoram os muros do recinto são talvez um dos exemplos mais atraentes de imagens em esculturas líticas de todo o Peru pré-colombiano. Há algo que inevitavelmente faz o espectador lembrar-se dos dançarinos de Monte Albán, no México, embora a comparação seja difícil devido à separação geográfica entre os dois sítios. As grandes figuras gravadas nas placas megalíticas são em sua maioria guerreiros armados, cabeças e membros humanos mutilados, corpos seccionados e vísceras. Este conjunto iconográfico macabro e escabroso recebeu diferentes interpretações; contudo, mais uma vez, trata-se apenas de hipóteses. Os personagens "inteiros", normalmente armados ou dotados de cetros, representam dignitários, guerreiros ou xamãs? Tampouco está claro se são cenas

167 esquerda. Outra imagem de dois dos misteriosos personagens que decoram os monólitos do templo de adobe. O detalhe é da "Porta dos Guerreiros".

167 direita, acima. Imagens de corpos desmembrados, cabeças cortadas e personagens mutilados com os olhos fechados formam o perturbador conjunto iconográfico gravado nos monólitos da plataforma do templo de Cerro Sechin. Alguns estudiosos acreditam que ele foi um centro cerimonial dedicado ao culto dos sacrifícios humanos.

167 direita, abaixo. O guerreiro que aparece neste monólito tem na mão cabeças humanas. Esta é uma das mais antigas representações do mundo peruano ligadas ao culto da decapitação e das cabeças-troféus, que voltarão principalmente em Nazca e Tiahuanaco.

bélicas ou de sacrifícios relacionados ao culto das cabeças-troféus, tão difundido no mundo andino. Os personagens armados, chamados por alguns estudiosos de "Pontífices do sacrifício", são sempre figuras inteiras e se caracterizam não só por suas armas e seus cetros, mas também pelos capacetes trapezoidais com três plumas, e por uma espécie de tapa-sexo, do qual saem fibras de palha ou outras fibras vegetais. Embora essas iconografias sejam muito particulares, existem diversos detalhes que permitem relacioná-las a outras expressões culturais contemporâneas de Sechin, como as encontradas em Mojeque e Cavalo Morto, além de contextos mais recentes. Nas obras, é possível observar cenas com seres humanos desmembrados, enquanto as cabeças-troféus aparecem com maior freqüência na arte nazca. Assim, basicamente, no que se refere à difícil interpretação das figuras gravadas nas lápides de Cerro Sechin, os estudiosos se dividem em duas "facções": os que tendem a considerá-las simplesmente protagonistas de batalhas sangrentas, e os que se mostram quase convencidos de que fazem parte de cenas de sacrifícios. Há quem pense que Sechin constituía um centro cerimonial no qual se desenvolviam sangrentos sacrifícios humanos para conseguir o favor das forças sobrenaturais e combater ao mesmo tempo o problema do alto crescimento demográfico.

168-169. A imagem reconstrói o possível aspecto do templo de Cerro Sechin no momento de seu máximo esplendor, no final do primeiro milênio a.C.; o complexo, cujos macabros baixo-relevos deveriam ser ainda mais expressivos com suas cores vivas originais, era cercado de amplos terraços e algumas estruturas secundárias de função desconhecida.

AS PIRÂMIDES DO SOL E DA LUA: OS COLOSSOS DE BARRO

170 esquerda, acima. A grande Huaca *do Sol, a "Pirâmide do Sol", construída a partir do século I a.C. com milhões de tijolos de barro, ergue-se, imponente e pujante, na região cerimonial do sítio moche.*

170 esquerda, centro. Este motivo em forma de serpente lembra os temas decorativos presentes em muitos tecidos oriundos não apenas da região moche, mas também de outros contextos culturais do sul do Peru.

170 esquerda, abaixo. Uma misteriosa divindade de aparência felina e cabeleira formada de serpentes, pintada de vermelho, amarelo e preto, destaca-se entre os motivos zoomorfos estilizados em uma pintura mural da Huaca *da Lua. Esses símbolos religiosos pertencem ao contexto cultural moche, mas também se encontram em outras civilizações do mundo andino.*

170 direita. A Huaca *da Lua contém notáveis exemplares de afrescos murais policromados, ricos em temas iconográficos. A imagem mostra, no interior de uma plataforma, paredes inteiras cobertas de figuras inscritas em losangos.*

171. Máscara de uma divindade com boca felina que faz parte de um afresco da Huaca *da Lua.*

A Huaca *do Sol e a* Huaca *da Lua, a partir de 450 d.C. aproximadamente, tornaram-se o centro político, religioso e talvez administrativo da área meridional do reino moche.*
Estes dois centros de culto foram construídos segundo uma estrutura piramidal que imitava as montanhas, consideradas pelos povos andinos lugares sagrados por excelência, próximos do céu e dos deuses.
A Huaca *do Sol é uma das construções mais volumosas da América pré-colombiana, e é formada por milhões de tijolos de adobe. Embora esteja em parte em ruínas, alcança 40 metros de altura, e a superfície da base mede 360 por 140 metros.*
A estrutura é constituída de quatro terraços sobrepostos, e chega-se à parte superior através de uma escada situada no lado norte. Os estudiosos deduziram que o que resta do imponente edifício é resultado de oito fases de construção correspondentes a diferentes épocas: a mais antiga data de cerca de 100 d.C.. Ainda é possível observar restos da tinta vermelha que decorava as paredes externas, sinal da importância dada originalmente ao edifício. Na plataforma mais elevada se encontrava, provavelmente, o templo propriamente dito, hoje desaparecido. Os restos de sepulturas e residências, bastante elaboradas, escavadas aos pés da huaca, *fazem supor que também tivesse a função de residência e mausoléu da elite reinante. Pode-se pensar que se foi ampliando e enriquecendo a cada sucessão dinástica.*
*O nome de "*Huaca *do Sol" foi dado de forma bastante arbitrária pelos descobridores espanhóis. De fato, ninguém conhece a divindade em honra da qual foi erguido o grande templo pelo povo moche. Um problema parecido é se apresenta na* Huaca *da Lua, também centro religioso de um culto desconhecido. A* huaca *fica na encosta de um monte denominado Cerro Blanco, na margem oposta do rio Moche em relação à* Huaca *do Sol. Trata-se de uma estrutura em terraços de adobe, de dimensões mais modestas que a anterior, já que a base mede 290 por 210 metros.*
O edifício, orientado segundo um eixo leste-oeste, é formado por três plataformas sobrepostas, assimétricas e comunicadas entre si, e dispostas com certa harmonia e elegância, que conferem à construção o aspecto de palácio. Originalmente, as casas e as oficinas que formavam parte do centro cerimonial cercavam a huaca.
A característica principal da Huaca *da Lua é a presença de afrescos murais com cores vivas sobre o fundo branco. Cada imagem contém camadas escondidas que mostram símbolos que, sem dúvida, foram sendo pintados uns em cima dos outros devido às mudanças na ideologia religiosa. Os temas das representações pictóricas são em geral mitológicos e cerimoniais, e mostram reminiscências das imagens achadas na cerâmica moche, mas os estudiosos ainda estão longe de poder interpretar seu exato significado.*

PARAMONGA: TEMPLO OU FORTALEZA?

O povo chimu, que habitou o vale do Moche a partir de cerca de 1000 d.C., começou em seguida a reutilizar os antigos sistemas de canalização e as instalações hidráulicas, obra de seu predecessor, o povo moche. Os estudiosos acreditam que os chimus, graças à sua habilidade em ordenar o território, conseguiram ampliar a superfície agrícola de que dispunham em pelo menos duas vezes, com as terras que haviam se mantido desérticas durante séculos. Graças a isso, surgiram centros habitados junto a numerosos oásis, em muitos casos a partir dos restos de construções huaris.
São exemplos disso Pacatnamu, Túcume e El Purgatorio, os quais, como se deduziu, tinham função residencial e, ao mesmo tempo, política e administrativa. Ainda mais difícil é entender o papel preciso de um sítio de índole diferente: Paramonga, um complexo que, como outros de estrutura análoga, lembra uma fortaleza erguida com objetivos defensivos nos confins do reino. Este centro se ergue, em posição dominante, sobre uma elevação que domina a planície costeira de Pativilca, e compreende quatro terraços artificiais sobrepostos.
Assim como em outras sítios, não existe nenhuma prova de que se tratasse realmente de uma fortaleza, mas a forma quadrangular da grande estrutura de tijolos de adobe, que acaba em cada esquina numa espécie de bastião em forma de losango, faz pensar inevitavelmente na sua semelhança com as praças fortes medievais européias.
Alguns arqueólogos sustentam, porém, que Paramonga teve simplesmente função "representativa" do poder reinante, ou foi usado como lugar de culto e não tinha nada a ver com os edifícios de caráter militar ou estratégico. Outros duvidam que tenha sido sequer obra do

172 esquerda, acima. Os arqueólogos não chegaram a um consenso sobre a época em que foi construído o templo-fortaleza de Paramonga. Alguns datam a construção na época inca, como indicavam os cronistas espanhóis, enquanto para outros ela remonta à civilização chimu.

172 direita, acima. O sítio de Paramonga domina a planície litorânea de Pativilca. Este singular complexo arquitetônico, visto de longe, tem o aspecto de uma fortaleza inexpugnável.

172-173 O conjunto monumental de Paramonga é disposto em quatro patamares superpostos: a forma quadrangular e os estranhos bastiões em forma de losango dão ao conjunto uma estrutura de fortaleza, mas pode ter sido um centro cerimonial.

173 acima. Diversos cronistas espanhóis fazem referência, em suas narrativas, ao centro de "Paramonga", atribuindo sua construção a um ou outro soberano inca. É muito mais provável, porém, que os estranhos vestígios remontem a um período muito anterior.

173 abaixo. A imagem mostra em detalhes duas imponentes estruturas, semelhantes a torreões, situadas dos dois lados do acesso ao templo-fortaleza de Paramonga. Trata-se provavelmente de um complexo datado, pelo menos, do Segundo Período Intermediário e restaurado na época inca.

174 acima. Uma grande escadaria de pedra, ladeada por muros de adobe, conduz ao alto dos terraços, onde se ergue o edifício principal de Paramonga, provavelmente um templo de origem muito antiga.

174 abaixo. Imagem de conjunto da estrutura arquitetônica localizada no alto dos terraços de Paramonga. É uma complexa construção de adobe, dividida em salas e corredores. Pelo que resta do conjunto, é muito difícil definir a função original deste impressionante sítio arqueológico.

povo chimu, e consideram que pode pertencer ao Horizonte Tardio e à civilização incaica.
É mais provável que fosse uma construção procedente do Primeiro Período Intermediário, e portanto do reino chimu, modificada posteriormente pelos incas.
É verdade que estes ergueram no topo dos terraços um templo de muros pintados com cores vivas: até poucos anos atrás existia parte de um muro pintado com quadrados vermelhos e brancos, mas atualmente está desmoronado.
Do ponto de vista científico podemos supor que, assim como se deu em muitos lugares do Tahuantinsuio, os soberanos promoveram a recuperação e adaptação de edifícios muito antigos. Os cronistas, contudo, contribuíram em grande medida para criar certa confusão a respeito da origem e da fundação de Paramonga. Pedro Cieza de León afirma que se trata de uma obra monumental edificada pelos incas imediatamente depois de terem submetido o reino chimu e seu soberano.
Garcilaso concorda com este parecer, como se deduz do seguinte fragmento, embora possamos duvidar da total veracidade dele: "Em particular, no que se refere ao vale de Paramunca, ordenou o príncipe que se erguesse uma fortaleza, em memória e comemoração da vitória obtida contra o rei chimu... e o forte foi construído robusto em sua feitura e esplêndido pelas pinturas e outras belezas ali dispostas. Mas os estrangeiros não respeitavam nem uma coisa nem outra, nem se abstiveram de derruí-lo; apesar disso, ficaram algumas relíquias como mostra da incivilização dos que o destruíram, para que se pudesse ver a magnitude dela."

174-175. A "fortaleza" de Paramonga se caracteriza pela presença de quatro bastiões em forma de losango – um dos quais aparece na fotografia –, que dão ao complexo a aparência de uma fortaleza do Velho Mundo.

175 abaixo. No alto do complexo de Paramonga, surgem os vestígios de uma estrutura de aparência pujante, dotada de imponentes portais de acesso. Segundo alguns estudiosos, são as ruínas de um prédio de caráter cerimonial da época pré-incaica.

176-177. Enigmática e imponente, a "fortaleza" de Paramonga se ergue na planície litorânea de Pativilca. Embora alguns cronistas a descrevam como obra de origem inca, sua fundação provavelmente remonta ao Segundo Período Intermediário. Apesar do aspecto fortificado de seus bastiões, provavelmente o complexo foi originalmente um templo.

CHANCHAN: FRISOS E CIDADELAS

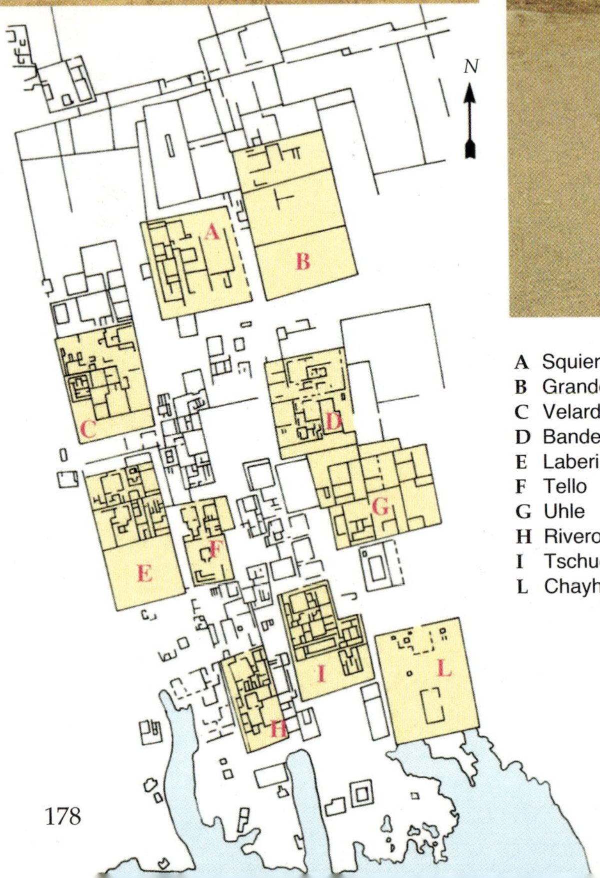

A Squier
B Grande Chimu
C Velarde
D Bandelier
E Laberinto
F Tello
G Uhle
H Rivero
I Tschudi
L Chayhuac

178 acima. Esta perspectiva da cidadela Tschudi mostra o acesso à praça principal através da Porta Sul; na base das imponentes paredes de adobe, podem ver-se os esplêndidos baixo-relevos, originalmente de estuque pintado.

178 abaixo. Neste magnífico baixo-relevo, vemos o motivo da escadaria associado a uma série de pequenos peixes. A fauna marinha é um dos temas mais representados não apenas nos frisos, mas também nos tecidos e nas cerâmicas chimu.

178-179. A imponente porta que dá acesso à Cidade Tschudi pelo lado norte apresenta ornamentos, alguns deles em baixo-relevo, que reproduzem o motivo da escadaria, associado ao culto à montanha e aos templos.

179 abaixo. Os vestígios de Chanchan estão atualmente em mau estado de conservação, mas ainda surpreendem o visitante pela riqueza dos baixo-relevos e das decorações com losangos, que parecem bordados em tecido e decoram as paredes de muitos prédios, como os muros da cidade Tschudi que se vêem nesta fotografia.

Por volta de 1300 d.C., os soberanos da dinastia chimu deram a função de capital do reino a Chanchan, cidade já existente e situada no vale do Moche, perto da costa oceânica, nos limites de um território nada apto para a irrigação e a atividade agrícola. Originalmente, o centro havia sido obra de algum povo desconhecido que o teria construído por volta de 900 d.C., ao final do Horizonte Huari.

O povo chimu, em sua época de esplendor político e econômico, transformou o antigo centro de dimensões modestas e de estrutura quadriculada numa verdadeira "metrópole", cujos vestígios ainda encerram grande quantidade de enigmas não resolvidos.

O núcleo central de Chanchan ocupava uma superfície de seis quilômetros quadrados, enquanto o resto da cidade se estendia por uma superfície de 20 quilômetros quadrados. No atual estado das pesquisas, trata-se da cidade mais extensa dos Andes.

A estrutura do centro urbano é extremamente complexa e original:

179 direita. Entre os temas zoomorfos que adornam os frisos de Chanchan, aparecem com freqüência criaturas pertencentes ao mundo marinho ou pássaros de plumagem vistosa, como os que podem ser vistos neste detalhe arquitetônico.

o núcleo central é composto de nove recintos fechados, considerados, por alguns estudiosos, verdadeiras cidadelas, cercadas de muros de até sete metros de altura e de até quase um quilômetro de comprimento. A palavra "cidadela" não convence alguns arqueólogos, que preferem usar o termo "palácio", entendido em seu sentido mais amplo, como usado nas cortes medievais. Cada uma dessas unidades arquitetônicas fortificadas, de fato, continha ruas, bairros residenciais, jardins perfeitamente irrigados, templos piramidais de adobe, necrópoles,

180 esquerda, acima. A foto mostra um detalhe de um friso da Huaca do Dragão, *exemplo de motivo iconográfico recorrente na arte chimu, um símbolo híbrido antropozoomorfo de significado enigmático.*

180 direita, acima. Estranhos animais e seres híbridos compõem os motivos decorativos presentes nas estruturas arquitetônicas de Chanchan *e dos centros cerimoniais que se erguem nas vizinhanças. Este gracioso passarinho de aspecto único decora um tijolo de barro da* Huaca do Dragão.

cisternas e também pequenas celas, cuja função ainda é desconhecida. Supõe-se que dispunham de um excelente sistema de canalização artificial que partia dos vales situados acima do vale do Moche, para abastecer a cidade de água, o que de outro modo não poderia ser realizado. Este sistema permitiria a sobrevivência de mais de 30.000 pessoas, bem como o desenvolvimento da atividade agrícola.

Uma das características da capital chimu é o refinamento de sua arquitetura: os muros do recinto e as paredes dos edifícios foram construídos com tijolos de adobe decorados com nichos e baixos-relevos, originalmente estucados e com frisos. Os motivos decorativos representam peixes, pássaros e seres divinos antropozoomorfos, inspirados principalmente no mundo marinho, mas também há elegantes desenhos geométricos. Talvez os artistas que criaram os ricos frisos murais de Chanchan tenham se baseado na iconografia presente nos produtos têxteis, como outras culturas andinas.

Apesar do péssimo estado de conservação que apresentam atualmente os restos de Chanchan, já que foram submetidos não só a furtos e saques no decorrer dos séculos, mas também a uma degradação ecológica, o visitante se surpreende com a peculiaridade do estilo arquitetônico e o fascínio que emana dos adornos de adobe, semelhantes a arabescos. No que tange à estrutura geral da cidade, é fácil supor que não se estendeu rapidamente, e que nem todas as zonas foram ocupadas simultaneamente. É provável que a expansão pelo território tenha sido gradativa, e que a cidade tenha o apogeu e máxima extensão em cerca de 1300 d.C.

Um relato contido numa crônica anônima de 1604, denominada História anônima de Trujillo, *foi de grande ajuda para os arqueólogos na reconstituição da história do reino chimu e de sua capital. Segundo a lenda, que tem provavelmente base histórica, o patriarca da estirpe, chamado Tacainamo, chegou ao norte em uma balsa e estabeleceu em Chanchan a base de seu futuro reino. Os filhos do soberano haviam submetido os habitantes do vale do Moche e das regiões adjacentes. Desde então, sucederam-se sete reis até o reinado de Minchancaman, personagem histórico que governou até a conquista de Chanchan pelos incas em 1470, quando foi levado a Cusco como prisioneiro de guerra. A tradição recolhida na crônica anônima e os dados arqueológicos concordam em muitos pontos. Alguns especialistas sugerem que o número de cidadelas poderia corresponder ao dos soberanos da tradição, mas é difícil estabelecer os limites entre história e lenda neste sentido. Os arqueólogos discutem acerca do número de cidadelas – que alguns estimam em nove, e outros afirmam serem doze –, da seqüência cronológica em que foram edificadas e também de sua função precisa. É possível que estes imponentes complexos, separados entre si, tenham sido construídos um imediatamente após o outro, como residência dos reis ou dignitários chimus que se sucediam no poder, e de suas*

180-181. Os arqueólogos supõem que a sólida construção de adobe chamada Huaca do Dragão *foi um dos mais importantes prédios de culto da civilização chimu. Na fotografia é possível observar os complexos frisos ornamentais que decoram os muros externos do templo, repletos da iconografia da serpente bicéfala, símbolo celeste, e do arco-íris.*

181. A iconografia desta figura humana em baixo-relevo, coroada por um ser monstruoso, lembra os seres míticos que abundam na tradição religiosa chimu e que também aparecem em preciosos recipientes de metal, em cerâmicas e em tecidos.

famílias. Algumas cidadelas talvez tenham sido construídas não como residências, mas como sedes administrativas e centros de poder. À luz das recentes pesquisas, observou-se que, após a morte de um soberano, seus parentes continuavam vivendo na cidadela construída por ele, tornando-a uma espécie de mausoléu. No entanto, segundo outra hipótese, o modo de construção das cidadelas, que se encontravam isoladas entre si e criavam um ambiente próprio e diferenciado, faz supor que cada uma delas se destinaria a um estrato social, impedindo assim a fusão entre classes e obrigando cada grupo social a levar um tipo de vida e atividades próprias. Também é possível, conquanto talvez mais improvável, que Chanchan não fosse o centro administrativo de um só reino, mas sim de vários reinos independentes entre si. No que se refere à maior ou menor antiguidade das diferentes cidadelas, muitos arqueólogos consideram que a denominada Chaiuac, na área sul, é uma das mais antigas. Dispõe de altos e grossos muros, de uma única entrada no lado norte, e de plataformas de caráter funerário orientadas para o sul. Encontraram-se montículos retangulares ligeiramente posteriores, uma tumba em forma de T e outros lugares de sepultura, considerados tumbas de reis ou de dignitários. Estas instalações fúnebres foram saqueadas quase em sua totalidade, desaparecendo seus enxovais funerários, que originalmente apresentavam grande quantidade de materiais preciosos. Ao redor dos montículos sepulcrais foram achados depósitos de oferendas votivas, armazenadas provavelmente quando morreu o soberano. O número bastante parco destes depósitos, em comparação com os de outras cidadelas de épocas mais recentes, revela que Chaiuac foi edificada quando o reino ainda estava em fase inicial; segundo a tradição da Crônica, poderia corresponder ao reinado do primeiro soberano, Tacainamo. As cidadelas Uhle e Tello pertencem provavelmente a uma fase posterior e são contemporâneas, mas numerosos elementos arquitetônicos e estruturais evidenciam a possibilidade de que tivessem uma função diferente. As cidadelas chamadas Labirinto e Grande Chimu procedem de uma fase posterior da vida de Chanchan, e muitos elementos, como os ricos e numerosos armazéns e as denominadas "salas de audiência", dão testemunho de uma época de bem-estar econômico e de notável expansão da cidade.

Grande Chimu é a mais extensa das seções de Chanchan: sua estrutura, que mede 400 por 600 metros, apresenta todas as características de um verdadeiro palácio real, um conjunto de monumentos destinados a exaltar a apoteose de uma elite reinante.

A esta fase corresponde um grande aumento de construções residenciais, sem dúvida destinadas aos membros de uma elite de funcionários cada vez mais poderosa, mas também a um

182. As máscaras funerárias de ouro e prata feitas pelas culturas sican e chimu freqüentemente retomam a imagem do deus Naimlap, com os olhos esticados de pássaro, como nesta imagem.

182-183. Os chimus deixaram exemplos notáveis no setor metalúrgico. Uma amostra é este magnífico encosto de liteira, de madeira, coberto com placas de ouro e prata e fragmentos de turquesas e conchas. Além dos grupos de personagens, é possível ver os motivos em meia-lua na parte superior do objeto. Sem dúvida, tratava-se de um palanquim para cerimônias, destinado a transportar indivíduos de alta classe.

aumento do número das pequenas casas de artesãos, utilizadas como oficina, nas quais os trabalhadores produziam artigos manufaturados de grande valor para satisfazer os desejos da classe dominante. As cidadelas posteriores, entre as quais a mais interessante e conhecida é a chamada Tschudi, foram edificadas consecutivamente a breves intervalos, seguindo um plano urbanístico já padronizado, diferentemente das épocas anteriores. O conjunto dos edifícios, dos muros e das ruas, de aspecto absolutamente labiríntico, deixa evidente a vontade de controlar o acesso aos centros administrativos e de evitar o roubo das imensas riquezas acumuladas pelos soberanos. Próximo ao centro urbano de Chanchan, encontram-se outras estruturas dignas de menção, típicas da civilização chimu: trata-se de plataformas artificiais ou huacas, que serviam de lugar de culto. As mais célebres são a Huaca Esmeralda e a Huaca do Dragão. Esta última foi restaurada nos anos 60, e o conjunto arquitetônico se compõe de uma muralha que rodeia duas plataformas sobrepostas, de 4 e 3 metros de altura respectivamente. O nome dado a esta plataforma provém da iconografia dos baixos-relevos que decoram as paredes: no centro aparece uma serpente bicéfala, símbolo da água e da fertilidade, junto a outras criaturas serpentiformes, derivadas provavelmente do panteão religioso e da cosmogonia destes povos. O estilo lembra o dos frisos estucados que decoram os muros dos palácios de Chanchan, e também aqui os símbolos têm forte analogia com os encontrados nos belos vasos de ouro e prata, e principalmente nos tecidos. Ainda há muitas lacunas e interrogações sobre o fascinante reino chimu, sobre sua opulenta civilização e seus dignitários, que amavam as riquezas e o luxo e construíram a maior e mais organizada cidade dos Andes, tornando fértil um território originalmente árido e inóspito. As fontes históricas contam que, apesar da conquista incaica e da submissão total do povo, a dinastia chimu não se extinguiu senão em 1602, quando Chanchan já era um monte de ruínas e palácios abandonados.

184-185. Deveria ter este aspecto a Huaca do Dragão *até 1300 d.C., época que corresponde à expansão máxima da civilização chimu e de sua capital Chanchan. Em função da interpretação dos temas decorativos que cobrem a superfície externa dos muros e das plataformas, a imponente construção recebeu também o nome de "Templo do arco-íris".*

185. Este modelo arquitetônico em miniatura, de madeira, vem de um contexto funerário e provavelmente reproduz uma cerimônia no interior de um dos palácios de Chanchan.

186-187. A fotografia mostra em detalhes as singulares decorações antropomorfas em baixo-relevo sobre a argila da Huaca *do Dragão.*

188-189. A estrutura urbanística de Tambo Colorado ainda hoje está em excelente estado de conservação, embora os prédios tenham sido construídos em adobe, material altamente perecível. A cidade é a perfeita fusão do estilo arquitetônico inca com a tradição litorânea.

188 abaixo. A fotografia oferece uma visão panorâmica dos impressionantes muros da "Fortaleza" de Tambo Colorado. Os muros ainda apresentam vestígios da pintura original em ocre, amarelo e vermelho.

TAMBO COLORADO, O POSTO AVANÇADO INCA

189 acima. A imagem oferece uma perspectiva dos muros de adobe de um palácio de Tambo Colorado que dá para a praça central: as janelas e a porta trapezoidais são uma das adaptações do estilo litorâneo aos cânones da arquitetura inca. Na praça se encontra um ushnu, *o altar cerimonial presente nos locais sagrados do Tahuantinsuio.*

189 abaixo. O sítio de Tambo Colorado, de cuja praça principal vemos um trecho, foi um posto avançado inca no litoral, com a função original de descentralizar o poder político e administrativo de Cusco. Os arqueólogos, porém, sustentam que as estruturas mais recentes foram erguidas sobre as fundações de um centro anterior, da época huari.

Os centros edificados pelos incas nas zonas costeiras apresentam construções de pedra trabalhada segundo o estilo adotado na região de Cusco, ou edifícios feitos segundo a tradição costeira e com materiais locais, como a taipa e o adobe. Não obstante, é evidente o uso de portas e vãos trapezoidais, desconhecidos antes do Tahuantinsuio. Desses centros, um dos mais importantes foi sem dúvida Tambo Colorado, fundado por volta de 1450 d.C. no Vale de Pisco, e que funcionava como centro administrativo e de abastecimento. Contudo, alguns estudiosos acreditam que o centro já existia antes do Horizonte Tardio. Da Pampa de Sechas partia uma importante estrada que, após atravessar Huaitará, levava à costa e chegava diretamente a Tambo Colorado. Este pode ser considerado um dos centros costeiros mais bem conservados, e representa um claríssimo exemplo de combinação da planificação urbana própria da civilização incaica e do uso de técnicas arquitetônicas locais. A estrutura urbana é rigidamente organizada em canchas *(bairros fechados e independentes entre si).*
Ao redor de uma enorme praça trapezoidal se dispunha uma série de salas e armazéns. Alguns bairros eram destinados às residências para os funcionários encarregados

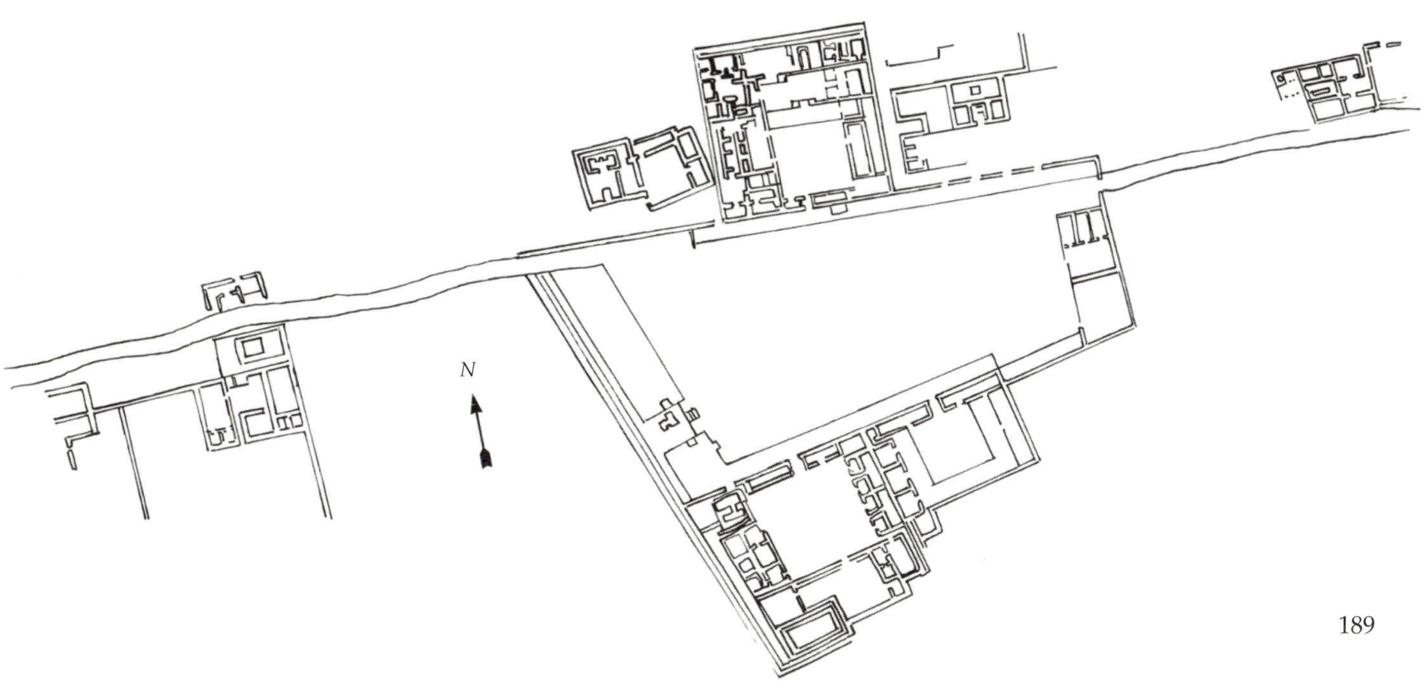

190-191. Tambo Colorado, com suas estruturas de adobe magnificamente conservadas, está situado no árido vale de Pisco, e ligava, por uma estrada importante, a capital inca de Cusco aos territórios litorâneos periféricos do império.

190 esquerda, abaixo. Também nesta imagem podem ser vistas as janelas e a porta trapezoidal de um dos palácios de Tambo Colorado. Os diversos setores do posto militar e administrativo, organizados ao redor da praça central, e o aspecto fortificado do conjunto, lembram padrões urbanísticos de origem huari.

190 direita, abaixo. A fotografia mostra um trecho de uma das principais estruturas de Tambo Colorado, a chamada "Fortaleza". Provavelmente era um prédio com função administrativa, situado junto a depósitos para mercadorias, armazéns e outras estruturas típicas dos postos avançados.

da administração; outros, às oficinas em que eram trabalhadas as matérias-primas para os produtos destinados à corte de Cusco. A presença de muros contribuiu para que Tambo Colorado recebesse o nome errôneo de "fortaleza": é antes uma mostra de que ali existia anteriormente um centro da época tiahuanaco-huari. O caminho incaico acompanhava o lado direito da praça. As paredes dos edifícios apresentam ainda sinais da tinta original, vermelha, ocre e laranja. No ângulo mais ocidental da praça, estendia-se uma plataforma baixa que provavelmente abrigava o altar sagrado dos incas, o ushnu. Tambo Colorado, como outras cidades (como Cajamarca e Huanuco Velho), é um dos centros periféricos criados expressamente para que os soberanos pudessem descentralizar, pelo menos em parte, o poder administrativo, após a rápida expansão do império.

191 acima. As pesquisas arqueológicas descobriram sob as fundações de muitos centros litorâneos, como Chanchan e Tambo Colorado, a existência de estruturas urbanísticas de épocas anteriores, como passagens, terraços cultiváveis e sistemas de irrigação, reutilizados pelos chimus e depois pelos incas.

191 abaixo. As janelas dos muros fortificados de Tambo Colorado, que podem ser vistas na fotografia, apresentam forma trapezoidal, inovação típica da arquitetura inca.

NAZCA: O ENIGMA DO DESERTO

● Nazca

1 Orca	14 Astronauta
2 Asa Delta	15 Triângulo
3 Bebê Condor	16 Baleia
4 Alcatraz	17 Trapézios
5 Palhaço	18 Estrela
6 Espiral	19 Pelicano
7 Crocodilo	20 Condor
8 Árvore	21 Trapezóide
9 Mãos	22 Colibri
10 Espiral	23 Trapezóide
11 Aranha	24 Macaco
12 Flor	25 Lhama
13 Cão	26 Trapézios

Como já mencionamos anteriormente, o vale desértico de El Ingenio, situado na zona costeira meridional do Peru, no sopé da cordilheira andina, revelou aos antropólogos e estudiosos nas primeiras décadas do século XX um dos mistérios mais fascinantes do continente americano: os geóglifos nazcas. A civilização nazca se estabeleceu nesta zona durante o período definido pelos arqueólogos como Intermediário Inicial, compreendido entre 300 a.C. e 700 d.C. Nesse espaço de tempo, o vasto território peruano viu florescer numerosas culturas de caráter regional; cada uma delas se caracterizava por manifestações artísticas totalmente peculiares, mas todas compartilhavam o

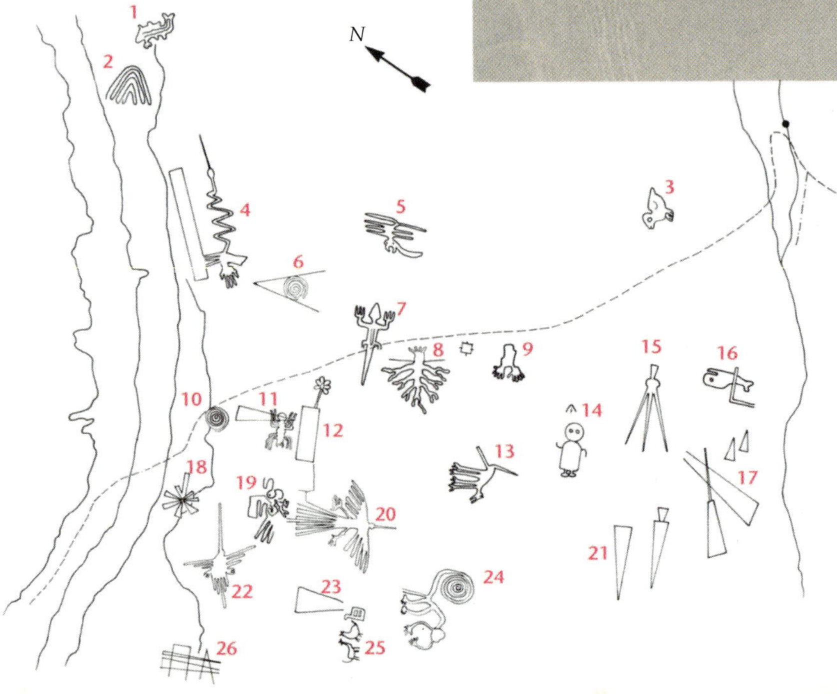

culto religioso do Deus Felino. Os geóglifos são figuras gigantes desenhadas no chão, e representam um dos vestígios mais enigmáticos deixados pelo povo nazca. Trata-se de uma impressionante quantidade de amplas superfícies, parecidas com pistas, ou de forma geométrica, triangulares e retangulares, além de uma centena de espirais e dezenas de animais e pássaros. Os geóglifos foram traçados cavando-se na camada superficial do deserto, de terra vermelha pedregosa, e abrindo-se sulcos de uma profundidade de 30 a 40 centímetros na camada de areia mais clara. O elemento surpreendente que caracteriza essas figuras

192 esquerda, acima. Na foto aérea é possível distinguir um das mais famosas inscrições de Nazca: a aranha, de forma impressionante e perfeita. Ninguém até agora conseguiu definir o significado dos desenhos gigantescos traçados no solo árido do pampa de El Ingenio, mas alguns estudiosos os consideram símbolos estelares.

192 esquerda, centro. Muitos estudiosos se lançaram em uma busca apaixonada da solução das inscrições do deserto, atribuídas à civilização nazca. Há quem as considere um grande mapa estelar, no qual cada símbolo estaria relacionado a um astro. Na fotografia é possível ver a inscrição do cão, que talvez representasse a constelação de mesmo nome.

192 esquerda, abaixo. Uma figura em forma de ave atravessada por linhas que se cruzam é outra enigmática inscrição nazca, cujas enormes dimensões só permitem a visão completa do alto.

192 direita, acima. Ainda mais misteriosas são as inscrições que representam estranhas "árvores", segundo alguns, "mãos", segundo outros, traçadas nas encostas íngremes de uma elevação do terreno. O caminhão que passa pela estrada permite ter uma idéia das impressionantes dimensões desses signos.

192-193. Outro animal que aparece entre os signos traçados pelos nazcas: o colibri, um pássaro cobiçado por sua plumagem e considerado sagrado por muitos povos pré-colombianos.

194. O "candelabro", parecido com um gigantesco tridente, traçado na encosta de uma montanha voltada para a costa, é facilmente visto do mar. Por sua iconografia indecifrável, esta inscrição é, sem dúvida, uma das mais fascinantes e estudadas.

194-195. Na vista aérea do deserto é possível observar longas linhas e figuras geométricas que se cruzam, semelhantes a enigmáticas pistas de pouso. Apesar das infinitas tentativas de interpretação dos signos nazcas, o mistério que cerca seu significado continua sem solução.

195 esquerda, acima. Também o macaco aparece entre as figuras zoomorfas traçadas no deserto do pampa de El Ingenio, e é um dos mais espetaculares, sobretudo por causa de sua enorme cauda em espiral. O macaco, como o cão, o colibri e a aranha, pode ser um dos símbolos de um mapa estelar ou de um calendário astronômico.

195 direita, acima. O repertório de inscrições do pampa de El Ingenio inclui, além de imagens de animais e símbolos geométricos, representações de seres mitológicos, sobrenaturais e monstruosos, como o chamado "dinossauro", que pode ser visto na imagem. Alguns especialistas acreditam que os autores destes signos não foram os nazcas, mas uma civilização muito mais antiga.

consiste no fato de que foram desenhadas segundo uma escala gigantesca: as linhas retas alcançam às vezes um comprimento de 50 quilômetros, e os desenhos zoomórficos medem entre 15 e 300 metros. Estas dimensões fazem com que a forma de cada geóglifo só seja observável de certa altura ou altitude: atualmente é possível fazer curtas viagens de avião para admirar em sua totalidade estes extraordinários geóglifos, que o clima seco e a ausência de chuvas mantiveram intactos através dos séculos. Por que os nazcas, povo de que ainda hoje sabemos tão pouco, decidiram fazer estes enormes desenhos na areia de um deserto desolado? Por que quiseram representar a aranha, o macaco, o beija-flor ou espirais, para não poderem depois distinguir suas formas senão de algumas elevações de terreno próximas?

Em 1926, Toribio Mejía Xesspe, que foi o primeiro a explorar sistematicamente a Pampa de El Ingenio, formulou a hipótese de que os geóglifos, e em particular as linhas retas que lembram pistas de aterrissagem, seriam antiqüíssimos caminhos cerimoniais, que os nazcas percorriam dançando para honrar seus deuses, de identidade desconhecida: talvez o Deus Felino, cujo culto se havia difundido dos distantes planaltos a territórios distantes do sul, ou talvez os "seres míticos" representados de forma quase obsessiva nas peças de terracota.
Paul Kosok, que em 1939 "redescobriu" os desenhos após anos de esquecimento, examinou o variado conjunto de formas geométricas e zoomorfas, e elaborou uma nova teoria, que de algum modo não foi abandonada nunca: a Pampa de El Ingenio teria sido transformada pelos nazcas em um gigantesco calendário astronômico. As figuras e as linhas teriam, assim, um significado preciso, relacionado ao decorrer do tempo, dos astros e das constelações. Essa hipótese foi adotada por vários estudiosos, entre os quais se destaca a astrônoma alemã Maria Reiche, que dedicou a maior parte da sua vida a uma minuciosa investigação de campo e a um escrupuloso estudo destinados a decifrar o segredo secular dos glifos do deserto. Apesar de às citadas hipóteses se terem somado outras muitas, os gigantescos desenhos, seu significado e a finalidade com que foram feitos continuam a ser um enigma. Alguns dos motivos iconográficos pintados que se vêem nas cerâmicas nazcas lembram, de certo modo, os animais traçados na areia, talvez símbolos divinizados do mundo natural pertencentes a cultos ancestrais, das primeiras civilizações do Peru pré-colombiano.

TIAHUANACO, OS MEGÁLITOS DA AMÉRICA

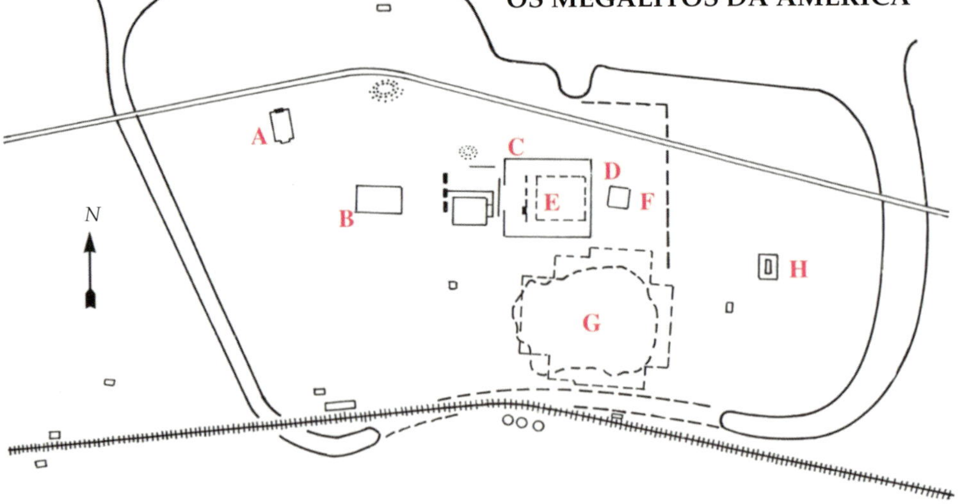

A área arqueológica de Tiahuanaco ocupa uma superfície de 1.000 por 500 metros e fica 3.600 metros acima do nível do mar. As diversas estruturas arquitetônicas, algumas das quais são verdadeiramente imponentes, não pertencem à mesma época. Algumas delas parecem até incompletas, como se a civilização que as criou tivesse desaparecido bruscamente. O aspecto monumental dos edifícios levou muitos arqueólogos a considerar Tiahuanaco como um enorme e impressionante centro cerimonial, onde se veneravam os deuses e se praticavam cultos relacionados com a observação dos astros, provavelmente tomando o relevo do antigo centro religioso de Chavin de Huántar. Os arqueólogos acreditam que a maior parte dos edifícios procede de 200 d.C., época em que o lugar já registrava quase cinco séculos de ocupação. Provavelmente a partir de 300 d.C. foi planificada a área cerimonial, rica em templos de pedra, com pátios semi-enterrados, santuários amuralhados e portas de elegantes umbrais destinados a exaltar os cultos locais, como a célebre Porta do Sol. A partir de 500 d.C., o assentamento se estendeu até se tornar um opulento centro urbano, com uma população que se supõe de entre 20.000 e 50.000 habitantes e sede principal de uma elite teocrática e de um império que estendeu sua influência por todo o mundo andino até o ano 1.000 d.C. As recentes investigações arqueológicas evidenciaram os limites de demarcação entre o núcleo do centro cerimonial propriamente dito e as áreas circundantes, onde se encontraram restos de grupos de residências formadas por modestas casas de adobe e seixos, bem menos elegantes que os edifícios

A Panteão
B Palácio
C Porta do Sol
D Kalasasaia
E Muralha interna
F Templo do Leste
G Akapana
H Kantatayita

196 esquerda, acima. O monólito "Ponce", que tem o nome de seu descobridor, é uma das esculturas emblemáticas do sítio de Tiahuanaco.

196 abaixo. Nas paredes internas do templo semi-subterrâneo de Tiahuanaco, aparecem cabeças de pedra que lembram as pedras cefalomorfas dos templos de Chavin de Huántar. Sem dúvida, houve algum vínculo entre os cultos dos dois santuários.

196-197. Visão de conjunto do recinto sagrado chamado Kalasasaia, formado por monólitos cuja forma inevitavelmente lembra a dos menires da Europa pré-histórica. A palavra kalasasaia, em língua aimara, significa exatamente "pedra erguida".

197 abaixo. O templo semi-subterrâneo, em primeiro plano, é formado por uma placa ou pátio cavado abaixo do nível do solo, cercado por um muro formado por grandes blocos de pedra, entre os quais aparecem pedras talhadas em forma de cabeça humana; no centro do pátio há três monólitos. Ao fundo é possível ver o recinto Kalasasaia e, dentro do portal, o monólito Ponce.

monumentais. No entanto, nas investigações se encontrou um elemento estranho: nem no setor monumental nem no residencial se conservam vestígios de armazéns ou áreas de depósito, nem exemplos de arquitetura administrativa, indispensáveis na infra-estrutura de uma organização imperial. Os diversos edifícios monumentais da cidade não revelaram ainda todos os seus mistérios, e a função que podiam ter é ainda fonte de desacordos entre os arqueólogos.

Uma das estruturas mais significativas é sem dúvida o Akapana. Trata-se de uma grande pirâmide truncada, formada por sete plataformas sobrepostas, considerada ao mesmo tempo um montículo natural, com 17 metros de altura e mais de 200 de comprimento. Tem uma orientação precisa segundo coordenadas estabelecidas pelos pontos cardeais. Os terraços foram construídos com terra, argila e pedras, e originalmente eram cobertos de pedras talhadas.

O nome do monumento, talvez um dos mais antigos do centro cerimonial, significa "altura artificial"; no topo se encontra um pátio semi-enterrado, pavimentado com rocha basáltica e rodeado por uma série de salas, talvez reservadas aos sacerdotes do templo. Ao sudeste de Akapana, numa área distante, podem ser admirados os vestígios de um grande edifício monumental, também destinado a cerimônias religiosas. O Pumapunku, como é denominado, apresenta uma estrutura de plataforma com base em forma de U, que alcança uma altura de 5 metros e é formada por três terraços de pedra arenosa, em cuja parte superior foi escavado um pátio semi-enterrado. A área de acesso ao edifício é decorada com portas e umbrais, e em seu interior é que se supõe estava antigamente a Porta do Sol. Perto do Akapana se encontram outros complexos monumentais, entre os quais se destaca o Templo Semi-subterrâneo. Trata-se de um grande pátio retangular, ao qual se chega por meio de uma escadaria situada no lado sul. Nas paredes internas, observa-se uma série de cabeças de pedra arredondadas, esculpidas, de traços antropomorfos estilizados.

Ao norte de Akapana se encontra Kalasasaia, um estranho complexo de uma época relacionado com os recintos megalíticos da Europa pré-histórica. O nome do lugar, de fato, significa "Pedra erguida", e se deve à peculiaridade de sua estrutura: uma baixa plataforma retangular, de 120 por 130 metros, rodeada por uma série de lajes monolíticas trapezoidais, não muito diferentes dos célebres menires. No centro da zona se vê uma espécie de pátio semi-enterrado. No ângulo norte-ocidental do Kalasasaia, ergue-se um dos monumentos mais espetaculares de Tiahuanaco, embora todos os estudiosos tendam a pensar que sua localização original fosse outra: a Porta do Sol, que se tornaria símbolo do centro cerimonial. Além disso, como estrutura megalítica, de 10 toneladas, a Porta do Sol é célebre pela iconografia dos frisos que decoram seu umbral: uma série de personagens alados, talvez demônios ou seres míticos, voltados para uma figura

198 esquerda, acima. Uma série de demônios alados (ou talvez anjos ou mensageiros) cerca o Deus do Arco sobre a Porta do Sol. Levantaram-se muitas hipóteses sobre o significado e o culto dessas figuras misteriosas.

198 abaixo. Este monólito, conhecido como o Frade, é um exemplo da escultura de pedra típica da civilização de Tiahuanaco. O personagem, esculpido com uma técnica bastante grosseira, é rígido e de linhas retas. Seu significado é desconhecido, mas ele era um ornamento do muro de Kalasasaia.

198-199. A Porta do Sol, monumento emblemático de Tiahuanaco, ergue-se hoje no canto noroeste de Kalasasaia, embora originalmente sua localização provavelmente fosse o Templo de Pumapunku. A divindade central do dintel, que alguns estudiosos identificam com Viracocha, inevitavelmente lembra o Deus das Varas, de Chavin de Huántar.

199 abaixo. Uma das estruturas mais interessantes do sítio de Tiahuanaco é o Kalasasaia, palavra aimara que significa "pedra erguida". Trata-se de uma plataforma com um pátio semi-enterrado, junto a uma espécie de recinto formado por monólitos desbastados cuja forma lembra a dos menires europeus. A fotografia mostra uma vista de Kalasasaia e, ao fundo, a Porta do Sol.

central, de aspecto antropozoomorfo, com a cabeça coroada de serpentes, segurando com ambas as mãos um cetro serpentiforme. Uma indiscutível semelhança recorda nessa divindade, denominada por alguns "Deus do Arco" e por outros "Viracocha", o antiqüíssimo Deus das Varas de Chavin de Huántar. Esta semelhança, junto com outros elementos, sugere um inevitável vínculo cultural, ainda hoje misterioso, entre os dois centros religiosos, tão separados no tempo e no espaço. Além do ser representado na Porta do Sol, foram encontradas diversas esculturas monolíticas na zona sagrada de Tiahuanaco que apresentam aspectos enigmáticos e singulares. Uma delas, a Estela Bennet, chamada assim em homenagem a seu descobridor, foi encontrada no centro do Pumapunku, mas em seguida foi transportada para a praça principal de La Paz. É a escultura de pedra mais alta dos Andes, de 7,5 metros, e talvez tivesse sido construída para exaltar a glória de um dignitário local ou de um grande sacerdote. De estilo e imagens bastante parecidas são outros dois monólitos de notáveis dimensões, chamados respectivamente "O Frade" e "O Ponce". Como o monólito Bennet, mais que esculturas, são enormes colunas gravadas ou esculpidas com figuras humanas, seguindo um estilo quase infantil e mais para grosseiro. As iconografias dos personagens têm aspecto rígido e austero; observam-se os detalhes do vestuário e os objetos particulares que têm nas mãos. Como dissemos anteriormente, podem representar soberanos, porém, mais provavelmente, altos membros do clero, representantes daquela teocracia que talvez tenha dado origem e impulso ao império de Tiahuanaco. Não muito longe de Pumapunku, podem-se admirar outros interessantes vestígios, como o denominado "Palácio" ou a "Porta da Lua". Os estudiosos tentam há muito tempo dar uma interpretação para os motivos iconográficos presentes não somente nos monólitos, mas também nas peças cerâmicas e nos tecidos encontrados nas escavações feitas em Tiahuanaco e arredores, bastante parecidos com os manufaturados no império huari, para recompor as peças do estranho quebra-cabeça que representam os dois "impérios" que dominaram a região durante o Horizonte Médio.
O que mais surpreendeu os primeiros viajantes espanhóis a encontrar os restos de Tiahuanaco foram os enormes blocos e as lajes de pedra arenosa e basáltica usados para a construção dos monumentos cerimoniais, além da perfeição técnica com que eram talhados e polidos.
Deduziu-se que se encaixavam mediante braçadeiras de cobre em forma de T, mas como podiam ser transportados os blocos vindo das pedreiras, situadas às vezes a centenas de quilômetros do lugar, sem meios de transporte nem rodas?
Os incas valorizavam muito os talhadores de pedra procedentes de Tiahuanaco, e os levavam à corte para que lhes transmitissem suas tradições e conhecimentos.

200. Visão geral das ruínas de antigas plataformas cerimoniais em Pumapunku. O centro de Tiahuanaco é caracterizado por uma arquitetura megalítica, cujas técnicas foram herdadas pela civilização inca.

200-201. As sólidas colunas de base quadrada que podem ser vistas na foto formam uma espécie de recinto, e são tudo o que resta de um prédio cerimonial de Pumapunku. Os buracos na plataforma sem dúvida eram a base de outros pilares, que talvez originalmente fossem a sustentação de um prédio.

201 esquerda, acima. Fragmento de muro decorado com um friso no sítio de Pumapunku. O centro religioso de Tiahuanaco provavelmente foi a sede de um grande império teocrático que influenciou as outras civilizações do Horizonte Médio.

201 direita, acima. Os impressionantes vestígios que podem ser vistos na imagem fazem parte dos muitos fragmentos arquitetônicos elegantemente esculpidos de Pumapunku, local situado ao sul da grande muralha do centro cerimonial de Tiahuanaco. O motivo do losango escalonado, talvez relacionado ao culto do Sol, é característico das civilizações huari e tiahuanaco, como comprova também a decoração dos tecidos, e também é encontrado em peças incas.

SILLUSTANI, AS TORRES DO SILÊNCIO

202-203. As torres funerárias de Sillustani, chamadas em aimara chullpas, *provavelmente foram construídas pela população dos collas, na região do lago Titicaca. Acredita-se que eram locais de sepultura coletiva, usados posteriormente pelos incas.*

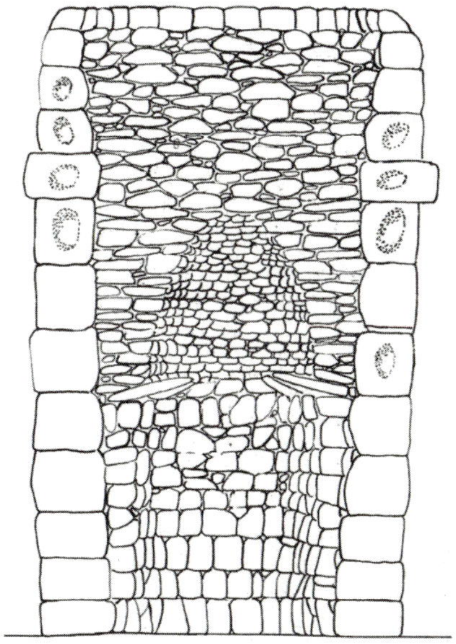

Corte de uma chullpa *de Sillustani em que se pode observar o sistema de construção.*

A jazida de Sillustani se encontra a cerca de 20 km das margens do lago Titicaca e a uma distância de pouco menos de 40 km da cidade de Puno. O que a tornou famosa é uma série de torres funerárias denominadas chullpa *na língua aimara, palavra que indica um tipo particular de sepultura. As torres de Sillustani foram construídas na península rochosa de mesmo nome, que se estende sobre o lago Umaio, a uma altitude de 4.000 metros, não são o único exemplo de estruturas deste tipo no planalto andino, já que existem outros muitos exemplares, ainda que mais simples e menos espetaculares.*
As chullpa *de Sillustani são construções de corpo cilíndrico, mais raramente de base quadrada, que se elevam sobre uma espécie de plataforma e se abrem em direção à parte superior. Na parte mais alta, destaca-se uma cornija, e elas têm um teto feito segundo a técnica da "falsa abóbada". Segundo alguns estudiosos, nas* chullpa *mais bem conservadas, como a do "Lagarto", pode-se distinguir na estrutura um perfil marcadamente fálico, embora se trate de uma simples hipótese.*
As torres foram edificadas com técnicas diversas. Algumas, mais grosseiras, foram construídas com pedras toscas unidas por uma massa argilosa, enquanto outras apresentam uma cortina de pedras perfeitamente talhadas e acopladas com perfeição e mestria. No interior das chullpa*, até das mais elegantes, encontra-se uma estrutura grosseira, formada por pedras toscas e argila, que contém a câmara sepulcral, sempre de base circular e coroada por uma falsa abóbada ligeiramente pontiaguda. Observa-se também a presença de nichos, ao que parece recobertos originalmente por um revestimento. A* chullpa *do Lagarto contém uma câmara sepulcral que mede 6 metros de diâmetro e outros tantos de altura. Curiosamente, o único acesso consiste em uma abertura minúscula e estreita, que praticamente só permite a passagem de uma pessoa engatinhando. Poderíamos supor, portanto, que os volumosos fardos funerários teriam sido "embalados" dentro da própria câmara, e não transportados do exterior.*
Os primeiros arqueólogos que exploraram as torres de Sillustani, no fim do século passado, constataram o uso delas como sepulturas individuais e como sepulturas coletivas. Frei Bartolomeu de las Casas narra, em sua Apologética história das Índias*, que naquele lugar, como em outras necrópoles, se costumava abrir a pequena porta um ano depois do sepultamento, quando os corpos já estavam mumificados. Uma série de grandes círculos traçados no chão perto das* chullpa *são ainda hoje motivo de discussão. Por certo tempo foram considerados "círculos solares", lugares sagrados destinados a rituais mágicos, enquanto atualmente a tendência maior é considerá-los espaços destinados a torres que não chegaram a ser construídas.*
A origem cultural das chullpa *constitui um problema em parte ainda não resolvido. Embora alguns estudiosos estejam convencidos de que foram obra exclusiva do povo inca, a hipótese mais aceita as considera imponentes sepulcros destinados aos dignitários e aos reis dos povos assentados na região do Titicaca bem antes do império, em particular dos collas. Os incas, após se submeterem aos povos desses territórios, adotaram seus costumes funerários e construíram sepulturas do mesmo tipo, embora mais aperfeiçoadas do ponto de vista técnico. No entanto, o modelo de sepulcro em forma de torre continuou a ser exclusivo do lugar, e não foi exportado para Cusco nem para outras regiões do Tahuantinsuio.*

202 acima. Na península de Sillustani se encontram, junto às torres funerárias, recintos circulares de pedra; alguns arqueólogos afirmam que são recintos relacionados a cultos astronômicos; outros, por seu lado, que são a base de chullpas *inacabadas.*

203. As imagens mostram duas das chullpas *de Sillustani, parcialmente destruídas. Originalmente, as estruturas cilíndricas eram cobertas por um teto construído com a técnica da falsa abóbada.*

ULASA, SARCÓFAGOS NA FLORESTA

204-205. A imagem mostra alguns dos grandes sarcófagos de argila do sítio de Ulasa, nos quais ainda há vestígios da pintura original. É interessante observar que uma das cabeças dos sarcófagos apresenta no alto um crânio humano, colocado como troféu. Os corpos encontrados no interior dos sarcófagos provavelmente pertenciam a guerreiros ou outros personagens de alta classe.

205. Sete grandes sarcófagos antropomorfos de argila, pendurados na rocha de uma encosta escarpada, são alguns dos testemunhos deixados pelo povo de Chachapoias no sítio de Ulasa, nas encostas orientais dos Andes. Os chachapoias contavam-se entre os mais temíveis inimigos dos incas.

Entre os numerosos povos submetidos pelos ambiciosos soberanos do Tahuantinsuio, estava o dos chachapoias, que habitava a região amazônica compreendida entre o rio Alto Maranhão e o rio Huallaga. A investigação arqueológica levada a cabo recentemente nestas zonas demonstrou a existência de três fases culturais sucessivas na história dos chachapoias, compreendidas entre o século VII e o XV de nossa era.

Um mistério envolve esse povo, descrito pelos cronistas espanhóis como "diferente" do restante dos habitantes dos Andes: de fato, tinham até pele e cabelo claros. Os incas, sempre segundo as fontes da época, apreciavam em grande medida a singular beleza das mulheres chachapoias e conseguiam levá-las ao Aclla Huasi *para transformá-las em escravas e concubinas. Naturalmente, esta estranha característica física deste grupo étnico amazônico particular levou os estudiosos a formular hipóteses diversas, como uma eventual procedência européia anterior à conquista, mas não se esclareceu nada a esse respeito. Do ponto de vista arqueológico, os chachapoias deixaram uma série de vestígios impressionantes e únicos em seu gênero.*

O complexo monumental mais célebre é o do sítio Cuélap, situada a 3.000 metros de altitude. Compreende cerca de 400 edifícios circulares, rodeados por uma grande muralha de 600 metros. Supõe-se que o lugar teria uma função cerimonial e religiosa, e não de fortaleza militar, como afirmam alguns estudiosos. No entanto, os monumentos mais característicos erguidos por este povo são os de caráter funerário, que revelam costumes bastante peculiares: são sepulcros em forma de mausoléus de pedra, com paredes decoradas com pintura ou revestimento, edificados em lugares inacessíveis, na boca de grutas situadas em despenhadeiros. Outro tipo de sepultura consiste em grandes sarcófagos antropomorfos, situados verticalmente na entrada de grutas artificiais abertas nas paredes de impressionantes precipícios.

Nos anos 1980, uma expedição formada por arqueólogos italianos e peruanos descobriu uns grupos de sarcófagos no sítio de Ulasa, no vale do rio Utcubamba. O grupo mais espetacular é o formado por sete estátuas-sarcófagos, situadas a meia altura na parede rochosa de um profundo canyon*, de difícil acesso por causa de sua localização e do tipo de vegetação do vale.*

A análise dos sarcófagos, das múmias que contêm e do lugar do achado permitiram determinar o enxoval funerário dos chachapoias, que os espanhóis descreveram como ferozes, belicosos e tenazes oponentes dos incas.

As estátuas-sarcófagos são feitas de barro e palha sobre uma estrutura de varas. Não foram transportadas de outro lugar para a sua posição definitiva, mas foram construídas diretamente sobre a cornija rochosa, e uma pequena saliência as protegeu da intempérie. No interior de cada sarcófago, colocou-se a múmia de um personagem de alto nível social, um chefe militar ou um membro da casta reinante. O corpo mumificado está em posição fetal e envolto em "bandagens" de couro, rodeado de numerosas oferendas e diversos objetos que compõem o enxoval.

Em alguns casos, encontram-se crânios humanos fixados às cabeças das estátuas, talvez pertencentes aos inimigos vencidos na batalha e decapitados. A superfície externa dos sarcófagos em geral é pintada de branco e decorada com motivos vermelhos estilizados que, segundo os estudiosos, simbolizam a plumagem dos pássaros. Em duas das sete estátuas também foram pintados órgãos sexuais masculinos.

TITICACA, AS ILHAS SAGRADAS

206 esquerda, acima. Nessa panorâmica da Ilha do Sol é possível ver recintos murados anexos ao enorme complexo de ruínas conhecido pelo nome de "Templo do Sol". Embora a maior parte dele seja da época inca, os arqueólogos identificaram traços do estilo tiahuanaco na arquitetura.

206 direita, acima. A fotografia mostra um imponente portal, ladeado por muros de pedra, que dá acesso a uma das áreas cerimoniais do complexo sagrado da Ilha do Sol. Ao fundo se vê o lago Titicaca. O uso de dintéis monolíticos é típico da arquitetura de Tiahuanaco.

Em duas ilhas do lago Titicaca, hoje pertencentes à Bolívia, podem-se admirar os restos de complexos arquitetônicos procedentes da época incaica, mas talvez inspirados em edifícios já existentes no Horizonte Médio. O estilo, no entanto, é impregnado de elementos ornamentais parecidos com os de Tiahuanaco e presentes também em Ollantaitambo. Na Ilha do Sol, o monumento mais conhecido é o edifício denominado "Palácio de Pilco Caima". Alguns estudiosos sustentam que o edifício devia ser coroado por uma série de falsas abóbadas, que sustentariam um segundo andar. A estrutura da fachada principal é mais para rígida e simétrica. Além das portas propriamente ditas, existem grandes nichos que atuam como "portas cegas". O complexo arquitetônico de Coati se compõe de um pátio retangular, de 53 por 23 metros, rodeado de salas. Vêem-se motivos decorativos relacionados à arte de Tiahuanaco: nas fachadas que dão para o pátio, foi escavada uma seqüência repetitiva de grandes nichos no interior de vãos que alternam falsos arcos escalonados com outros de forma retangular, depois dos quais se encontram portas cegas e portas reais.

206-207. O sítio arqueológico da Ilha do Sol tem grande interesse, mas é bastante complexo no que diz respeito à sua interpretação. Na imagem é possível ver vestígios dos muros de contenção dos terraços artificiais perto do Templo do Sol.

207. Uma série de terraços e de vestígios arquitetônicos forma o vasto complexo cerimonial que se estende pelas margens acidentadas da Ilha do Sol, chamado exatamente "Templo do Sol". Na verdade, sabe-se muito pouco da exata função deste centro.

208 acima. Os grandes terraços cultiváveis, criados em forma de anfiteatro nas encostas agrestes da Ilha do Sol, lembram claramente os dos mais famosos centros incas. Provavelmente na Ilha do Sol e na Ilha de Coati os incas ergueram centros de culto a partir de estruturas já existentes, da civilização de Tiahuanaco.

208-209. Este detalhe do Templo do Sol mostra uma espécie de longo corredor, ao qual se chega através de uma série de portais com arquitraves monolíticas.

209 acima. Ainda mais enigmáticos que os da Ilha do Sol são os vestígios do chamado "Templo da Lua", espalhados pela ilha de Coati; a foto mostra a fachada de um prédio, cuja unidade arquitetônica é prejudicada pela presença de nichos e falsos arcos escalonados.

209 abaixo. As ruínas do chamado "Templo da Lua", na ilha de Coati, são muito particulares e interessantes. Uma das características desse complexo são os falsos arcos escalonados, como este, que lembram os motivos dos muros de Pumapuku, na cidade de Tiahuanaco.

CUSCO, O "UMBIGO" DO UNIVERSO

210-211. Na cidade de Cusco, o convento colonial de São Domingos foi erguido sobre o que resta dos antigos muros do Coricancha, o templo dedicado pelos incas ao Sol e aos astros. Suas salas e seus jardins, abarrotados de ouro, foram completamente saqueados pelos conquistadores. Na fotografia é possível distinguir a estrutura arredondada dos sólidos muros de pedra de andesito.

Cusco, de que atualmente não há mais que alguns restos, foi a cidade mais famosa do mundo incaico: o pequeno povoado rural, situado a 3.100 metros de altitude em uma espécie de vale rodeado de montanhas, transformou-se, em breve espaço de tempo, na capital do grande Tahuantinsuio, e adotou o papel de centro cerimonial, político e administrativo do império. A cidade de Cusco foi concebida como uma espécie de Axis Mundi, *na qual confluíam todos os caminhos. Na época da conquista, era uma cidade suntuosa, com grande quantidade de praças, de ruas pavimentadas, de elegantes palácios de pedra, e com um notável sistema de abastecimento de água. Para fazer o plano urbanístico da cidade, Pachacútec e seus sucessores se inspiraram em modelos de antigas cidades andinas, como Huari, Tiahuanaco e Chanchan. O plano de Cusco, que se estendia entre os leitos dos rios Huatanai e Tullumaio, reproduzia a forma de*

210 esquerda, acima. No convento de São Domingos foram preservadas algumas salas do Coricancha. Na imagem, um amplo aposento, com um altar de sacrifícios, em cujos muros podem ser vistos vários nichos trapezoidais.

A Iachaihuasi
B Palácio de Pachacútec
C Palácio de Inca Roca
D Huacaipata (praça principal)
E Templo de Viracocha
F Aclla Huasi (Casa das mulheres escolhidas)
G Palácio de Huaina Cápac
H Coricancha

Muralha inca

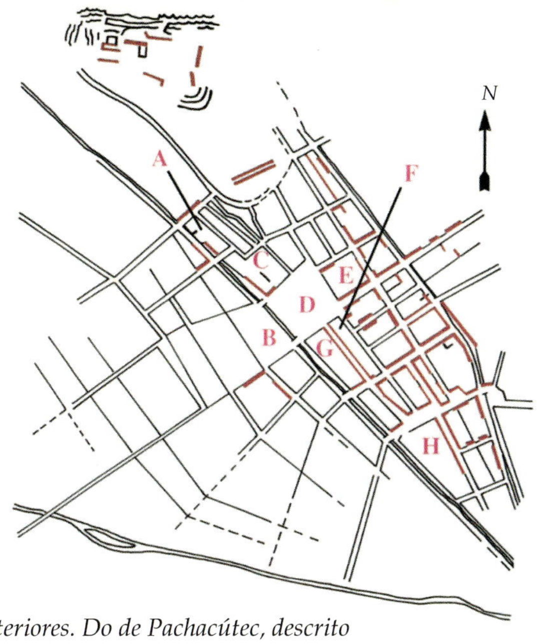

210 direita, acima. O Coricancha era dedicado ao Sol, mas também ao culto da Lua e dos astros. Na fotografia é possível ver uma parte do setor chamado "Templo das Estrelas". Originalmente, as paredes eram parcialmente cobertas de ouro.

um puma, um dos animais totêmicos das civilizações andinas.

Os cronistas espanhóis nos deixaram descrições estáticas do lugar: um lugar maravilhoso, onde os ostentosos palácios e jardins dourados não deixavam lugar à pobreza. Mas quem eram na realidade os habitantes de Cusco? Os palácios maiores, de estrutura de pedra, serviam de residência ao Sapa Inca, o "único soberano", de seus familiares, dos restos mumificados de seus antecessores e dos representantes do alto clero. O próprio Inca, considerado o descendente e a encarnação do Deus Sol, recebeu o nome de "Orelhão" dos espanhóis devido ao costume se deformar, desde a infância, os lóbulos como sinal de nobreza. O Inca e os nobres costumavam deslocar-se para as residências de verão, situadas no vale do Urubamba. Também os governadores das províncias submetidas residiam em Cusco com suas famílias: seus filhos eram educados na cidade e aprendiam quíchua, a língua da elite.

A cidade de Cusco era dividida em duas partes: a parte alta, chamada Hanan Cusco, e a baixa, conhecida como Hurin Cusco. Ambas eram formadas por uma série de canchas, *ou bairros de estrutura fechada organizados em torno de uma praça quadrangular, procedentes do império huari. O centro cerimonial era formado por uma grande praça trapezoidal, a Huacaipata, aberta pelo lado sul-ocidental e comunicada com uma praça menor, a Cusipata. Nesse grande espaço aberto eram celebradas assembléias e se desenvolviam importantes rituais. As atuais Praça de Armas e Praça Regozijo são o que resta da antiga área cerimonial. Os palácios reais, as residências da elite e os templos se agrupavam no centro de Cusco, ao redor das duas praças principais. Dali mesmo partiam os quatro grandes caminhos que se dirigiam aos quatro* suios *do império do Tahuantinsuio.*

Os cronistas contam que o Inca, no momento de se ascender ao trono, mandava erguer um novo palácio, mais suntuoso que os anteriores. Do de Pachacútec, descrito como o mais impressionante, só restam fragmentos de paredes, integradas nas salas de um restaurante. Além dos palácios reais, Cusco tinha numerosos edifícios de caráter público. Entre eles, destacavam-se o Aclla Huasi, *a "casa das mulheres escolhidas"; a "casa do saber", reservada à educação da elite; e numerosos lugares sagrados. Centenas de meninas chegavam ao* Aclla Huasi *procedentes de todo o império. Destinadas a ser servidoras do Inca e do Deus Sol, viviam encerradas ali, trabalhando e tecendo, sempre à disposição do soberano. Uma parte dos antigos muros do edifício f oi reutilizada na época colonial, e passou a fazer parte do Mosteiro de Santa Catarina, do século XVII. Em Cusco, de fato, grande quantidade de restos incaicos foi absorvida pelo tecido urbano da cidade: os restos dos muros e dos alicerces das construções de pedra construídas pelos sucessores de Pachacútec permitem ainda admirar a técnica de construção. Quase todos os palácios tinham uma estrutura retangular ou poligonal, e eram edificados com grandes blocos de pedra talhada, feitos de modo que se encaixassem perfeitamente sem argamassa.*

As crônicas nos deram a descrição do mais impressionante e ostentoso edifício sagrado: o Coricancha, ou "jardim de ouro", um templo dedicado ao culto de todos os deuses e de todos os astros, situado na parte baixa, o Hurin Cusco. Segundo a tradição, foi construído por ordem de Pachacútec depois da reconstrução de Cusco. O nome procede da união de duas palavras quíchuaa: cori *(ouro) e* cancha *(recinto amuralhado).*

Os muros do templo, de fato, eram cobertos de lâminas de ouro, enquanto na parte interior se encontrava um jardim adornado de estátuas, plantas e animais também de ouro. O edifício foi desmantelado e perdeu todos os seus tesouros pelas mãos dos homens de Pizarro, em 1534. Sobre seus alicerces foi construído o convento de São Domingos.

211 acima. Algumas ruas da moderna cidade de Cusco passam ao lado de prédios construídos sobre muros da época inca. Assim, ainda hoje é possível admirar a surpreendente mestria com que eram encaixados uns nos outros os gigantescos blocos.

211 abaixo. A imagem mostra a famosa "pedra de doze ângulos", encaixada em um dos muros de Cusco que sobreviveram à destruição da época colonial. O grande bloco, cortado e polido, foi perfeitamente encaixado nos outros sem argamassa, com uma técnica que os canteiros incas tinham aprendido com os povos da região do lago Titicaca.

SACSAIHUAMAN, A FORTALEZA INÚTIL

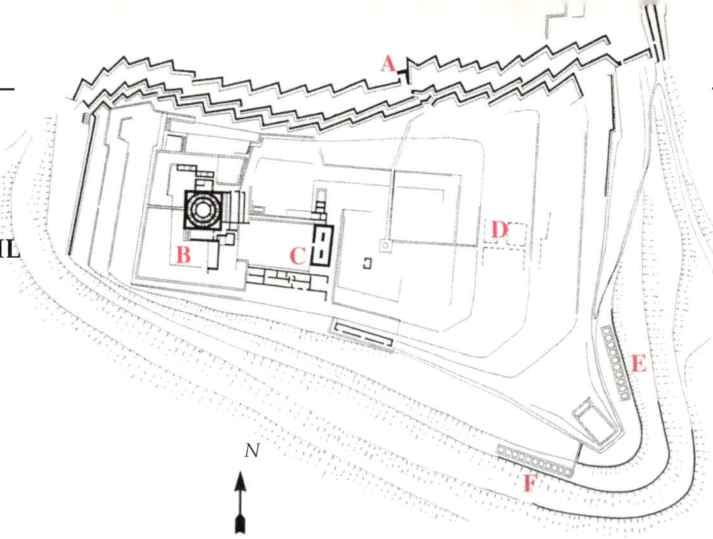

A Porta principal de Tiupuncu
B Torreão de Muyucmarca (Qollqa)
C Torreão de Sallacmarca
D Torreão de Paucarmarca
E Armazéns
F Armazéns

214. Estes graciosos ídolos femininos de prata, tipicamente incas, provêm do templo-fortaleza de Sacsaihuaman. São provavelmente oferendas votivas colocadas no local sagrado em alguma cerimônia.

214-215. A tripla muralha de Sacsaihuaman, de estrutura impressionante, corta o céu azul-cobalto perto da cidade de Cusco. A estrutura fortificada dá a esse lugar uma aparência defensiva, embora provavelmente fosse um antiqüíssimo local de culto.

Cusco, diferentemente de tantas outras cidades incaicas, não tinha uma estrutura de centro fortificado: nunca se construiu uma muralha que separasse o centro urbano do campo. No entanto, a poucos quilômetros da cidade, eleva-se uma estrutura megalítica que até poucos anos atrás era considerada uma fortaleza, embora recentemente se tenham formulado hipóteses diversas quanto à função da construção. A "fortaleza" de Sacsaihuaman, que domina a cidade de Cusco com suas dimensões impressionantes, provavelmente foi edificada pelos incas sobre os restos de uma

210 esquerda, acima. No convento de São Domingos foram preservadas algumas salas do Coricancha. Na imagem, um amplo aposento, com um altar de sacrifícios, em cujos muros podem ser vistos vários nichos trapezoidais.

A Iachaihuasi
B Palácio de Pachacútec
C Palácio de Inca Roca
D Huacaipata (praça principal)
E Templo de Viracocha
F Aclla Huasi (Casa das mulheres escolhidas)
G Palácio de Huaina Cápac
H Coricancha

Muralha inca

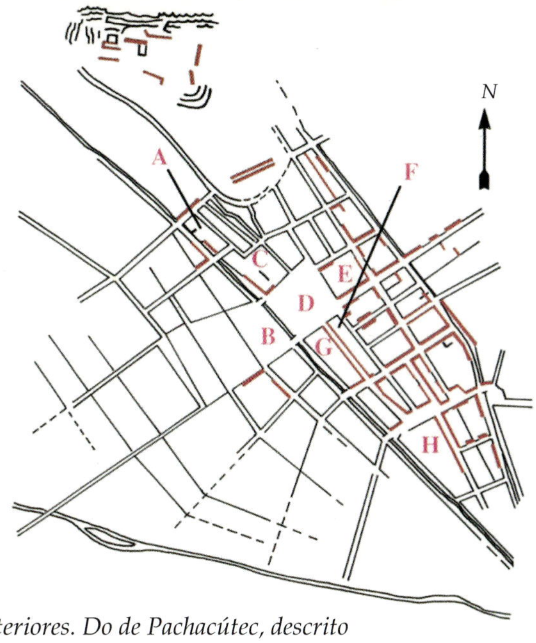

um puma, um dos animais totêmicos das civilizações andinas.
Os cronistas espanhóis nos deixaram descrições estáticas do lugar: um lugar maravilhoso, onde os ostentosos palácios e jardins dourados não deixavam lugar à pobreza. Mas quem eram na realidade os habitantes de Cusco? Os palácios maiores, de estrutura de pedra, serviam de residência ao Sapa Inca, o "único soberano", de seus familiares, dos restos mumificados de seus antecessores e dos representantes do alto clero. O próprio Inca, considerado o descendente e a encarnação do Deus Sol, recebeu o nome de "Orelhão" dos espanhóis devido ao costume se deformar, desde a infância, os lóbulos como sinal de nobreza.
O Inca e os nobres costumavam deslocar-se para as residências de verão, situadas no vale do Urubamba. Também os governadores das províncias submetidas residiam em Cusco com suas famílias: seus filhos eram educados na cidade e aprendiam quíchua, a língua da elite.
A cidade de Cusco era dividida em duas partes: a parte alta, chamada Hanan Cusco, e a baixa, conhecida como Hurin Cusco. Ambas eram formadas por uma série de canchas, *ou bairros de estrutura fechada organizados em torno de uma praça quadrangular, procedentes do império huari.*
O centro cerimonial era formado por uma grande praça trapezoidal, a Huacaipata, aberta pelo lado sul-ocidental e comunicada com uma praça menor, a Cusipata. Nesse grande espaço aberto eram celebradas assembléias e se desenvolviam importantes rituais. As atuais Praça de Armas e Praça Regozijo são o que resta da antiga área cerimonial. Os palácios reais, as residências da elite e os templos se agrupavam no centro de Cusco, ao redor das duas praças principais. Dali mesmo partiam os quatro grandes caminhos que se dirigiam aos quatro suios *do império do Tahuantinsuio.*
Os cronistas contam que o Inca, no momento de se ascender ao trono, mandava erguer um novo palácio, mais suntuoso que os anteriores. Do de Pachacútec, descrito como o mais impressionante, só restam fragmentos de paredes, integradas nas salas de um restaurante. Além dos palácios reais, Cusco tinha numerosos edifícios de caráter público. Entre eles, destacavam-se o Aclla Huasi, *a "casa das mulheres escolhidas"; a "casa do saber", reservada à educação da elite; e numerosos lugares sagrados.*
Centenas de meninas chegavam ao Aclla Huasi *procedentes de todo o império. Destinadas a ser servidoras do Inca e do Deus Sol, viviam encerradas ali, trabalhando e tecendo, sempre à disposição do soberano. Uma parte dos antigos muros do edifício f oi reutilizada na época colonial, e passou a fazer parte do Mosteiro de Santa Catarina, do século XVII. Em Cusco, de fato, grande quantidade de restos incaicos foi absorvida pelo tecido urbano da cidade: os restos dos muros e dos alicerces das construções de pedra construídas pelos sucessores de Pachacútec permitem ainda admirar a técnica de construção. Quase todos os palácios tinham uma estrutura retangular ou poligonal, e eram edificados com grandes blocos de pedra talhada, feitos de modo que se encaixassem perfeitamente sem argamassa.*
As crônicas nos deram a descrição do mais impressionante e ostentoso edifício sagrado: o Coricancha, ou "jardim de ouro", um templo dedicado ao culto de todos os deuses e de todos os astros, situado na parte baixa, o Hurin Cusco. Segundo a tradição, foi construído por ordem de Pachacútec depois da reconstrução de Cusco. O nome procede da união de duas palavras quíchuaa: cori *(ouro) e* cancha *(recinto amuralhado).*
Os muros do templo, de fato, eram cobertos de lâminas de ouro, enquanto na parte interior se encontrava um jardim adornado de estátuas, plantas e animais também de ouro. O edifício foi desmantelado e perdeu todos os seus tesouros pelas mãos dos homens de Pizarro, em 1534. Sobre seus alicerces foi construído o convento de São Domingos.

210 direita, acima. O Coricancha era dedicado ao Sol, mas também ao culto da Lua e dos astros. Na fotografia é possível ver uma parte do setor chamado "Templo das Estrelas". Originalmente, as paredes eram parcialmente cobertas de ouro.

211 acima. Algumas ruas da moderna cidade de Cusco passam ao lado de prédios construídos sobre muros da época inca. Assim, ainda hoje é possível admirar a surpreendente mestria com que eram encaixados uns nos outros os gigantescos blocos.

211 abaixo. A imagem mostra a famosa "pedra de doze ângulos", encaixada em um dos muros de Cusco que sobreviveram à destruição da época colonial. O grande bloco, cortado e polido, foi perfeitamente encaixado nos outros sem argamassa, com uma técnica que os canteiros incas tinham aprendido com os povos da região do lago Titicaca.

212-213. Muito pouco restou da antiga Cusco, centro vital do Tahuantinsuio: a parede curva do Coricancha (na extrema direita no desenho), em contato com a igreja de São Domingos, alguns trechos de muros nas ruas do centro e as imponentes ruínas da fortaleza de Sacsaihuaman (à esquerda). Até as descrições da época da conquista, embora pitorescas, são pobres em elementos documentais. Sabemos, porém, que as ruas eram estreitas e retilíneas, que as casas eram feitas de alvenaria e cobertas por tetos regulares de duas águas muito altos e feitos de palha, e que as paredes do Coricancha – o mais sagrado dos locais dos incas – eram cobertas de ouro puro. O traçado urbanístico era delimitado por dois rios, cujos leitos tinham sido cobertos de pedras para que a água fosse sempre limpa. No centro da cidade, havia uma enorme praça, a Huacaipata, onde eram celebradas as principais cerimônias.

SACSAIHUAMAN, A FORTALEZA INÚTIL

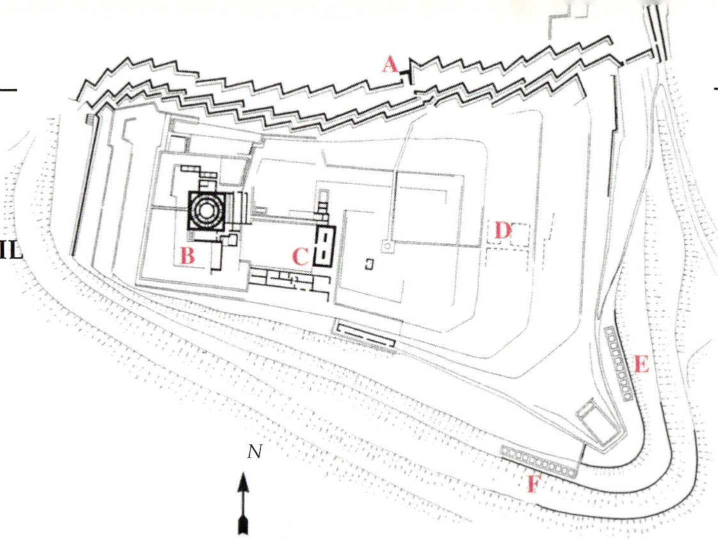

A Porta principal de Tiupuncu
B Torreão de Muyucmarca (Qollqa)
C Torreão de Sallacmarca
D Torreão de Paucarmarca
E Armazéns
F Armazéns

214. Estes graciosos ídolos femininos de prata, tipicamente incas, provêm do templo-fortaleza de Sacsaihuaman. São provavelmente oferendas votivas colocadas no local sagrado em alguma cerimônia.

214-215. A tripla muralha de Sacsaihuaman, de estrutura impressionante, corta o céu azul-cobalto perto da cidade de Cusco. A estrutura fortificada dá a esse lugar uma aparência defensiva, embora provavelmente fosse um antiqüíssimo local de culto.

Cusco, diferentemente de tantas outras cidades incaicas, não tinha uma estrutura de centro fortificado: nunca se construiu uma muralha que separasse o centro urbano do campo. No entanto, a poucos quilômetros da cidade, eleva-se uma estrutura megalítica que até poucos anos atrás era considerada uma fortaleza, embora recentemente se tenham formulado hipóteses diversas quanto à função da construção. A "fortaleza" de Sacsaihuaman, que domina a cidade de Cusco com suas dimensões impressionantes, provavelmente foi edificada pelos incas sobre os restos de uma

215 acima.
O templo-fortaleza de Sacsaihuaman impressiona pela estrutura megalítica de seus muros e do que resta de sua estrutura. Neste caso, como em Cusco e outros centros do Tahuantinsuio, para realizar obras arquitetônicas desse tipo foram utilizados blocos gigantescos e pesadíssimos, que eram talhados e se ajustavam perfeitamente.

215 abaixo. Na fotografia é possível ver uma das grandes portas de acesso da muralha de Sacsaihuaman; à direita, pode-se ver o perfil arredondado do muro, especialidade arquitetônica dos construtores incas.

construção gigantesca muito mais antiga, cuja origem é desconhecida. Sobre três plataformas sobrepostas, que alcançam uma altura total de 18 metros, levanta-se uma tripla muralha dentada, formada por enormes blocos de granito. Um deles, de cerca de 8 metros de altura, pesa 360 toneladas. O complexo, a que se chega através de portas dispostas em ziguezague coroadas por umbrais monolíticos, apresenta, à primeira vista, o aspecto de uma estrutura defensiva e inexpugnável. No entanto, junto aos muros se encontram as ruínas de três edifícios misteriosos, de estrutura circular e retangular, que não têm nada a ver com uma possível função "militar". Segundo o testemunho de alguns cronistas, existiria um templo dedicado a Inti, o Deus Sol, no centro de Sacsaihuaman. Talvez não se tratasse de uma verdadeira fortaleza, mas de um antigo lugar

de culto ou de um complexo cerimonial ao qual foi anexado na época incaica a tripla muralha defensiva. Alguns estudiosos formularam uma hipótese segundo a qual Sacsaihuaman seria, na verdade, um observatório astronômico inexpugnável, ao qual se permitiria acesso unicamente ao Inca e a uma restrita casta de sacerdotes-astrônomos.

O mistério ainda cerca esse lugar fascinante, que impressiona inevitavelmente devido à imponência de suas estruturas e do material empregado. Há quem afirme que os gigantescos blocos usados em Sacsaihuaman foram transportados da pedreira de Huacaipata, que fica a centenas de metros do lugar. Um amplo espaço plano separa a "fortaleza" de outro monumento de notável interesse: uma escadaria talhada em uma saliência de rocha vulcânica, denominada "o Trono do Inca". Segundo os cronistas espanhóis, os incas a consideravam um ushnu, isto é, uma espécie de altar sagrado. Esta palavra quíchua era usada para denominar as rochas naturais de forma ou dimensões particulares, espalhadas um pouco por todas as partes, e que eram talhadas ou perfuradas, provavelmente para a sua utilização como tronos ou altares de sacrifícios.

216-217. Na imagem é possível ver a estrutura em ziguezague dos bastiões murados que cercam as três plataformas de Sacsaihuaman; sobre as plataformas, que se estreitam gradualmente, há ruínas de torreões, talvez torres de guarda ou, mais provavelmente, observatórios astronômicos.

216 esquerda, abaixo. Ao ver de perto os muros de Sacsaihuaman, o visitante se impressiona com a solidez da estrutura, que dá a ele a aparência de fortificação. No seu interior, porém, os prédios fazem pensar que o lugar foi utilizado como observatório para adorar o Sol e as estrelas.

216 direita, abaixo. O imponente portal que é o acesso principal à fortaleza, coroado com um dintel megalítico, lembra a Porta do Sol e outras parecidas, presentes no sítio de Tiahuanaco.

217. Em frente ao templo-fortaleza, há um local onde foram feitos diversos degraus na rocha: é o chamado "Trono do Inca", embora muitos suponham que mais provavelmente se trate de uma espécie de altar cerimonial.

QUENCO, UNIVERSO DE PEDRA

218 acima. O sítio de Quenco é um excelente exemplo de arquitetura e escultura integradas na rocha viva: a foto mostra duas escadarias que formam o "Trono do Inca", cuja verdadeira função ainda é desconhecida.

218 abaixo. Nessa fotografia panorâmica de Quenco, é possível ver o canal em ziguezague que antigamente desembocava em uma espécie de depósito de pedra situado junto a um precipício. Aqui, como em Tambomachai, era provavelmente praticado o culto da água e das fontes.

O sítio de Quenco fica no alto de uma colina chamada Socorro. Tudo neste lugar tão sugestivo indica que pode ter sido um lugar de culto. O nome deriva de Q'enqo, a "linha em forma de caracol", e se refere à grande rocha lavrada, um dos elementos característicos do lugar. Sua superfície arredondada é completamente coberta de degraus talhados, motivos em disposição radial, figuras esculpidas e uma série de canais que se unem e se separam segundo um traçado misterioso.

À primeira vista, o encontro com a rocha dá a impressão de uma irregularidade natural, idéia que perde validade assim que se observa o conjunto com atenção. Em cima da rocha se encontra uma pequena caverna, trabalhado no interior e usada pelos incas como santuário para rituais sagrados. Na parte setentrional do lugar, pode-se admirar o denominado "anfiteatro", uma espécie de pátio de forma elíptica, que talvez tivesse um significado astronômico preciso, rodeado por um muro que originalmente apresentava 19 abóbadas, muitas das quais estão hoje em dia destruídas.

O muro é formado por pedras talhadas muito regulares e por pedras lavradas. No centro do pátio, levanta-se um monólito rochoso de quase seis metros de altura e rodeado por um muro. Sua forma particular, que recorda a silhueta de um felino projetado, é responsável por seu nome, "Puma sentado".

Nesse lugar, talvez com maior intensidade que em Tambomachai, percebe-se a sacralidade do entorno: a pedra lavrada com símbolos misteriosos, o grande monólito e o pátio fazem pensar inevitavelmente em cultos estelares, relacionados aos ciclos das estações e do Sol. Talvez, mais uma vez, os incas tenham retomado rituais de origens antiqüíssimas, nascidos no seio de civilizações de que herdaram credos e conhecimentos.

218-219. *O aspecto mais curioso do sítio de Quenco é a presença de um local de culto em que um monólito, cuja forma lembra um felino agachado, se ergue cercado de um recinto circular de pedra.*

219 *acima. Em Quenco, no interior de uma caverna transformada em sala cerimonial e local de culto, encontra-se uma mesa de pedra, visível na fotografia, provavelmente utilizada como altar.*

220 abaixo. *Um dos elementos peculiares do sítio de Tambomachai é o Banho do Inca, que consiste em dois canais artificiais, talvez utilizados antigamente para conduzir águas termais.*

225 acima. Entre as estruturas mais importantes e mais bem conservadas de Pachacámac, está o Templo do Sol, reproduzido na fotografia. Trata-se de uma pirâmide de terraços de 40 metros de altura. Tanto as paredes de adobe quanto a plataforma de pedra sobre o qual o templo se apóia eram originalmente decoradas com tinta vermelha, da qual restam apenas vestígios.

OLLANTAITAMBO, TEMPLOS E TERRAÇOS

226 acima. Neste fragmento do complexo de Ollantaitambo, destacam-se, além dos terraços, alguns nichos trapezoidais típicos da arquitetura inca. Não está claro se são uma exigência técnica ou uma escolha estética.

226 abaixo. Também não faltam em Ollantaitambo fontes de pedra. Os incas provavelmente pensavam que os lugares onde estavam eram impregnados de caráter sagrado, e por isso construíam ao seu redor estruturas de pedra de caráter ritual.

Sacsaihuaman não é o único lugar fortificado de estrutura megalítica da região de Cusco; existem outros centros do mesmo tipo, cuja arquitetura e cujo significado se apresentam ao visitante rodeados de enigmas e mistério. Um dos mais famosos é Ollantaitambo, situado num planalto na boca do denominado "Vale Sagrado", a algumas dezenas de quilômetros de Cusco. Os cronistas contam que Ollantaitambo, junto a Písac, era um dos lugares estratégicos que permitiam a vigilância dos caminhos mais importantes que levavam a Cusco. A parte baixa do centro, a cerca de 3.000 metros de altura, compreende os restos de um aglomerado urbano de época incaica, sobre os quais se ergue o centro urbano moderno.
A cidade incaica era organizada segundo os cânones observados em Cusco e em outros lugares. Baseava-se num plano trapezoidal dividido rigidamente em canchas *contíguas, que ocupavam uma enorme área plana situada em ambas as margens do rio Patacancha, afluente do Urubamba. Ainda se pode distinguir o traçado das antigas ruas e os pontos de interseção em ângulo reto; em algumas zonas estas eram*

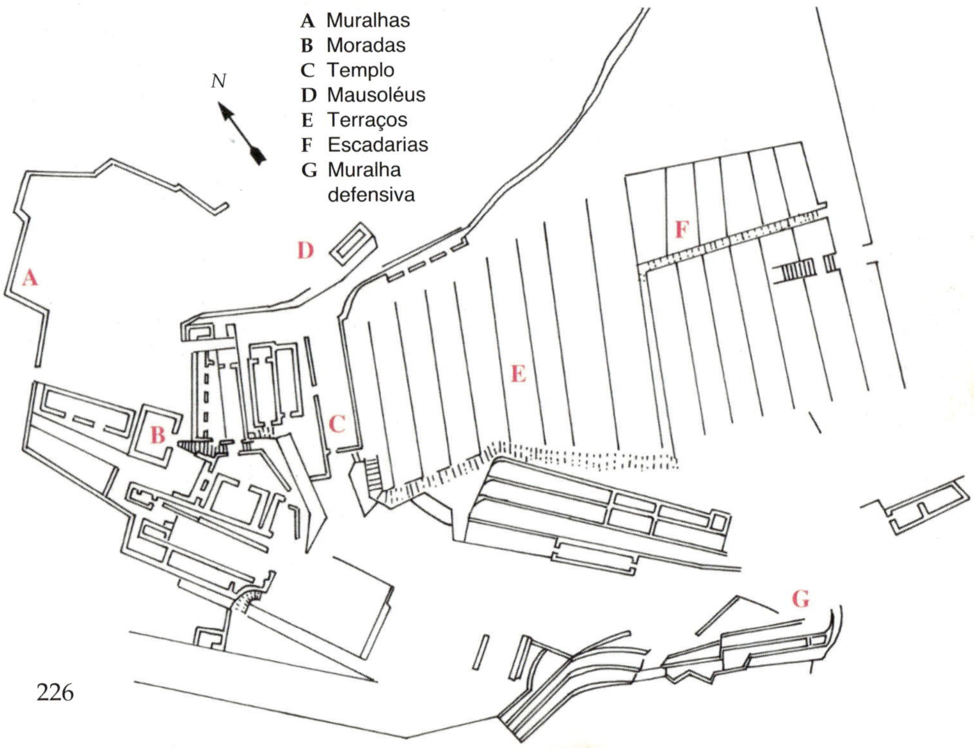

226-227. Em primeiro plano podem ser vistas as bases de pedra de antigos templos; ao fundo aparecem os terraços agrícolas feitos na encosta da montanha.

227 esquerda, abaixo. Apesar de seu aspecto fortificado, as ruínas de Ollantaitambo pertenciam, segundo alguns estudiosos, a um grande templo, situado junto a um núcleo de moradas, talvez residência periférica e centro administrativo dos últimos incas.

227 direita, abaixo. Na imagem, uma visão do Setor das Fontes, talvez antigo local consagrado ao culto das águas.

228 acima. Diversos canais, depósitos e escadarias cavados na rocha formam o conjunto de ruínas da época inca conhecido como "Banho do Inca". Segundo alguns estudiosos, era um centro de águas termais; segundo outros, um lugar sagrado dedicado a cultos ancestrais das fontes.

228 abaixo. Junto aos vestígios do centro cerimonial fortificado de Ollantaitambo, há outras estruturas interessantes, entre as quais podemos citar o "Banho do Inca", visto na fotografia. Ele lembra muito o de mesmo nome do sítio de Quenco.

228-229. Nas encostas agrestes do sítio de Ollantaitambo, há grandes terraços cultiváveis; a subida até o alto é possível por intermédio de escadas de pedra muito íngremes. Os incas desenvolveram em todo o seu território o sistema de cultivo em terraços, seguindo um modelo herdado de civilizações muito mais antigas.

interrompidas por imponentes portas que davam acesso a enormes praças, chamadas canchones *na língua local. Supõe-se que no centro urbano de Ollantaitambo vivessem cerca de 1.000 pessoas e que ele servia de residência secundária do Inca e da classe dirigente, e de centro administrativo. Na margem oposta do rio, pelos declives e até o topo de uma saliência rochosa, erguem-se, com um ar quase ameaçador, os restos de um complexo arquitetônico colossal, cuja construção provavelmente nunca terminou. A subida até a parte alta do sítio arqueológico é feita por uma escadaria de pedra muito longa, construída na encosta, que apresenta 17 terraços. A presença de muralhas de contenção faz pensar que os terraços eram de uso agrícola, hipótese confirmada pelas descrições dos espanhóis, nas quais se conta que neles eram cultivadas esplêndidas flores de todas as cores, com finalidade meramente ornamental.*

No alto dos terraços, deixando para trás algumas áreas amuralhadas, caminhos e escadarias, encontram-se as ruínas mais impressionantes e estranhas do lugar, as quais, ao que parece, faziam parte de estruturas arquitetônicas inacabadas. Entre elas, destaca-se o complexo chamado "Templo do Sol", embora, na verdade, ninguém saiba a finalidade com que foi projetado e edificado. O que resta do templo é uma enorme parede formada por seis monólitos de pórfiro vermelho, de mais de quatro metros de altura e unidos entre si por finíssimas lâminas verticais do mesmo material. A fachada dos monólitos apresenta estranhas protuberâncias de significado incerto; na central, contudo, pode-se distinguir um baixo-relevo que representa uma imagem muito parecida com a encontrada nos monólitos de Tiahuanaco. Este elemento representa talvez a última mostra de uma estreita relação entre as expressões artísticas e as raízes culturais da civilização inca e da que viveu nas margens do lago Titicaca. Os estudiosos consideram que a pedreira da qual procediam as pedras utilizadas em Ollantaitambo se encontrava na margem oposta do rio, a sete quilômetros de distância, o que requeria uma técnica de transporte muito engenhosa, já que era necessário empurrar os grandes blocos através do rio, para arrastá-lo encosta abaixo e para cima pelas inclinadas montanhas. Esta é somente uma das dificuldades que apresenta tanto o templo megalítico de Ollantaitambo como outras estranhas estruturas que o rodeiam. Segundo a opinião de muitos, também aqui, como em Sacsaihuaman, os incas cercaram de muralhas e terraços um antigo lugar sagrado, talvez usado como observatório astronômico e relacionado a cultos astrais. É provável que a construção dos muros estivesse ainda na metade quando chegaram os europeus, razão pela qual foi interrompida para sempre. Alguns cronistas deixaram testemunhos bastante

229 esquerda, acima. O setor cerimonial de Ollantaitambo compreende, entre as ruínas de muitos prédios, os imponentes vestígios do chamado "Templo do Sol". A complexidade e a grandiosidade do sítio tornam muito difícil qualquer interpretação.

229 direita, acima. Na fortaleza de Ollantaitambo, além do "Banho do Inca", há outras ruínas, situadas em um local muito especial, e chamadas "O banho da Nusta", que significa "o banho da princesa". Trata-se de uma grande fonte cavada em um único bloco de pedra de 1,20 metro de altura, decorada com uma cornija talhada na pedra.

230 esquerda, acima.
Os grandes terraços agrícolas de Ollantaitambo são atravessados por escadarias íngremes e estreitas, que permitem chegar ao cume.

230 direita, acima.
Perspectiva da grande muralha que cerca o Templo de Ollantaitambo. É possível ver os blocos, perfeitamente ajustados uns aos outros, com os típicos nichos trapezoidais.

230-231. Subindo as escadas que atravessam a encosta escarpada, é possível chegar às ruínas de estruturas e portais enigmáticos que originalmente compunham o centro cerimonial de Ollantaitambo, as quais podem ser vistos na imagem.

curiosos com relação a possíveis interpretações sobre esse lugar que provavelmente tenham razão em parte. Segundo Garcilaso, o lugar tinha poderes mágicos e religiosos, razão pela qual se enterravam ali as vísceras dos soberanos mortos no momento da mumificação, e se conservavam estátuas de ouro com a imagem dos defuntos. Cobo conta, por sua vez, que das rochas desse lugar sagrado eram atiradas ao rio as cinzas dos sacrifícios, porque Viracocha queria que chegassem ao mar sem contaminar a terra. Ollantaitambo foi também o palco de um importante episódio bélico contra os conquistadores: Manco Inca, em uma tentativa de reconquistar o poder em 1536, depois de sitiar a cidade de Cusco, alcançou, junto aos muros do "Templo fortificado", uma notável vitória sobre as tropas de Francisco Pizarro. Muito perto de Ollantaitambo se encontram outros importantes monumentos incaicos que confirmam o papel da talha e do lavrado

231 esquerda.
Esta porta trapezoidal, entre impressionantes blocos gigantescos, dá acesso às ruínas do centro cerimonial do local. Acredita-se que os operários que participaram da construção desse local retiraram a pedra de uma pedreira localizada no outro lado do vale.

231 direita, acima.
Em Ollantaitambo é possível admirar, pendurados na escarpada encosta rochosa e colados um ao outro, os chamados "armazéns". São construções alongadas, dotadas de muitas janelas e originalmente com teto. Acredita-se que serviam de depósitos de mercadorias.

231 direita, abaixo.
Outro detalhe da parede do Templo mostra os famosos "nichos", também característicos do estilo inca.

232 esquerda, acima. O mais alto dos monólitos de granito rosa que formam a gigantesca parede do Templo do Sol mede 4 metros de altura e 2 de largura. Talvez a estrutura original tivesse o aspecto de uma muralha gigantesca, destinada aos cultos solares.

232 direita, acima. Os muros defensivos de Ollantaitambo, em grande parte derrubados, erguem-se na borda superior em que foi construído o centro cerimonial; sua presença levou vários estudiosos a considerar o lugar uma fortaleza.

232-233. A fotografia oferece uma perspectiva dos imponentes muros defensivos de Ollantaitambo, dotados de pequenas janelas, atualmente em péssimo estado de conservação. Imagina-se que a fortaleza, talvez erguida com objetivos defensivos para proteger as residências e os templos do Inca de ataques inimigos, estivesse incompleta no momento da conquista.

da pedra como parte da expressão artística e ritual própria dessa civilização. Entre os mais importantes, podem ser mencionados o Intihuatana, com nichos trapezoidais que provavelmente foram utilizados para observar o sol, e o "Banho da princesa", uma fonte escavada em um único grande bloco lítico decorado com uma cornija talhada na pedra. Também é bastante curiosa a construção denominada "A Forca", uma espécie de pequena torre quadrangular construída à beira de um precipício.

233 acima. Esta imagem impressionante mostra os gigantescos monólitos de granito rosa, únicos vestígios do Templo do Sol de Ollantaitambo, que se elevam contra a massa escura, quase ameaçadora, da montanha.

233 abaixo. A imagem mostra a parte superior do Templo Principal de Ollantaitambo, outra obra monumental que fazia parte do antigo centro cerimonial.

A Rua Pata
B Rua Chaupi
C Rua Horno
D Rua Laris
E Praça de Armas
F Rio Patacancha

1 Rua primeira
2 Rua segunda
3 Rua terceira
4 Rua quinta
5 Rua sexta
6 Rua sétima

234-235 A disposição ordenada dos prédios em canchas *resulta da adaptação do antigo esquema urbano da época huari, originalmente concebido com finalidade defensiva e posteriormente utilizado pelos arquitetos incas para delimitar as estruturas habitacionais e produtivas.*

A ilustração oferece uma imagem da aparência que devia ter a zona residencial de Ollantaitambo na época da conquista: algumas centenas de pessoas viviam e trabalhavam nos diversos recintos cercados de sólidos muros de pedra, que formavam unidades praticamente auto-suficientes.

236 acima. A fotografia mostra algumas das principais e mais bem conservadas estruturas de Písac, consideradas pelos arqueólogos um complexo de cunho cerimonial. Acredita-se que o caráter sagrado do local tinha relação com cultos ao Sol, e que eram celebrados rituais e cerimônias junto ao Intihuatana, a agulha monolítica do relógio de sol onde, segundo a tradição andina, "o Sol fica preso".

236-237. Uma excepcional qualidade técnica, talvez superior à de outros centros incas, caracteriza a arquitetura de Písac. A fotografia mostra as ruínas arqueológicas, situadas a mais de 3.300 metros de altitude, a quase quatro quilômetros da cidade atual.

PÍSAC, A FORTALEZA DO INTIHUATANA

Como Ollantaitambo, o sítio de Písac provoca no visitante uma sensação de grande espanto, por causa de sua imponência, mas também da mestria e do refinamento da técnica empregada em sua construção. Os restos desse lugar são considerados o exemplar mais perfeito de arquitetura incaica. A área arqueológica de Písac se estende ao longo do denominado "Vale Sagrado dos Incas".
A atual cidade de Písac, que abriga um importante mercado, fica a cerca de quatro quilômetros do antigo complexo, que se encontra na margem oposta do rio Vilcanota, sobre cumes rochosos e a 3.300 m de altitude. O centro compreende, em primeiro lugar, uma série de impressionantes "plataformas", terraços artificiais cavados na encosta da parede montanhosa, apoiados em muros de pedra.
Como em Machu Picchu e em Ollantaitambo, as plataformas de Písac também foram construídas para seu aproveitamento agrícola. A extraordinária "cidade" ou "centro cerimonial" compõe-se de numerosos grupos de edifícios, cuja função é, uma vez mais, difícil de precisar. Como acontece em Ollantaitambo e em Sacsaihuaman, o aspecto militar e o aspecto religioso presentes nas estruturas arquitetônicas são muito unidos e em muitos casos são inseparáveis um do outro. Na década de 1970, alguns estudiosos peruanos analisaram o que se pode considerar como o conjunto mais majestoso e impressionante de ruínas de Písac: o setor de Intihuatana, palavra que significa, como já dissemos, "Lugar onde fica amarrado o sol". O lugar é organizado segundo um esquema bastante rígido, típico da urbanística incaica, e compreende edifícios de representação, templos, armazéns, fortalezas, observatórios, ruas, paisagens, túneis e caminhos.

237 acima
A elegância característica do estilo arquitetônico dos muros e dos prédios de Písac fica clara quando se observa o detalhe deste muro, formado por blocos paralelepipedais perfeitamente talhados, no qual se abre uma porta trapezoidal coroada por um dintel monolítico.

237 abaixo
Muros imponentes interrompidos por portas e nichos trapezoidais cercam o bairro de Intihuatana, um dos mais significativos de Písac. Como em Ollantaitambo e Sacsaihuaman, o aspecto fortificado que caracteriza o lugar não se relaciona com uma função militar, mas com a defesa de um importante centro cerimonial dedicado ao culto do Sol.

238 acima. Também em Písac as encostas estão cobertas de amplos terraços destinados à agricultura, em muitos casos dispostos em forma de anfiteatro, como se observa nessa extraordinária fotografia panorâmica.

O nome do "setor" ou "bairro", como alguns preferem defini-lo, origina-se do edifício mais elegante, situado no cume, construído de sólido granito de cor rosada, ao redor de um grande monólito chamado precisamente de "Intihuatana", e cuja presença nos permite pensar que o lugar podia ser o centro de um importante culto solar.

Junto ao monólito, os restos dos edifícios mais bem conservados se caracterizam pela presença de janelas trapezoidais e mais estreitas na parte superior, típicas da arquitetura incaica.

238-239. Esta imagem mostra o impressionante complexo de ruínas que originalmente era uma grande área cerimonial da cidade de Písac. Além das estruturas com função cerimonial, o sítio arqueológico compreende numerosos palácios, terraços, fortins, depósitos e passagens, caracterizados por elementos tradicionais da arquitetura inca.

O setor de Písac que se encontra abaixo do Intihuatana fica na encosta oriental da montanha, e apresenta notável interesse. Nele se encontram os restos de numerosas residências; o conjunto "urbanístico" é formado por trinta pequenos recintos amuralhados separados entre si, agrupados em duas estruturas concêntricas ao redor de uma área semicircular, seguindo harmonicamente a configuração sinuosa do terreno. O nome deste sítio dá nome ao conjunto da área arqueológica.

239. Os muros e os enormes bastiões que caracterizam as ruínas de Písac encarnam, como em Ollantaitambo e Sacsaihuaman, uma fusão complexa e enigmática entre o elemento religioso e cerimonial e o militar-defensivo.

240 acima.
A imagem mostra uma perspectiva da muralha defensiva do centro de Písac, com muitos nichos e decorada com elementos arquitetônicos parecidos com as ameias das fortalezas européias. Ao fundo, as montanhas dos Andes aparecem recortadas contra o céu azul-cobalto.

240 centro.
Entre os vários núcleos de ruínas que formam o sítio arqueológico de Písac, o mais importante é o composto pela área cerimonial, o "Setor de Intihuatana", onde se localizam as ruínas dos prédios usados como templos. Os estudiosos ainda não sabem explicar a habilidade técnica utilizada para o transporte e a produção dos gigantescos blocos de granito usados na construção.

240 abaixo.
Os sólidos muros do sítio de Písac, formados por grandes blocos perfeitamente talhados e ajustados uns aos outros, às vezes são interrompidos por torreões de base elíptica, como o da imagem.

240-241. Escadarias, passagens e torreões circulares caracterizam a zona cerimonial de Písac, chamada "Setor de Intihuatana". Os incas provavelmente praticavam ali cultos solares de origem remota.

241 acima. As portas e os nichos de forma trapezoidal, como aparecem nesta estrutura do sítio de Písac, são uma característica comum a todos os centros incas, incluindo os postos avançados mais distantes de Cusco, como Tambo Colorado.

RAQCHI,
MORADA DE VIRACOCHA

242 acima. O misterioso sítio de Raqchi localiza-se em uma região ao sul da cidade de Cusco; ao seu redor se encontra um grande volume de material vulcânico, utilizado na época inca para construir os prédios de um imponente centro cerimonial, cujas ruínas principais podem ser vistas na fotografia.

242 abaixo. O setor centro-leste do complexo arquitetônico chamado "Templo de Viracocha" é composto de uma espécie de bairro de moradias organizado de acordo com o sistema de canchas, que pode ser visto nos mais importantes centros incas. Junto às casas de planta quadrada, foram identificadas diversas estruturas circulares, de aproximadamente oito metros de diâmetro, provavelmente usadas como depósitos.

No sítio de Raqchi, situado na província de Canchis, encontram-se os restos de um notável complexo arqueológico denominado "Templo de Viracocha", nome tomado do monumento de maior relevância do lugar. O sítio, que alguns cronistas mencionaram, foi explorado pela primeira vez por alguns viajantes no século XIX.

A tradição conta que o templo foi construído em honra do sumo Deus criador, Viracocha, embora na verdade ninguém conheça o culto e as divindades que eram veneradas neste imponente santuário, ao redor do qual se encontram os restos de outras construções, de caráter civil. Alguns estudiosos supõem, pelo tipo de estrutura que apresentam, que se tratava de casernas e depósitos de abastecimento. O conjunto era cercado por muralhas e fortificações. Aos olhos do visitante, o templo aparece como algo realmente impressionante, em particular a grande muralha que domina um enorme terreno plano e o que resta das imponentes colunas. A planta arquitetônica lembra a de outros importantes edifícios da época incaica de sítios da região de Cusco, como Ollantaitambo e Machu Picchu: a parede central, que mede 90 metros de comprimento e 12 de altura, apresenta na parte superior o ponto mais alto do telhado. O telhado foi, por certo tempo, coberto de palha, e hoje é completamente inexistente.

Em seu lugar, foi instalada uma reconstrução para a proteção do edifício. Das antigas colunas, resta uma e alguns fragmentos de outras que, como a parede central, assentavam numa base de pedra. Os alicerces sobre os quais se ergue a parede do templo são, na verdade, blocos de pedra vulcânica, trabalhada e polida com mestria, de cerca de 3 metros altura. A superfície mostra restos de abóbadas aqui e ali, dos quais somente alguns têm forma trapezoidal, e câmaras que comunicavam as duas naves do santuário.
A parte superior é feita de adobe, originalmente pintado de ocre vermelho, como o Templo de Pachacámac. As salas apresentam uma curiosa forma de T, provavelmente não intencional, mas causada pela presença de umbrais de madeira já inexistentes. O conjunto de estruturas faz supor que os umbrais, por um lado, e as colunas, por outro, possivelmente sustentaram um andar superior. Na parte mais alta da parede central, vêem-se os restos das paredes transversais, edificadas com a mesma técnica e os mesmos materiais.

242-243. Esta fotografia panorâmica dá uma visão geral das ruínas do amplo complexo arquitetônico chamado "Templo de Viracocha". Os tetos foram reconstruídos, já que os originais eram de material perecível. Trata-se do maior exemplo de sala coberta da época inca.

243 abaixo. O Templo de Viracocha, na imagem, tem a estrutura de uma kallanka, *que em quíchua significa grande sala coberta. Originalmente tinha 92 metros de comprimento por 25 de largura.*

MACHU PICCHU, A CIDADE ENTRE AS NUVENS

Entre os inumeráveis restos arqueológicos que patenteiam o poder do último império andino, o Tahuantinsuio, os de Machu Picchu são, sem dúvida, os mais surpreendentes, em grande parte devido ao lugar onde se erguem, quase inacessível e impossível de profanar, perto das nuvens. Esquecido durante quatro séculos, este sítio foi redescoberto em 1911 pelo explorador americano Hiram Bingham. Os numerosos turistas que chegam às ruínas de Machu Picchu todos os anos, por mais impressionados e emocionados que fiquem, não conseguem experimentar nada parecido ao espanto daquele que pela primeira vez chegou ali, no início do século XX. Bingham, que não era arqueólogo de formação, mas um político de grande cultura e amante dos mistérios dos Andes, além de excelente alpinista, baseando-se nas narrações dos cronistas, conseguiu encontrar o que podia ser a "cidade perdida", demonstrando mais uma vez que a literatura e a tradição sempre têm um fundo de verdade.

Seu fabuloso achado, feito exatamente no dia 24 de junho de 1911, é explicado pelo próprio autor no fascinante livro Lost City of the Incas. *O objetivo de Bingham era demonstrar a existência de Vilcabamba, a capital legendária dos últimos incas, último baluarte da resistência aos invasores. Depois de se adentrar por inóspitas gargantas do Urubamba, o explorador soube, por um camponês chamado Arteaga, que no cume do monte chamado Machu Picchu se*

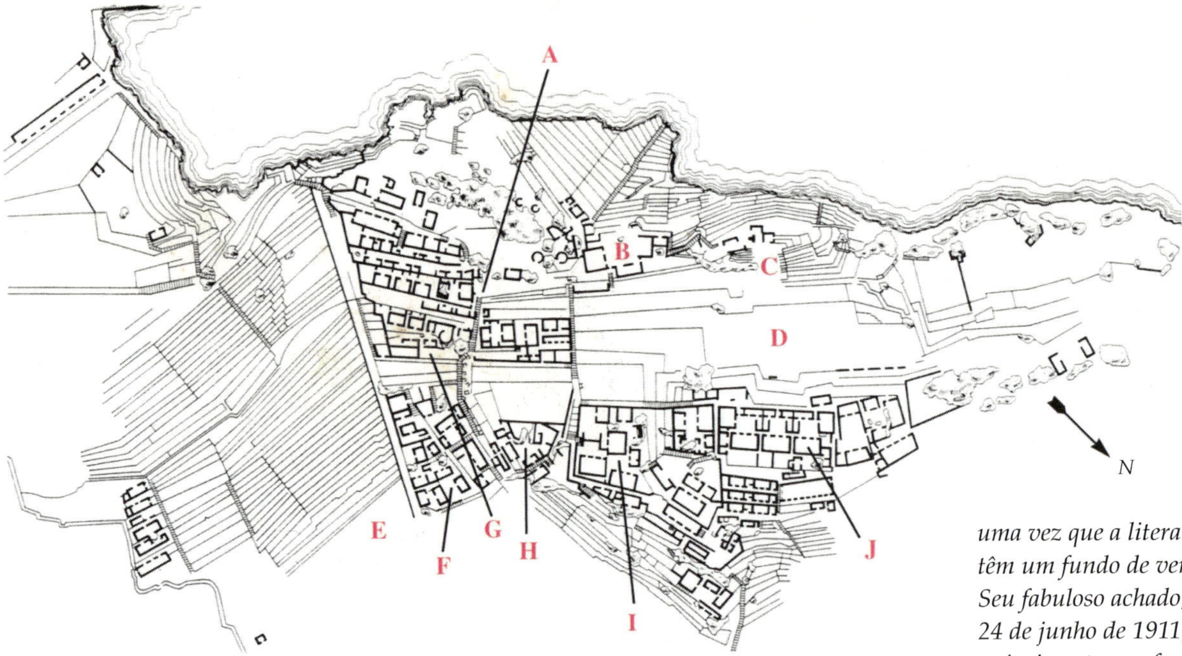

- **A** Escadaria chamada "das fontes"
- **B** Templo
- **C** Intihuatana
- **D** Praça principal, ou das três janelas
- **E** Terraços cultiváveis da área sul
- **F** Setor chamado "do povo"
- **G** Setor chamado "do Torreão"
- **H** Setor chamado "das prisões"»
- **I** Setor chamado "dos pilões"
- **J** Setor chamado "das três portas"

244 acima.
Um amplo complexo de edifícios sagrados, moradas, praças, escadarias e terraços cultiváveis forma a cidade de Machu Picchu, um dos mais impressionantes sítios arqueológicos do mundo andino.

244 abaixo.
Um dos "bairros" da cidade de Machu Picchu é o chamado "Setor Sagrado", ou "Setor Cerimonial". Entre as construções cerimoniais, estão o "Templo Principal" e o "Templo das três janelas".

244-245. As ruínas de Machu Picchu se localizam sobre uma montanha rochosa, entre os picos chamados "monte jovem" e "monte velho", que dominam o estreito vale do rio Urubamba. Ainda não se conhece a função desta misteriosa cidade no contexto da história inca. A imagem oferece uma panorâmica da praça principal.

245 abaixo. A imagem mostra a entrada principal de Machu Picchu; o alto muro que ladeia o estreito caminho pavimentado se abre em um portal de acesso coroado por um dintel monolítico.

246 esquerda, acima. O Intihuatana – "a pedra onde o sol fica preso" – é talvez o monumento sagrado mais significativo de Machu Picchu. Trata-se de uma agulha de relógio de sol ao redor da qual eram celebrados rituais relacionados aos solstícios e equinócios.

246 esquerda, abaixo. Os incas faziam muitas esculturas na rocha viva, como este monólito entalhado com degraus e terraços, conhecido como "O Trono do Inca".

246 direita, acima. Este monólito, chamado a "Rocha Funerária", é um elemento típico dos sítios incas. Tem a estrutura de um altar, no qual foram talhados alguns degraus.

246-247. Além das muralhas, com sua peculiar forma com ameias, os grandes terraços cultiváveis de Machu Picchu cobrem as encostas do vale.

encontravam ruínas imponentes. Apesar de suas dúvidas e da surpresa, Bingham pediu que ele o acompanhasse até o lugar, onde deparou com o espetáculo de impressionantes construções em total estado de abandono, em grande parte cobertas por densa vegetação. "De repente nos vimos diante das ruínas de duas construções das mais elaboradas e interessantes da América pré-colombiana", escreve o próprio Bingham. "Os muros eram de belo granito branco, alguns blocos eram de tamanho impressionante, de altura superior à de um homem. Diante daquela visão, fiquei com a vista confusa, como por encantamento." As escavações, levadas a cabo pelo próprio descobridor nos anos seguintes, trouxeram à luz uma notável quantidade de cerâmicas e objetos de bronze, prata, cobre e pedra, procedentes da época incaica. Mas o que era na verdade Machu Picchu? Antes de tudo, é importante esclarecer sua localização geográfica: encontra-se 112 km a noroeste de Cusco, 2.800 metros acima do nível do mar, e os restos dispõem-se entre dois picos dos Andes, chamados respectivamente Huaina Picchu – o monte jovem – e Machu Picchu – o monte velho. Visitando esse lugar, é fácil reconhecer o estilo "imperial" típico de outros centros do império inca, mas em um contexto natural e geográfico totalmente

anômalo, no meio da vegetação exuberante que cresce alimentada pelas contínuas chuvas e pelas águas impetuosas do rio Urubamba, que percorre o vale situado no sopé das montanhas. Formularam-se todos os tipos de hipóteses sobre a função que pode ter tido a grandiosa cidade fantasma dos Andes, seus estranhos e imponentes edifícios, seus templos e seus altares. Muitos arqueólogos se perguntam por que os incas queriam erguer um complexo tão majestoso em um lugar tão quente e úmido, nos confins da selva amazônica. Talvez para dominar mais facilmente os povos belicosos que viviam naquelas agrestes e selvagens regiões: uma espécie de forte estratégico e impossível de alcançar. Segundo outra hipótese, por sua vez, Machu Picchu teria sido "Tilcabamba", o último refúgio dos sobreviventes da classe dominante, depois de se perder o resto do Tahuantinsuio. O achado de uma quantidade claramente maior de esqueletos femininos que de masculinos deu base para que alguns estudiosos apóiem a tese do descobridor, segundo a qual a cidade seria uma espécie de grande "convento", um último Aclla Huasi destinado a acolher as mulheres escolhidas pelo Inca, para evitar-lhes a escravidão ou a morte nas mãos do inimigo. Outros, por sua vez, interpretam que Machu Picchu foi criada como refúgio para esconder Manco Inca, posto no trono pelos espanhóis como soberano fantoche após o assassinato de Atahualpa. Em 1536, Manco voltou-se contra os conquistadores e se viu obrigado a fugir. No entanto, alguns estudos muito recentes deram base a novas e interessantes hipóteses sobre a função do

248 esquerda, acima. Machu Picchu, além de prédios públicos e cerimoniais, contém muitos núcleos habitacionais; a fotografia mostra um detalhe das chamadas "Casas dos Guardiões", situadas junto às muralhas externas, que se erguem na encosta.

248 esquerda, abaixo. Machu Picchu se divide em vários "setores" ou "bairros", cada um dos quais tinha uma função particular: a foto dá uma visão de conjunto do s etor industrial, chamado também de "Setor dos Pilões", possível sede de oficinas de artesanato e armazéns.

248 direita, acima. A Escadaria das Fontes tem uma aparência espetacular, talhada na rocha. Alguns estudiosos acreditam que esta área foi a sede de um especial culto da água e das fontes.

248 direita, abaixo. Um sofisticado sistema hidráulico abastecia de água a cidade, onde ainda podem ser vistas muitas fontes talhadas na rocha.

249. O Setor Sagrado é dominado pela praça principal, de forma retangular; uma série de escadarias leva aos prédios cerimoniais, fincados no alto de uma elevação rochosa, e ao Intihuatana, o monólito associado ao culto do Sol.

centro, como a que postula que se tratava de um lugar de culto relacionado à observação dos astros.
O grande Intihuatana, as fontes, os altares e outros enigmáticos edifícios testemunham a prática de ritos e cerimônias, cujo significado continua cercado de mistério.
A arquitetura de Machu Picchu mostra uma extraordinária adaptação do assentamento e das obras do homem aos acidentes naturais do terreno. Os edifícios não são mais de duzentos no total, e são dispostos em amplos terraços paralelos, organizados em torno de uma enorme praça central. Esta, situada em diferentes níveis, vai de leste para oeste, e divide a cidade em dois setores com centro em duas elevações naturais.
As diversas canchas *apresentam uma forma estreita e alongada, e são articuladas de forma que se pudesse aproveitar ao máximo o espaço que oferecem os terraços. Estes, fora do espaço urbano, eram destinados a uso agrícola, e supõe-se que eram ocupadas em parte por residências rurais, hoje desaparecidas por terem sido construídas com materiais perecíveis. Um sofisticado sistema de canais permitia a irrigação constante dos cultivos. Numerosas escadarias de pedra integradas nas muralhas davam acesso de um a outro nível: provavelmente os dois setores de Machu Picchu, separados pela praça, tinham funções diferentes: um deles como centro de residências, e o outro como centro cerimonial. No setor oeste, o de caráter religioso, entre as estruturas mais significativas destaca-se o "Torreão", enorme estrutura semicircular de muros redondos guarnecidos com abóbadas e janelas. As janelas centrais são voltadas para o ponto onde nasce o Sol no solstício de verão. Embora a estrutura lembre a das torres de vigilância do Velho Mundo, muitos estudiosos tendem a considerar o Torreão um observatório astronômico propriamente dito. A parede rochosa sobre a qual se encontra tem, como em Quenco, uma saliência e uma espécie de caverna, talhada e polida na parte interna, formando um pequeno recinto a que se chega através de uma escadaria diagonal.*
O setor cerimonial compreende edifícios surpreendentes do ponto de vista da perfeição arquitetônica de sua construção, mas também pela peculiaridade de sua estrutura. Entre eles, encontram-se o Templo Principal, o Templo das Três Janelas, o Templo do Sol e o famoso Intihuatana, situado no ponto mais alto da cidade. O monólito erguido em uma praça trapezoidal cujo nome significa, literalmente, "o lugar onde fica amarrado o Sol" era sem dúvida uma espécie de ponteiro de relógio solar, como outros encontrados em outros sítios incaicos. Por todos os lados, podem-se admirar enigmáticas formas escultóricas, talhadas nas paredes de pequenas grutas ou em saliências da rocha, mas seu significado continua um mistério.
O nível de mestria com que se construíram as paredes desses grandes edifícios é evidente se observarmos a técnica utilizada para a talha, o polimento e o ajuste dos blocos de pedra entre si, sem margem de erro. A parede do templo principal é um exemplo de absoluta perfeição, sobretudo no que diz respeito ao sistema de montagem

250. Em Machu Picchu, talvez mais que em qualquer outro lugar, a arquitetura parece perfeitamente integrada à paisagem, seguindo a concepção inca. Na imagem é possível ver paredes de prédios, caminhos e áreas de terraços, harmonicamente dispostos seguindo a disposição do terreno no qual se erguem, até chegarem à base da elevação rochosa, visível ao fundo.

251. As estruturas das moradas de Machu Picchu eram alinhadas em terraços estreitos ou em grupos de quatro, seis ou dez, colocadas ao redor de um pátio central quadrado. Eram cobertas de tetos de duas águas, hoje desaparecidos em razão da deterioração do material.

252-253. A aparência de Machu Picchu não mudou muito desde o momento em que a cidade foi definitivamente abandonada: apenas os telhados, feitos de material perecível, desapareceram e alguns muros desabaram. Ainda assim, a reconstrução ajuda a imaginar o centro integrado no contexto da área que o cerca, no qual sempre pode ser vista a interferência do homem. Foram construídos muitos sistemas de terraços, hoje parcialmente destruídos ou escondidos sob a vegetação, para garantir suficiente área de cultivo para satisfazer as necessidades da população.

254-255. Os muros de arrimo se estendem ao longo de toda a encosta de Macchu Picchu.

dos blocos, que se encaixam perfeitamente como peças de um quebra-cabeça. O bairro residencial, situado no lado oriental da grande praça, compreende ruas, escadarias, pequenas praças, um sistema excepcional de abastecimento de água e construções de todos os tipos. As residências são, de modo geral, de planta retangular e de um só andar, em muitos casos cercadas por um muro de pedra chamado huairana. *A característica fundamental das construções são as portas, janelas e nichos trapezoidais típicos da arquitetura incaica e inexistentes até o Horizonte Tardio.*

O teto dessas edificações consistia em um marco de madeira de vertente simples ou dupla coberto de palha, e era unido às paredes mediante uma série de saliências na pedra. Também neste setor, apesar de os edifícios não apresentarem o mesmo caráter monumental, as técnicas empregadas no trabalho da pedra são notáveis: cada estrutura é diferente das demais no que diz respeito aos acabamentos, e numa mesma parede podem ser vistos métodos e resultados estéticos diferentes. Parece que a técnica usada para polir os blocos de granito empregados nos edifícios residenciais e nos edifícios cerimoniais se baseava na abrasão com areia. Machu Picchu, com seus magníficos edifícios cerimoniais e religiosos, residências e monumentos, é cercada de precipícios e muralhas que tornavam o acesso extremamente difícil e lhe davam o aspecto de "cidade-fortaleza". Mais uma vez, temos de nos perguntar: por que tudo isso? O projeto da cidade foi uma novidade, fruto da capacidade criativa incaica, ou resultado da combinação de tradições culturais muito mais antigas? O tipo de construção megalítica pertence ao universo de Tiahuanaco, mas os aquedutos e os sistemas de canalização se encontram já em obras da civilização moche. Os incas, hábeis e engenhosos, aproveitaram esses e outros antigos conhecimentos, transformando-os e adaptando-os a suas exigências urbanísticas. Ainda hoje, Machu Picchu não deixa de surpreender e de ser fonte de debates entre os arqueólogos, que talvez num futuro imediato descubram novas respostas para alguns de seus segredos.

256-257. O gigantesco Torreão lembra os torreões das fortalezas européias; mas, para os incas, tinha função cerimonial e de observatório astronômico.

257 esquerda, acima. A complexa estrutura de Macchu Picchu e de sua sólida arquitetur a torna difícil discernir sua função e sua origem. Neste lugar, mais que em qualquer outro, misturam-se os elementos característicos de um centro cerimonial ou local de culto e os de uma fortaleza defensiva ou assentamento agrícola.

257 esquerda, abaixo. Aos pés do complexo de prédios que compreende o Torreão, a Tumba Real e o Templo do Condor, cujos restos se erguem numa elevação rochosa, encontra-se uma pequena fonte, em primeiro plano, aberta na rocha.

257 direita, acima. O Torreão, de base elíptica, ergue-se sobre uma espécie de câmara cavada na rocha, dotada de degraus: a estrutura deste conjunto escultórico-arquitetônico, que lembra o de uma cripta fúnebre, fez que ele recebesse o nome de "Tumba Real".

257 direita, abaixo. A imagem mostra alguns elementos típicos da arquitetura inca: os degraus feitos na rocha, os muros feitos de pedras perfeitamente encaixadas e os imponentes torreões dotados de portas e janelas trapezoidais.

258-259. Vista geral de Macchu Picchu e de seus terraços cultiváveis, que descem até o vale do Urubamba. A área urbana se organiza ao longo de uma passagem de montanha que une o "monte velho" ao "monte jovem".

SIPAN,
OS ENXOVAIS FUNERÁRIOS DOS SENHORES MOCHICAS

O multiforme território do atual Peru, que se estende pelo litoral do subcontinente americano diante do oceano Pacífico e na parte central dos Andes, foi em tempos distantes um dos lugares que viram nascer as primeiras civilizações do chamado Novo Mundo. Os diferentes povos e culturas que se desenvolveram há mais de 4.000 anos foram sintetizando-se e deram no conhecido império dos incas, conquistado pelos espanhóis no século XVI. Entre os séculos I e VII, na costa norte, uma das regiões mais secas e desérticas do planeta, nasceram e evoluíram os moches, uma cultura típica do oásis, especializada na irrigação artificial, técnica que permitiu o sustento de uma grande e organizada população. Estes povos, que costumavam erguer grandes monumentos piramidais de adobe, começaram a dominar sofisticados métodos para trabalhar o metal, como a fusão de ligas de cobre, prata e ouro e de ouro e cobre.

260-261. Sob o perfil de suas altas pirâmides, estão os restos do prédio que abrigou as tumbas dos nobres moches desenterradas em 1987. Após acharmos a tumba do Senhor e a do Sacerdote, encontramos, na seção sul, que aparece na fotografia, a tumba de um nobre ancião.

260 esquerda, abaixo. Muitos esforços, durante um período aparentemente infrutífero, finalmente haviam nos levado ao achamento da primeira tumba real, a do Senhor jovem.

260 direita, abaixo. Os ossos do morto que chamamos "Velho Senhor" foram extraídos e colocados em um molde de espuma feito sob medida.

261 acima. Os grandes tijolos de barro, cortados e perfeitamente encaixados, foram o sinal claro que nos mostrou a proximidade de uma tumba importante, a do Senhor de Sipan.

261 abaixo. Entre os diversos objetos encontrados na tumba do Sacerdote, menos numerosos que o de outras tumbas, estava este ornamento de metal cinzelado.

Embora não conhecessem a escrita, deixaram um impressionante patrimônio de cenas religiosas, míticas ou da vida cotidiana plasmadas em sua cerâmica expressiva e realista. Tanto os moches como as outras culturas, incluídos os mais conhecidos incas, enterravam seus mortos com todos os bens e objetos que haviam possuído em vida, o que motivou, nos séculos seguintes, o constante saque das tumbas. Precisamente um desses inumeráveis roubos marca a origem da história do senhor de Sipan. Em fevereiro de 1987, uma verdadeira "febre do ouro" se alastrou entre os habitantes de Sipan, um município rural situado no vale do Lambaieque. Nas encostas de uma antiga plataforma de adobe, dezenas de camponeses começaram a cavar a terra em busca de fragmentos metálicos que pudessem ter sido deixados por um grupo de huaqueros, *ou ladrões de tumbas pré-colombianas, que alguns dias antes haviam profanado e saqueado a tumba de um importante personagem da antiga cultura moche. Em rápida intervenção, a polícia local conseguiu reaver somente parte do espólio, que carecia de interesse para qualquer leigo. Entre os objetos apropriados na casa de um dos membros do bando, encontrava-se uma brilhante e realista cabeça humana de ouro com olhos de prata e pupilas de lápis-lazúli e duas figuras de puma ou de jaguar, grandes e expressivas, imortalizadas em atitude feroz de mostrar através da boca aberta afiados caninos de concha vermelha. No entanto, apesar dos esforços da polícia, a maior parte dos objetos roubados dessa singular tumba desapareceram no mercado negro de antiguidades, indo parar em coleções de arte da América e Europa, o que provocou a perda de uma página preciosa da história pré-colombiana não somente do Peru, mas de toda a América do Sul.*

Depois de numerosos esforços, e depois de vencer a resistência inicial dos saqueadores, que não quiseram dar nenhuma indicação, com escassos recursos à nossa disposição, mas cheios de entusiasmo, conseguimos organizar finalmente uma pequena equipe arqueológica para iniciar as pesquisas no sítio. Após quatro meses de interminável trabalho de escavação, nos quais removemos toneladas de detritos, localizamos, no centro da estrutura de adobe, a câmara funerária intacta de um senhor moche. O fascinante achado podia ser considerado um dos mais importantes para a arqueologia do Novo Mundo. Pela primeira vez, um governante do antigo Peru se mostrava em toda a sua magnificência e dava uma contribuição inestimável de informações relativas à organização social, à religião e ao sistema de vida daquela época. Oito esqueletos de servos, concubinas e guerreiros rodeavam um ataúde de madeira que continham os

262 centro. No lado sudoeste da câmara sepulcral do Senhor, havia um dos muitos conjuntos de objetos cerâmicos encontrados na plataforma. Eram vasilhas, em sua maioria antropomorfas, com imagens de guerreiros ou prisioneiros.

262 abaixo. Ao redor da tumba do Senhor, ficavam os nichos que continham os vasos votivos. O cadáver estava cercado pelos esqueletos de dois homens colocados em sentido oposto um em relação ao outro. Outros esqueletos humanos, três femininos e um de criança, estavam colocados aos pés e à cabeça do nobre morto.

262-263. A recriação da sepultura do Senhor mostra claramente a posição das pessoas com que ele foi enterrado. A dedução foi possível a partir do deslocamento e da postura dos diferentes esqueletos. Ao redor dos cadáveres podem ser vistos os nichos onde foram encontrados os objetos de cerâmica de forma humana. O desenho também revela a estrutura da tumba e os materiais utilizados na construção dos ataúdes e da própria câmara funerária.

263 abaixo. No momento do achado, a coroa de cobre da imagem ocultava parcialmente o crânio de uma das mulheres que acompanhavam o Senhor de Sipan. O objeto, que atualmente está bastante deteriorado, apresenta uma imagem em forma de máscara com adornos para as orelhas.

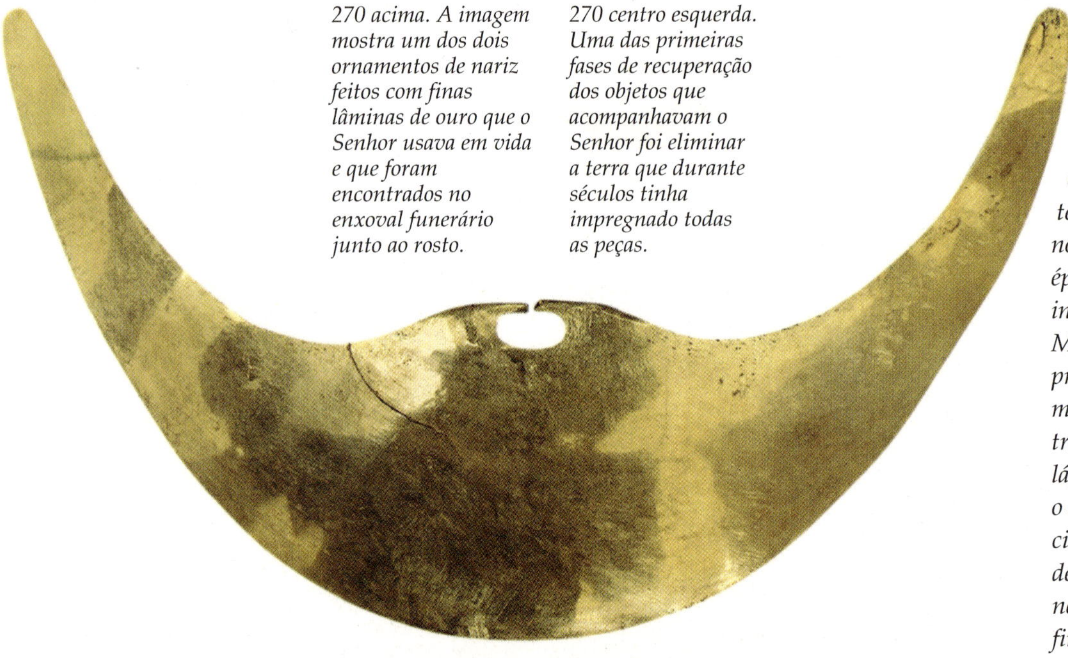

270 acima. A imagem mostra um dos dois ornamentos de nariz feitos com finas lâminas de ouro que o Senhor usava em vida e que foram encontrados no enxoval funerário junto ao rosto.

270 centro esquerda. Uma das primeiras fases de recuperação dos objetos que acompanhavam o Senhor foi eliminar a terra que durante séculos tinha impregnado todas as peças.

nos encontrávamos diante de uma inestimável fonte de informação histórica, preciosa para nos aproximarmos do povo moche, sua organização, suas relações culturais, suas crenças religiosas e seu desenvolvimento tecnológico. A tumba desse grande senhor nos teria podido conduzir com precisão à sua época, e esse governante não teria nada a invejar de nenhum soberano do Velho Mundo, já que ali havia materiais exóticos procedentes de localidades situadas a milhares de quilômetros, como as turquesas trazidas da Argentina ou do sul do Peru, o lápis-lazúli do Chile, as conchas do Equador, o ouro do lado oriental dos Andes ou o cinabre da montanha. Acabado o inventário desta suntuosa tumba, não nos restava nenhuma dúvida de que havíamos deparado, finalmente, com a sepultura de um governante moche.

270 centro direita e abaixo. No centro de cada um dos ornamentos circulares para lóbulos do segundo par que encontramos, também de ouro e turquesas, apareceu um motivo de ave.

271. Como um sinal prenunciador, um chefe guerreiro moche, feito de forma magistral, foi o primeiro objeto que desenterramos.

A arte desta cultura, essencialmente figurativa e religiosa, nos deixou uma bagagem de imagens, temas ou cenas clássicas recorrentes nas quais aparecem e se movem homens ou seres sobrenaturais. Uma das cenas mais completas e representativas mostra um sacrifício ritual no qual um personagem ricamente vestido recebe oferendas e honras, e é objeto de reverências durante uma cerimônia de posse. Antes de encontrar essa tumba, os arqueólogos e estudiosos da arte mochica pensavam que essas cenas revelavam temas míticos.

263 abaixo. No momento do achado, a coroa de cobre da imagem ocultava parcialmente o crânio de uma das mulheres que acompanhavam o Senhor de Sipan. O objeto, que atualmente está bastante deteriorado, apresenta uma imagem em forma de máscara com adornos para as orelhas.

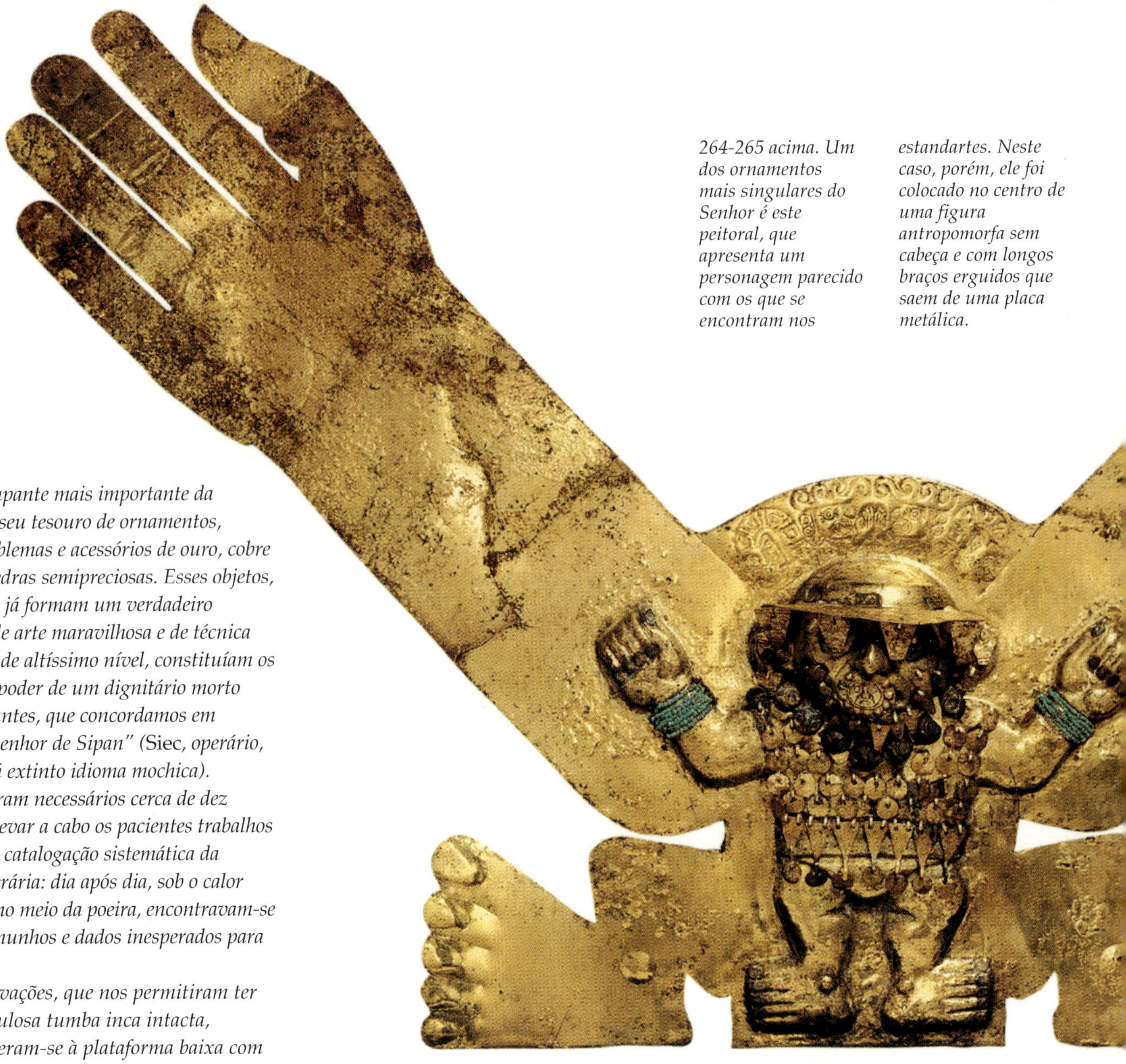

264-265 acima. Um dos ornamentos mais singulares do Senhor é este peitoral, que apresenta um personagem parecido com os que se encontram nos estandartes. Neste caso, porém, ele foi colocado no centro de uma figura antropomorfa sem cabeça e com longos braços erguidos que saem de uma placa metálica.

restos do ocupante mais importante da tumba, com seu tesouro de ornamentos, adornos, emblemas e acessórios de ouro, cobre dourado e pedras semipreciosas. Esses objetos, que por si só já formam um verdadeiro compêndio de arte maravilhosa e de técnica metalúrgica de altíssimo nível, constituíam os símbolos de poder de um dignitário morto 1.600 anos antes, que concordamos em chamar o "Senhor de Sipan" (Siec, operário, senhor, no já extinto idioma mochica). Contudo, foram necessários cerca de dez meses para levar a cabo os pacientes trabalhos de limpeza e catalogação sistemática da câmara funerária: dia após dia, sob o calor sufocante e no meio da poeira, encontravam-se novos testemunhos e dados inesperados para a ciência.

Nossas escavações, que nos permitiram ter acesso à fabulosa tumba inca intacta, circunscreveram-se à plataforma baixa com degraus situada a leste de duas grandes construções piramidais de cerca de trinta metros de altura, que se erguem imponentes acima do verde mar dos campos de cana-de-açúcar. Esta plataforma havia sido construída com painéis modulares de adobe ao modo de colunas apoiadas umas nas outras. Afundando o profundo e irregular buraco aberto pelos profanadores, conseguimos recuperar alguns recipientes, ornamentos e um impressionante cetro de cobre fundido, que terminava na complexa representação em miniatura de um edifício mochica decorado com motivos de caráter bélico, cabeças antropomorfas e um ícone de simbologia enigmática: uma criatura sobrenatural, mistura de felino e sáurio, no ato de copular com uma mulher sob a Lua em quarto crescente. A imagem representava, talvez, o mito da criação do mundo, ou a origem dos senhores mochicas e de seus divinos antecessores.

Após esses achados preliminares, iniciamos a escavação nos níveis central e superior da plataforma. Sob os detritos e algumas modestas tumbas introduzidas por povos posteriores ao moche, encontramos os blocos arquitetônicos intactos no interior dos quais distinguimos uma pequena área cheia de terra com vigas de madeira decompostas pelo passar do tempo. Tratava-se de uma espécie de salinha de 1,30 por 2,80 metros, na qual os sedimentos de areia e terra, infiltrados pelo teto, haviam preenchido o espaço que originalmente havia estado vazio. Neste "depósito" de oferendas apareceram 1.137 recipientes de cerâmica que continham restos de alimentos, quatro coroas de cobre, restos de lhamas sacrificadas e o esqueleto de um homem, todo ele disposto provavelmente para honrar as divindades ou algum defunto de classe muito elevada, cuja tumba não havíamos acreditado poder encontrar até aquele mesmo momento.

Pouco a pouco, enquanto fazíamos a limpeza da seção oriental da plataforma, começou a aparecer ali outra câmara preenchida quadrangular, de paredes construídas com

264-265 abaixo.
O espetacular peitoral encontrado no quinto nível do enxoval funerário do Senhor foi pacientemente recomposto unindo minúsculas pérolas de concha vermelha, verde e branca de acordo com o desenho original. A iconografia do ornamento, em forma de raios, deve relacionar-se à divindade solar e, portanto, com o nível do soberano.

265. As numerosas camadas de objetos e ornamentos colocados na tumba junto ao corpo do Senhor de Sipan podem ser claramente distinguidas graças a este desenho que recria sua disposição. Nas camadas internas, podem ser vistos os ornamentos mais espetaculares, como os estandartes, os onze peitorais e a imponente coroa de ouro em forma de meia-lua.

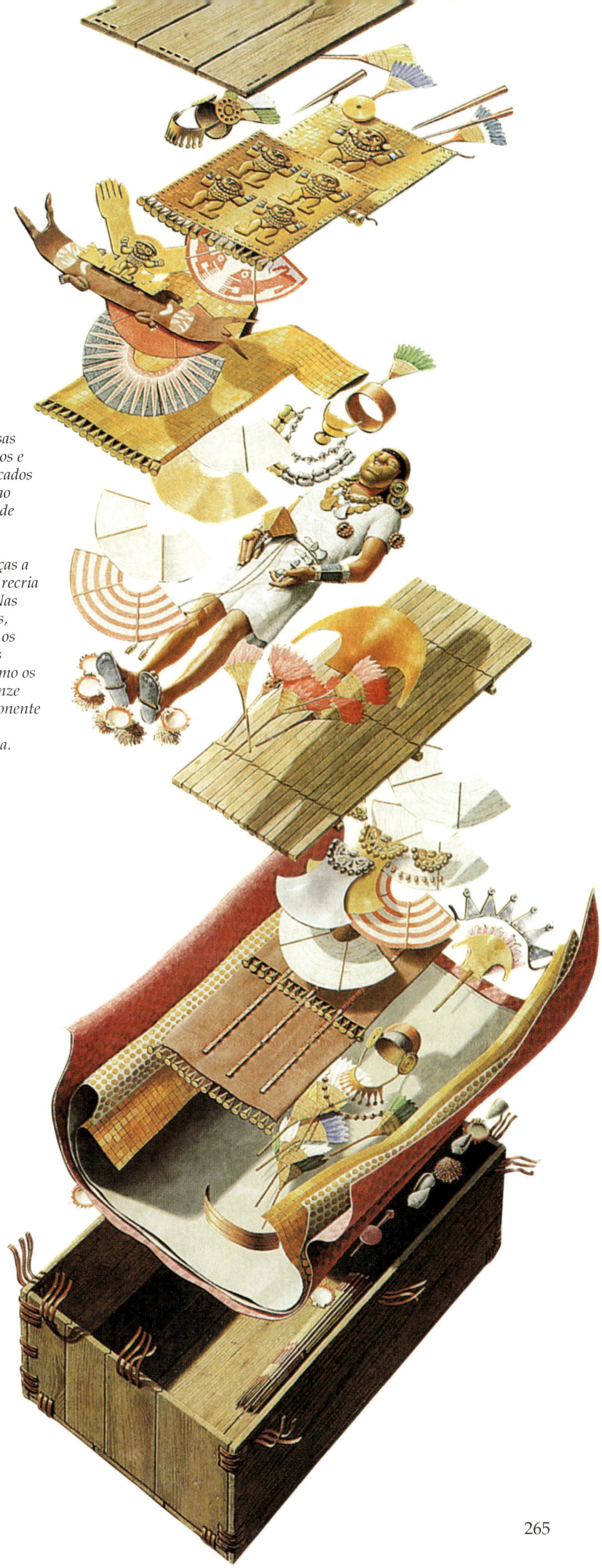

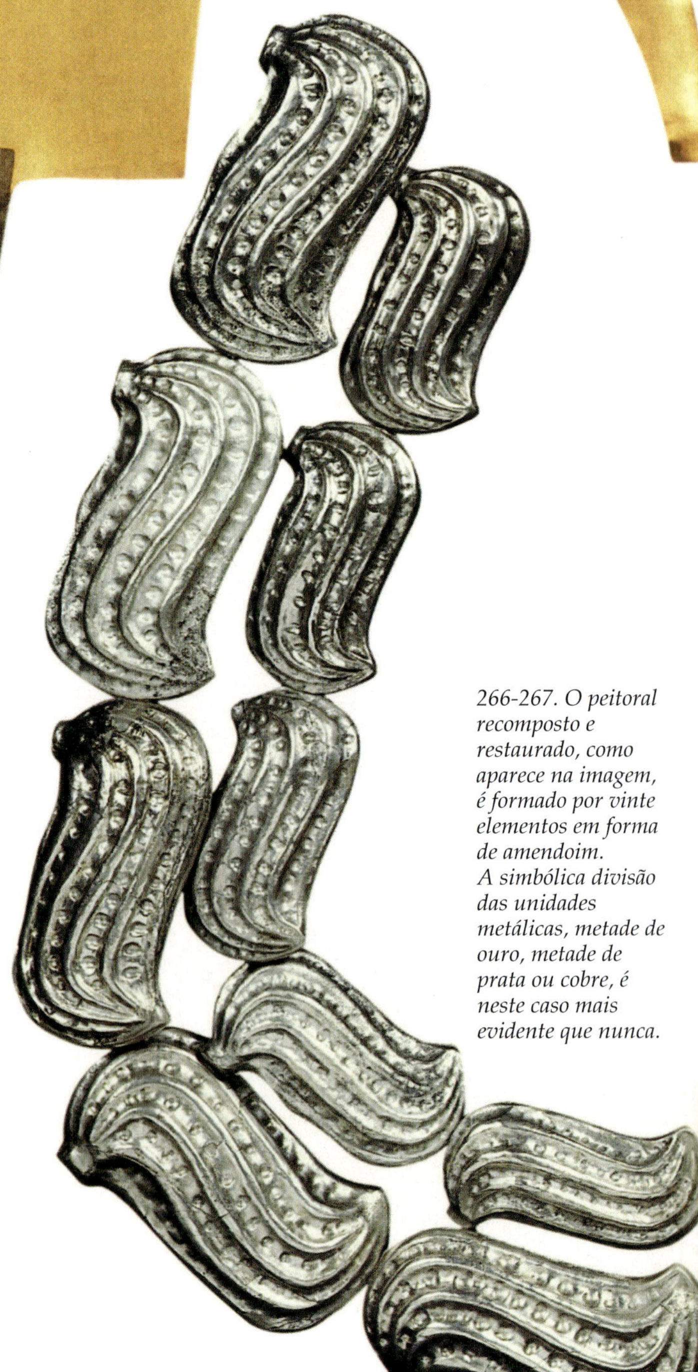

tijolos de adobe que começamos a extrair com muita paciência, mas cheios de expectativas, até o momento em que deparamos com um esqueleto bastante deteriorado de um jovem que levava um escudo de cobre no antebraço e restos de um capacete dourado na cabeça: a típica e sóbria armadura do soldado moche. O homem tinha os pés amputados como símbolo de sua obrigação de ficar para sempre em seu posto de sentinela.
Este "guardião da tumba" foi o sinal definitivo de que estávamos escavando uma câmara funerária intacta. Pouco depois, as bordas talhadas dos tijolos nos permitiram definir um recinto de cinco metros de lado. Cinqüenta centímetros abaixo do guerreiro, apareceram mostras de 17 vigas paralelas que, antes de se desintegrarem com o passar dos séculos e permitir a entrada de

266 acima. Símbolo inconfundível do nível do morto era o majestoso diadema de ouro em forma de meia-lua que apareceu em todo o seu esplendor sob o corpo do Senhor.

266 esquerda, abaixo. O esqueleto do Senhor estava literalmente coberto de jóias e ornamentos, além de detritos que extraímos com todo o cuidado. Na fase inicial de recuperação destes objetos, encontramos os colares que protegiam a caveira e o esplêndido colar de amendoins.

266-267. O peitoral recomposto e restaurado, como aparece na imagem, é formado por vinte elementos em forma de amendoim. A simbólica divisão das unidades metálicas, metade de ouro, metade de prata ou cobre, é neste caso mais evidente que nunca.

sedimentos, haviam formado originalmente o teto de uma câmara vedada. No centro, nossas escovas e espátulas fizeram aparecer uma série de singulares lâminas de cobre oxidado entrelaçadas, quase como se tivessem sido simples laços de couro. Sucessivamente, liberamos do pó oito desses objetos metálicos, que delimitavam um espaço de 2,20 por 1,25 metros. Então compreendemos que nos encontrávamos diante do primeiro ataúde de madeira conhecido da arqueologia americana. Abrir o ataúde foi como uma verdadeira intervenção cirúrgica, já que o conteúdo se encontrava comprimido debaixo de outras camadas de sedimentos e material que haviam coberto a câmara. Claramente nervosos, ficamos todos estupefatos quando apareceu o rosto em miniatura, enérgico e perfeito, de um homenzinho vestido com uma túnica de turquesas; um sopro de ar tirou o pó daquela pequena escultura que representava um guerreiro moche com uma coroa em forma de meia-lua na cabeça e um adorno móvel pendurado no nariz. Em volta do pescoço, apresentava minúsculas cabeças de coruja, sustentadas por fios de ouro, e da cintura pendiam guizos. O excesso de realismo chegava a mostrar a contração dos músculos das pernas; o braço direito sustentava uma maça de guerra, e do antebraço esquerdo acabara de car o diminuto escudo. Aquela delicada efígie humana correspondia à parte central de um adorno redondo para os lóbulos auriculares, com uma série de pequenas esferas de ouro cobrindo toda a borda. De ambos os lados de nosso personagem, apareciam dois guerreiros de perfil, formados por um mosaico de peças milimétricas de turquesas e ouro. A partir desse achado, todos os objetos adquiriram uma ordem lógica surpreendente, e a pequena efígie mostrou ser um anúncio premonitório, já que nas semanas seguintes constatamos que parecia representar realmente o personagem sepultado no sarcófago, como parecem demonstrar os ornamentos, toucados e esqueletos dos dois guerreiros que os ladeavam. O arqueólogo Luis Chero, minha primeira assistente, Susana Meneses, e eu concordamos em chamar o personagem que estávamos ressuscitando de seu longo repouso de "Senhor de Sipan". À medida que avançávamos milímetro a milímetro, íamos descobrindo surpreendentes toucados ou emblemas reais. A limpeza total da primeira camada fez aparecer outros dois pares de adornos nas orelhas, de ouro e turquesas. Três lanças agudas e alguns discos de cobre jaziam na parte central, onde voltou a brilhar um lingote de ouro maciço. Os pés do senhor estavam calçados com sandálias de prata. Ao redor do fardo funerário, envolto em tecidos de algodão (bordados com finas placas de cobre dourado), encontrava-se grande quantidade de conchas Spondylus, procedentes do golfo de Guaiaquil, e muito apreciadas nos ritos do antigo Peru.

Progressivamente, apareceram outros toucados e adornos, como dois estandartes quadrados de tela de cobre laminado que apresentam uma e quatro figuras humanas respectivamente, todas iguais, com os braços e os punhos levantados. Esta figura reapareceu em um fascinante relevo dourado sobre uma lâmina em forma de V com forma de braços estendidos com as palmas abertas. Os ossos do rosto do defunto estavam parcialmente ocultos sob um par de olhos

267. No contexto iconográfico moche, a imagem de um chefe guerreiro, armado de maça e escudo, que tem a seus pés um prisioneiro, é bastante difundida. O cabo deste punhal, que o morto tinha na mão esquerda, mostra uma cena que devia ser muito comum, descrita com grande realismo.

e um nariz de ouro e um protetor para o queixo, também de ouro, que devia tapá-lo até os pomos, como uma espécie de capacete. Dois leves ornamentos para o nariz, de ouro, apareceram junto com o rosto, e uma espécie de prato ou capacete, do mesmo metal, continha os fragmentos do crânio.
Milhares de pequenas pérolas cilíndricas de concha vermelha, branca e laranja compunham um total de onze peitorais, que encontramos um em cima do outro sobre o peito, sobre as pernas e sob o esqueleto. Encontramos, também, diversos ornamentos para a cabeça, gravemente deteriorados, como leques de plumas com cabo de cobre, enquanto centenas de contas de turquesa de menos de dois milímetros formavam os elegantes braceletes do senhor. Sobre o peito, apareceram pouco a pouco duas fieiras de amendoins de metal formadas, no total, por vinte peças. Com surpresa, logo nos demos conta de que os dez do lado direito eram de ouro, e a outra metade, de prata ou cobre. Este primeiro sinal de dualidade ou bipartição mostrou ser uma importante constante nos objetos rituais da sepultura. De fato, sobre a mão direita havia um lingote de ouro, enquanto a direita levava o símbolo mais importante de poder e da hierarquia terrena: uma espécie de cetro-faca rematado por um vistoso cabo de ouro. Este, em forma de pirâmide invertida, apresenta relevos entre os quais se destaca a imagem de um homem vestido com ricos adornos, que agarra pelo cabelo um prisioneiro, dirigindo-lhe a ponta de uma lança de guerra com a outra mão. A dramática representação recria a captura, o suplício e o sacrifício de prisioneiros por parte de guerreiros mochicas.
Na mão esquerda do defunto, foi encontrada uma faca de prata com a mesma representação esculpida em miniatura. Dezesseis discos convexos de ouro repousavam diretamente sobre o peito, onde por certo tempo haviam brilhado, sem dúvida, como sóis em miniatura. Na altura da garganta, encontramos também um colar de setenta e uma esferas de ouro de tamanho progressivamente menor na direção dos extremidades, e sobre o peito uma faca de ouro à direita e outra de prata à esquerda.
A bipartição dos elementos metálicos aparecia repetidamente, talvez como

representação do equilíbrio e da dualidade, simbolizando o nascente e o poente, o dia e a noite, a pureza e a impureza, a vida e a morte, o Sol e a Lua, o positivo e o negativo, ou tudo o que, sendo oposto, seja também complementar.
Observamos, com extremo interesse, que o senhor estava orientado como se o eixo de seu corpo equilibrasse as forças representadas. Os ossos do senhor estavam quase reduzidos a lascas, e sua recuperação foi bastante difícil, embora o tenhamos conseguido utilizando camadas de resina acrílica que os endureceram, permitindo extrair a ossada completa, petrificada como se fosse um fóssil. Também os milhares de

pérolas dos peitorais se aderiram a algodões com resina. Debaixo do corpo, apareceu, em todo o seu esplendor, o grande diadema em forma de meia-lua de ouro, uma folha de 62 centímetros de largura e 42 de altura, que aparece na iconografia moche somente em representação dos personagens do mais alto nível social, que eram honrados com oferendas. Sob uma prancha de madeira já reduzida a pó, haviam sido colocados dois guizos semicirculares de ouro finamente gravados com a representação de uma das mais importantes divindades dos moches, Ai Apaec, ou "o decapitador", um ser sobrenatural que traz em uma das mãos uma faca e na outra uma cabeça humana arrancada. A poucos centímetros de distância, na direção norte, encontrava-se outro dos ornamentos metálicos mais fascinantes do senhor: uma proteção para a coxa feita de ouro, de 45 centímetros de altura e 790 gramas. Esse objeto em forma de machado (uma espécie de tapa-sexo metálico) terminava também, na parte superior, com a figura da mesma divindade, sempre impressionante. Ao lado, encontrava-se outra proteção para a coxa, idêntica, mas de prata. Ainda foram extraídos diversos ornamentos de cobre, cobre dourado e plumas que apareceram na camada situada sob o esqueleto do senhor, que morreu com cerca de trinta e cinco anos.
Escavando ao redor dos quatro lados do ataúde vazio, foi observada uma disposição simbólica de esqueletos: à cabeça e aos pés do sarcófago encontramos os restos de duas jovens mulheres, provavelmente as mulheres do senhor, que não haviam completado ainda vinte anos no momento da morte. Uma delas estava com uma coroa de cobre e tinha a cabeça voltada para o oeste, enquanto a outra jazia em posição inversa, com um peitoral de conchas, pingentes metálicos e, junto às pernas, o esqueleto de um cachorro, talvez o valente cão de caça do senhor durante as caçadas rituais. Uma terceira mulher jazia sob a primeira, perto do cabeçal da tumba do senhor, enquanto um menino de dez anos aparecia sentado em uma postura curiosa no canto sudoeste. Finalmente, apareceram duas lhamas que deviam ser os primeiros sacrifícios colocados no recinto.
Ao longo de três dos dois lados da câmara funerária, havia nichos, cinco no total, que continham 212 pequenas vasilhas de cerâmica e oferendas alimentícias. Em sua maior parte, tratava-se de jarras esculpidas que representavam prisioneiros ou personagens sentados e alguns guerreiros numa ordem que sugere toda uma cenografia ritual de simbólicos acompanhantes materializados na argila.
Após a escavação no lugar desse achado fora do comum, parecia claro que, pela disposição dos personagens e dos objetos,

268. A base da extremidade do cetro-punhal que o Senhor levava na mão direita apresenta uma esplêndida decoração em baixo-relevo. Como no cabo do punhal de prata, também neste caso os personagens são um chefe guerreiro moche, usando a indumentária típica e os ornamentos próprios do seu nível, e um prisioneiro que, seguro pelos cabelos, aparece em atitude submissa.

269. O cetro-punhal, com cabo de ouro e lâmina de prata, é o principal símbolo que indica a posição social do morto. No momento do achado, a extremidade piramidal do objeto sobressaía nos níveis superiores de ornamentos, mostrando dos quatro lados, trabalhados principalmente por cinzelamento, o mesmo motivo bélico presente na base.

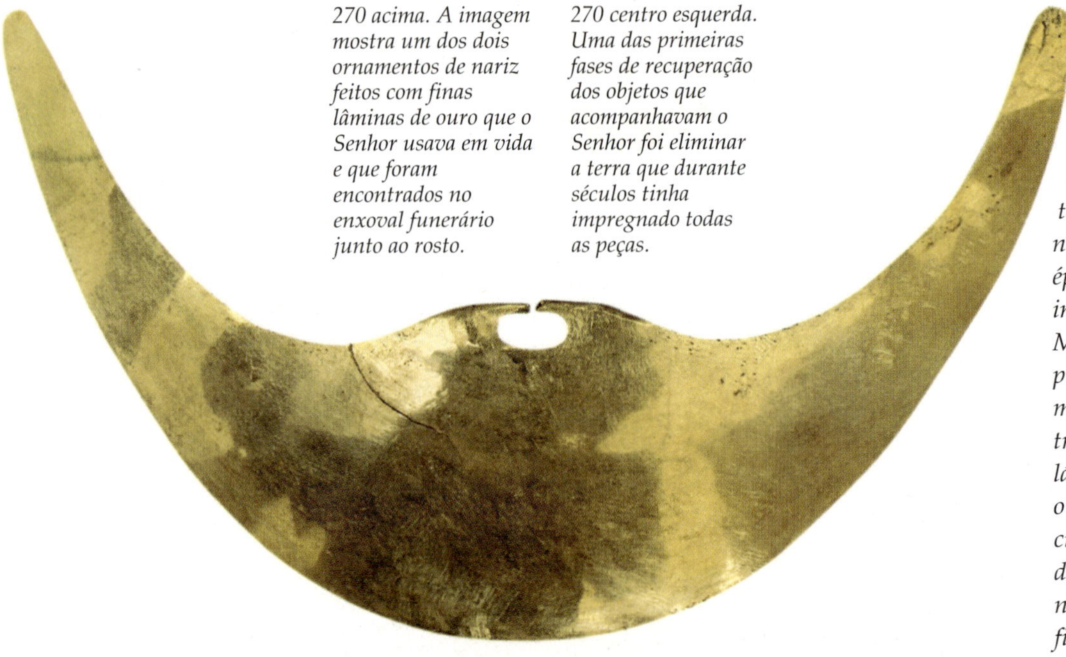

270 acima. A imagem mostra um dos dois ornamentos de nariz feitos com finas lâminas de ouro que o Senhor usava em vida e que foram encontrados no enxoval funerário junto ao rosto.

270 centro esquerda. Uma das primeiras fases de recuperação dos objetos que acompanhavam o Senhor foi eliminar a terra que durante séculos tinha impregnado todas as peças.

nos encontrávamos diante de uma inestimável fonte de informação histórica, preciosa para nos aproximarmos do povo moche, sua organização, suas relações culturais, suas crenças religiosas e seu desenvolvimento tecnológico. A tumba desse grande senhor nos teria podido conduzir com precisão à sua época, e esse governante não teria nada a invejar de nenhum soberano do Velho Mundo, já que ali havia materiais exóticos procedentes de localidades situadas a milhares de quilômetros, como as turquesas trazidas da Argentina ou do sul do Peru, o lápis-lazúli do Chile, as conchas do Equador, o ouro do lado oriental dos Andes ou o cinabre da montanha. Acabado o inventário desta suntuosa tumba, não nos restava nenhuma dúvida de que havíamos deparado, finalmente, com a sepultura de um governante moche.

270 centro direita e abaixo. No centro de cada um dos ornamentos circulares para lóbulos do segundo par que encontramos, também de ouro e turquesas, apareceu um motivo de ave.

271. Como um sinal prenunciador, um chefe guerreiro moche, feito de forma magistral, foi o primeiro objeto que desenterramos.

A arte desta cultura, essencialmente figurativa e religiosa, nos deixou uma bagagem de imagens, temas ou cenas clássicas recorrentes nas quais aparecem e se movem homens ou seres sobrenaturais. Uma das cenas mais completas e representativas mostra um sacrifício ritual no qual um personagem ricamente vestido recebe oferendas e honras, e é objeto de reverências durante uma cerimônia de posse. Antes de encontrar essa tumba, os arqueólogos e estudiosos da arte mochica pensavam que essas cenas revelavam temas míticos.

Através de um exame comparativo dos diversos ornamentos e emblemas de mando e nível social recém-encontrados, constatamos, por outro lado, que correspondiam exatamente aos que acompanhavam as representações do personagem principal de cada cena; desse modo, comprovávamos sua existência real e com ela tínhamos a posse de uma chave de leitura importante para reconstruir a sociedade mochica.
Após este espetacular achado, nossa equipe continuou a escavar com cuidado em busca de novos dados sobre a construção, o uso e o significado da plataforma. Desse modo, no extremo sul-oriental, localizamos outra tumba intacta, de forma parecida, no interior da qual se encontravam os restos de um personagem em seu ataúde central, com cinco acompanhantes: duas mulheres, um homem, um garoto com um cachorro e o guardião da tumba. O enxoval funerário, ainda que menos rico e suntuoso, mostrou-se de grande valor informativo para reconhecer o papel do defunto e suas funções em vida.
O conjunto dos ornamentos e emblemas permitia sua identificação como "sacerdote" – e assim decidimos chamá-lo – encarregado dos rituais, que havia encarnado em vida um mítico homem-pássaro e ocupava o segundo posto na hierarquia real do mundo moche.
Mediante o exame da seção sul da plataforma, nossas escavações trouxeram à luz algo por debaixo da superfície, grupos de oferendas e restos de sacrifícios: coleções de pequenos vasos de cerâmica e crânios e ossos de lhama que provavelmente haviam sido colocados ali como oferendas nos últimos tempos.
Depois localizamos pequenos recintos de adobe nos quais encontramos centenas de vasos de cerâmica, ossos de lhama e pequenas representações de ornamentos metálicos de cobre, todos cuidadosamente dispostos. Muito perto dali, apareceram também restos humanos, provavelmente amputados, como braços e pés, procedentes talvez de oferendas votivas. Definir e registrar estes restos de oferendas armazenados no interior de uma rocha formada pela terra endurecida com o tempo exigiu paciência e perícia: cada sinal e cada elemento deviam ser meticulosamente desenhados e fotografados, a superfície da construção mais antiga da plataforma, procedente da época em que esta se erguia a somente seis metros do solo.
Uma profunda suspeita sobre essa estrutura arquitetônica de barro fez com que cavássemos, encontrando imediatamente alguns pequenos vasos de cerâmica que até aquele momento não nos pareciam constituir o preâmbulo de outro importante achado.
No entanto, 80 centímetros abaixo, tirando com pincéis uma camada de terra ligeiramente mais escura, veio também à luz um rosto humano hierático, de ouro, que decorava o ventre de uma aranha forjada com o mesmo metal, maravilhosamente

272 acima. Ao redor do pescoço daquele que decidimos chamar de Sacerdote, encontramos este colar composto de nove elementos. Os rostos humanos de cobre dourado se caracterizam por uma expressão sorridente. Destacam-se, nos pequenos rostos, os dentes feitos de concha branca. Também este achado precisou passar por uma cuidadosa limpeza, que eliminou os vestígios de oxidação.

272 centro. Em uma fase avançada da escavação da tumba do Sacerdote, surgiu à nossa frente o perfil de uma ave de rapina noturna. Era o ornamento mais importante do enxoval funerário deste personagem de alto nível, uma espécie de adorno de cabeça em forma de coruja com asas enormes. A presença dessa imagem normalmente está ligada ao papel religioso da pessoa a que pertencem os atributos desse tipo.

trabalhado, que por sua vez fazia parte de um colar de dez peças semelhantes. O impressionante colar havia sido colocado como componente final sobre a superfície curvada de um fardo funerário formado por placas de cobre dourado e por outros adornos situados em volta dos restos ósseos de outro hierarca moche, logo batizado por nós com o nome de "Velho Senhor de Sipan", em referência a sua maior antiguidade.

O nobre defunto, que bem se poderia considerar um antecessor do encontrado em primeiro lugar por ser anterior em várias gerações, apresentava adornos, toucados, roupas e símbolos que refletiam sua tripla autoridade militar, civil e religiosa, demonstrando desse modo um nível hierárquico equivalente na sociedade do seu tempo. Ao limpar a fossa funerária retangular de aproximadamente 3 por 2 metros, compreendemos que havia sido escavada quando a plataforma fora construída em sua primeira versão. Ao mesmo tempo, percebemos que esta tumba, ainda que não tivesse as dimensões nem a complexa disposição da encontrada anteriormente, pertencia também a um personagem do mais alto nível social. As diferenças que observamos poderiam constituir um sinal de importantes mudanças no formalismo fúnebre de duas épocas da mesma cultura.

O fardo funerário, originalmente composto por várias cobertas de algodão (já desintegradas), encontrava-se no centro. De ambos os lados se haviam disposto 26 pequenas vasilhas pintadas de branco que continham restos de alimentos, decoradas com rostos de personagens, cabeças de cachorro ou de coruja, imagens relacionadas às crenças e aos rituais funerários da época.

Um conjunto de armas (lanças, maças de guerra e escudos) e emblemas de guerra metálicos, colocados de forma ritual e

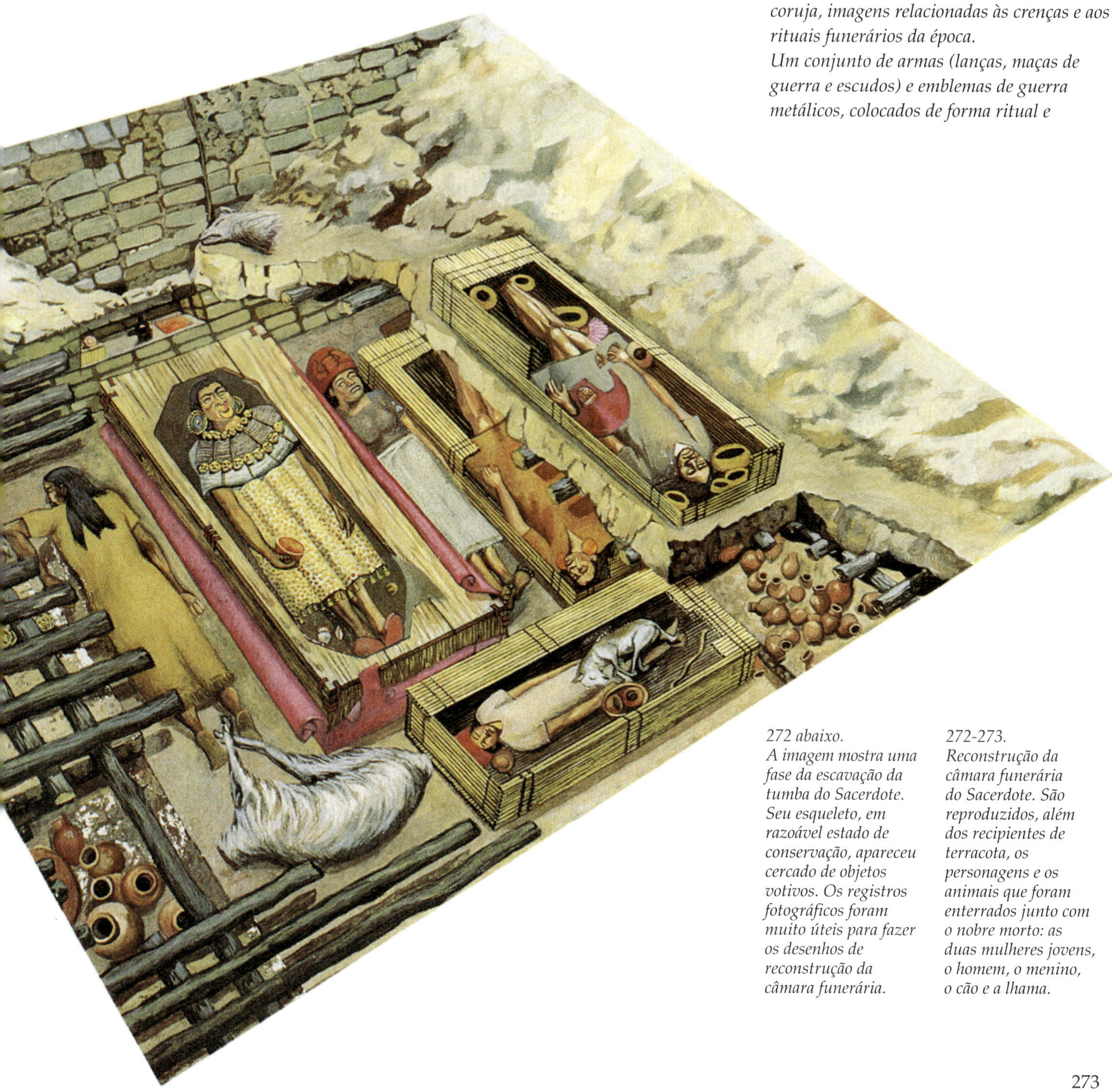

272 abaixo.
A imagem mostra uma fase da escavação da tumba do Sacerdote. Seu esqueleto, em razoável estado de conservação, apareceu cercado de objetos votivos. Os registros fotográficos foram muito úteis para fazer os desenhos de reconstrução da câmara funerária.

272-273.
Reconstrução da câmara funerária do Sacerdote. São reproduzidos, além dos recipientes de terracota, os personagens e os animais que foram enterrados junto com o nobre morto: as duas mulheres jovens, o homem, o menino, o cão e a lhama.

reduzidos a cacos, jaziam aos pés do cadáver como simbólico tributo que demonstrava a patente militar do personagem, assim como o grupo de longas lanças de metal dispostas à direita do fardo.

Um total de treze camadas sucessivas de adornos, toucados e emblemas de metal foram aparecendo lentamente ao longo de oito meses. Depois da primeira camada metálica, apareceram diante de nossos olhos alguns fragmentos de crânio, e pouco mais abaixo, a máscara funerária de cobre dourado de tamanho natural à qual faltava uma das pupilas brancas de concha e de cujo pescoço pendia uma série de misteriosas cabeças de coruja. Este animal, que acompanha grande parte das representações iconográficas procedentes deste mausoléu, talvez simbolizasse a divindade da noite ou da morte. No volumoso peito, encontraram-se três séries de elementos decorativos formados por pedaços de cobre dourado e de prata, dispostos ao modo de peitorais,

274. O desenho é uma reconstrução do enxoval funerário do Sacerdote, formado por tecidos, conchas e produtos feitos de penas. São vistos claramente os dois grandes ornamentos para orelhas, a perneira e o complexo ornamento de cabeça com a imagem da coruja.

274-275. A perneira que encontramos sob o corpo do morto evidencia a expressão de uma dualidade de valores e símbolos já encontrada anteriormente. Metade de prata, metade de ouro, o ornamento apresenta orifícios que permitiam passar uma corda para mantê-lo preso.

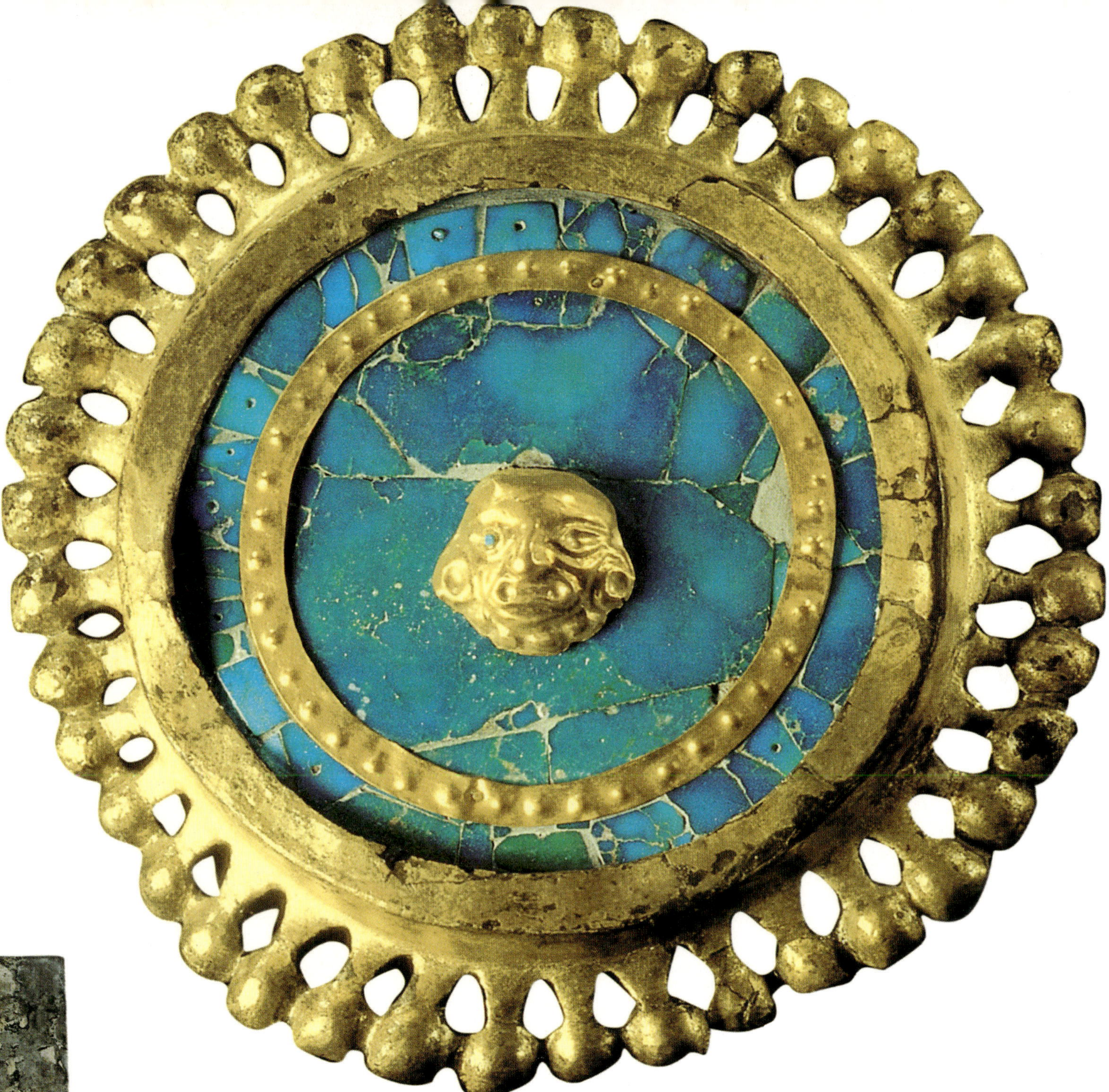

imitando conchas, cabeças de serpente e oito impressionantes espirais cujas extremidades inferiores giram nos dois sentidos, representando os tentáculos de um mítico polvo.

À medida que íamos recuperando esses ornamentos, apareciam outras figuras complexas e enigmáticas ou de divindades, como a de um homem com corpo de caranguejo, um personagem de braços abertos e, a mais espetacular de todas, a representação de um felino antropomorfo dotado de afiadas garras nas mãos e nos pés. O rosto feroz desta figura apresenta ainda dentes de concha e mostra na testa uma serpente bicéfala com cabeças de peixe e outra com cabeças de pássaro. Um complexo diadema na cabeça lembra um animal mitológico, mistura de serpente com aguilhão e de felino de duas cabeças com a língua para fora, que, na religião moche, se associa ao arco-íris ou à serpente celeste do firmamento. Depois da restauração, pudemos admirar sua original e fascinante beleza. Essas figuras de metal, desconhecidas até então na arte moche, medem de 50 a 60 centímetros de altura, são formadas por várias peças de cobre repuxado e dourado e têm um aspecto que dá a impressão de uma espécie de meia escultura dotada exclusivamente da face anterior. Originalmente, estavam fixadas em tecidos de algodão ao modo de estandartes que deviam acompanhar os suntuosos desfiles militares e as cerimônias religiosas da elite do mundo mochica. O passar dos séculos e

275. Limpo e restaurado, este ornamento para o lóbulo fazia parte do único par encontrado na tumba do Sacerdote. Assim como os encontrados na tumba do Senhor, este objeto é feito de ouro, turquesas e cobre dourado. O contraste de cores destaca o minúsculo rosto humano colocado no centro do adorno circular.

o efeito da composição química do solo onde foram guardados esses ornamentos havia feito com que o cobre se oxidasse, e aparecesse uma camada verde que escurecia a superfície dourada, pondo em perigo em muitos casos a integridade da peça, devido ao alto grau de corrosão interna. Para salvá-las, foi necessário submetê-las a complexos métodos de restauração, inicialmente no Museu Central de Magúncia (Alemanha) e posteriormente no nosso, o Museu Brüning de Lambaieque. Prosseguindo as escavações na tumba, quando extraímos a máscara funerária encontramos dos lados do crânio duas orelheiras de ouro brilhantes em forma de disco, de dupla camada, às quais se haviam fixado minúsculos disquinhos pingentes que deviam vibrar ao se moverem quando o senhor moche os punha. Um pouco mais atrás, encontravam-se duas orelheiras parecidas de prata. Ligeiramente mais para baixo, apareceram dez adornos para nariz de formas e desenhos variados, feitos com diferentes técnicas. Sobre os ossos do peito se encontravam dois suntuosos colares de ouro formados por dez peças cada um. As do primeiro, biconvexas, de 64 milímetros de diâmetro, representavam ferozes caras de felinos com incrustações de conchas vermelhas, as mesmas utilizadas para os dentes. Na parte traseira dessas figuras tão realistas, encontram-se relevos que representam serpentes com cabeça de pássaro, alternadas com suásticas orientadas em sentido contrário ao dos ponteiros do relógio.

276. Entre os primeiros objetos do enxoval funerário do Velho Senhor de Sipan, nossos pincéis revelaram a máscara funerária de cobre dourado com cabeças de coruja penduradas e três fileiras de ornamentos colocados como peitorais.

276 abaixo. As dez pequenas cabeças de ancião de ouro, feitas com extremo realismo, fazem parte de um dos muitos colares ostentados pelo Velho Senhor.

277. Em um dos primeiros níveis, apareceu este pequeno guerreiro moche de cobre dourado, de aspecto solene e vestido para a guerra. O nível social do personagem pode ser facilmente deduzido pela maça que ele leva e pelo ornamento em forma de meia-lua que usa.

Esta estranha simbologia já tinha aparecido na parte traseira das peças do primeiro colar encontrado, caracterizadas em sua parte anterior por um motivo aracnoantropomorfo. O terceiro colar, composto por dez cabeças de ouro de 33 milímetros de altura que representam fielmente o rosto enrugado de um ancião, começou a brilhar pouco a pouco entre os restos oxidados de cobre e as pequenas pérolas de concha dos peitorais que se desfaziam. Junto a esses colares, encontraram-se três mais, com cabeças humanas de prata de diferentes dimensões: um deles apresentava presas de felino, enquanto os outros dois eram mais realistas. A presença de adornos desse

277 centro. Assim como aconteceu na escavação da tumba do Senhor de Sipan, também nesta encontramos um cetro-punhal de ouro. O encontrado junto ao Velho Senhor, menos elaborado, termina em uma forma esférica, talvez imitando uma fruta.

277 abaixo. A imagem do homem-caranguejo, provável representação de uma importante divindade, feita de cobre dourado e conchas, estava em pedaços sobre o fardo funerário.

tipo, tanto de ouro como de prata, a combinação desses dois materiais em um único objeto e as representações simbólicas na frente e na parte anterior de determinadas peças faziam referência àquela dualidade já observada na tumba do primeiro senhor descoberto e onipresente na religião moche. Muitos dos conceitos relacionados à ela se esclarecem perfeitamente com os recentes achados dessas tumbas reais, cujos restos sintetizam o nível de desenvolvimento tecnológico alcançado e alguns aspectos filosóficos dessa civilização.
Continuando na nossa tarefa, meticulosa, mas ao mesmo tempo excitante, a limpeza dos ornamentos que repousavam sobre o egrégio peito do Velho Senhor de Sipan, os pincéis e as pinças extraíram pequenos objetos de concha que cobriam parcialmente um dos mais espetaculares achados desta tumba: pouco a pouco, dos pés à cabeça, apareceu a escultura em miniatura de um chefe guerreiro moche, lindamente trabalhada em ouro e prata. Ficamos trêmulos e maravilhados quando esse objeto – um adorno para o nariz – se mostrou em toda a sua dimensão: media somente 119 milímetros de altura, mas cada detalhe havia sido elaborado de forma extremamente minuciosa.
A imagem do chefe guerreiro com as armas empunhadas, a maça de guerra na mão direita e o escudo na esquerda, tinha uma aspecto solene. Uma túnica de diminutas placas de turquesa reveste o corpo da figura,

278 esquerda, acima. O estandarte circular mostra uma divindade conhecida no contexto da cultura moche: a divindade dos ulluchus, *frutos atualmente extintos.*

278 abaixo. Um dos ornamentos mais surpreendentes do Velho Senhor é esta representação de felino antropomorfo de aparência ameaçadora, uma divindade enigmática do panteão moche.

278-279. De maiores dimensões que os outros dois encontrados na tumba do Velho Senhor, este estandarte também apresenta a divindade dos ulluchus, *os pequenos frutos representados na moldura.*

279 direita. A imagem mostra a fase de escavação em que foi encontrado o felino antropomorfo. No final, foram encontradas até treze camadas de ornamentos.

que leva uma impressionante coroa que representa uma coruja de ouro com as asas exageradamente abertas. Alguns pequenos discos pingentes completam a decoração das asas, enquanto algumas plaquinhas irregulares imitam as plumas. Os olhos do personagem, feitos de turquesa, têm pupilas brilhantes de pedra negra perfeitamente engastadas, e na parte inferior do rosto apresenta um adorno para o nariz, móvel, em forma de bigode, por baixo do qual se pode observar a boca.

Considerando a criatividade e a delicadeza que caracterizam a execução desse ornamento para o nariz, não há a menor dúvida de que se trata de uma verdadeira obra-prima dos ourives moches, que pode ser considerada com toda justiça uma das jóias mais belas e fascinantes encontradas no continente americano. Sobre os ossos da pélvis, foram encontrados diversos ornamentos de prata e cobre dourado; surpreendentemente, também se encontravam no mesmo lugar dez guizos rituais de ouro em forma de meia-lua, no centro dos quais apareceu de novo a conhecida divindade Ai Apaec. Observamos que esses guizos, ainda que fossem de pequeno tamanho, se pareciam muito com os do primeiro senhor encontrado. Junto à pélvis do Velho Senhor, encontrava-se uma proteção para a coxa ou avental de ouro de 290 milímetros de altura e 300 gramas, decorada com a imagem da mesma divindade e evidentemente parecida com a de seu sucessor. Perto dali, encontravam-se outros objetos forjados em cobre e, posteriormente, dourados de maior simplicidade e leveza. Por motivos de espaço e aparentemente com a finalidade de distribuir ordenadamente todos os ornamentos utilizados durante a vida do senhor, à altura das pernas haviam sido colocados quatro elegantes peitorais admiravelmente feitos de pedaços de concha que formavam círculos perfeitos. Depois de uma limpeza inicial dos objetos mais importantes encontrados no esqueleto, voltamos a colocá-los em sua posição original para registrá-los fotograficamente. O espetáculo não podia ser mais impressionante: um total de cinqüenta

280 abaixo. Ai Apaec, sem dúvida uma das divindades moche mais representadas, é o motivo dos muitos chocalhos do Velho Senhor. Ele tem na mão direita uma cabeça arrancada, e na esquerda um punhal de sacrifícios.

281 acima. Sob os outros três foi encontrado, sobre as pernas do morto, um peitoral feito de pedaços de concha Spondylus e de caracol. Cada uma das partes desta peça de cores suaves representa um peixe-gato.

280 esquerda, acima. Uma perneira de ouro, com a imagem da divindade suprema em uma extremidade, destacava-se entre os muitos guizos de ouro e prata encontrados sobre o fardo do Velho Senhor.

280 direita, acima. Também as orelhas do Velho Senhor estavam adornadas com um par de orelheiras de ouro, sinal que identificava um homem de alto nível social. Os dois pingentes redondos apresentam uma decoração composta de duas filas circulares concêntricas de lantejoulas minúsculas.

e quatro peças de ouro constituía o corpo do enxoval, junto com algumas dezenas de outros adornos de ouro e cobre dourado. Sobre os ossos da mão direita, encontrava-se uma espécie de cetro-faca de ouro, que acabava em uma cápsula que produzia um som agudo ao ser movida; a extrema afiação desse objeto deve ter servido para cortar as artérias dos prisioneiros e dos animais nos sacrifícios, cerimônias freqüentemente representadas na arte moche e que constituíam uma das prerrogativas sagradas e importantes do soberano. Como exemplo final da dualidade, encontramos uma faca de prata e alguns lingotes maciços de ambos os metais, situados simbolicamente nas mãos e na boca do senhor. Girando o antebraço, encontramos centenas de pequenas pérolas cilíndricas de ouro, turquesas, lápis-lazúli e conchas. Mediam menos de dois milímetros de diâmetro cada uma e haviam feito parte de vistosos braceletes. Na ponta inferior do fardo, encontravam-se os poucos restos desintegrados que restavam dos preciosos tecidos de algodão que haviam sobrevivido aos sais e à umidade do terreno. Foram identificados oito fragmentos depois de várias semanas de cuidadosa extração, com o aspirador, da terra acumulada entre os frágeis restos. Depois de extrairmos todos os adornos, deparamos com a ossada bastante bem conservada de um homem morto entre os 45 e 55 anos de idade, de 1,59 metros de altura. Debaixo do corpo, encontramos somente estandartes metálicos com as imagens simbolicamente voltadas para baixo, e resíduos isolados dos fragmentos de tecido que envolviam o fardo. A base da tumba estava completamente tingida de cinabre (sulfeto de mercúrio), um pó de cor vermelha intensa empregado nas cerimônias religiosas da época. Ao explorar cuidadosamente os arredores da câmara, ligeiramente em direção ao sul, localizamos o esqueleto de uma jovem mulher (16-18 anos), que jazia com a boca

280-281. Quando achamos este guerreiro em miniatura, ficamos paralisados. O cuidado e a mestria empregados na feitura deste objeto ficavam cada vez mais claros à medida que soltávamos da terra as diferentes partes. A fiel reprodução em ouro, prata e placas de turquesa não deixava dúvidas sobre o alto nível social do personagem.

282 acima. Uma vez retirada a terra que preenchia um desnível muito suspeito, surgiu à nossa frente um fardo funerário, cercado de vasos de terracota. Acima, na altura do tórax, havia um colar de ouro de dimensões relativamente grandes, formado por dez elementos quase idênticos.

282 abaixo. Como se pode deduzir das conclusões de Susana Meneses, que estudou profundamente o aspecto estrutural da plataforma, podem ser identificadas seis fases sucessivas de construção. O desenho deixa claro que as dimensões dos níveis superpostos da plataforma foram aumentando progressivamente.

para baixo, com o corpo ligeiramente apoiado sobre o braço direito e a cabeça virada para oeste. Junto com ela, encontrava-se o esqueleto de uma lhama com a cabeça virada, talvez por efeito do corte sofrido na garganta durante o sacrifício. Entre os adornos que se repetiam e chamaram a nossa atenção, figuram os estandartes metálicos que representam um personagem central com os braços levantados, rodeado de placas com relevos em forma de pequenas frutas parecidas com o figo europeu. Essas frutas, conhecidas pelos estudiosos da arte moche como ulluchu, *se relacionam com motivos decorativos de caráter bélico e com rituais de sacrifício.*
Especulou-se muito sobre as características dessa fruta mítica. Para nossa surpresa, nossas representações continham, atrás do

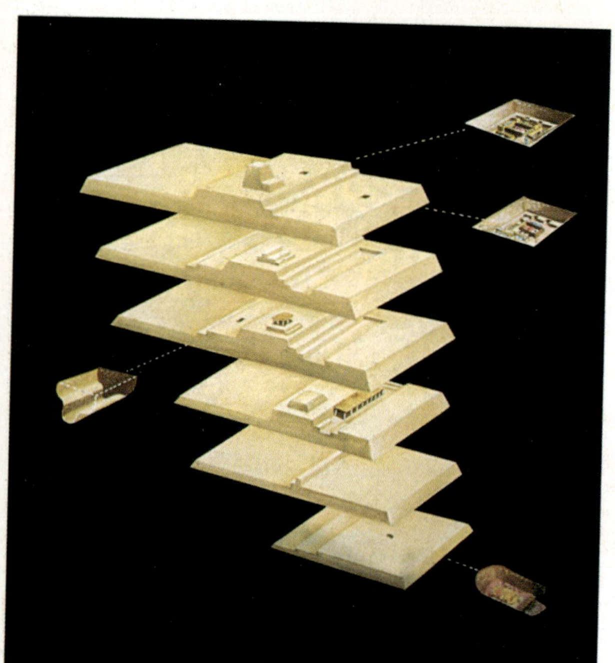

metal, as frutas reais hoje extintas, o que resolvia a incógnita de seu uso e do especial significado que tinham para os moches. Fazendo uma breve análise comparativa, parecia bastante claro que esse velho "Senhor de Sipan", pela grande riqueza e características dos símbolos de mando, tinha o mesmo nível social que o mais recente, jovem e encontrado anteriormente. Uma evidente variedade e uma maior quantidade de imagens religiosas diante de uma menor exibição de oferendas, a ausência de sarcófago, a menor quantidade de vasos e a presença de uma só mulher poderiam indicar mudanças associadas à religião e talvez a uma progressiva consolidação do poder. Este personagem teria concentrado a gestão do poder político e religioso, que a seguir se separou das funções atribuídas ao sacerdote. É evidente que nossas investigações nesse extraordinário monumento arqueológico não se circunscreveram à localização e ao registro de tumbas: grande parte do tempo se dedicou ao estudo detalhado do contexto arquitetônico ao qual pertenciam. Dezenas de desenhos, planos e perfis descrevem, detalhadamente, cada elemento arquitetônico e suas alterações. Comparando os dados disponíveis, Susana Meneses conseguiu identificar até seis fases sucessivas de construção da plataforma funerária. De um simples lance de escadas de pouca altura até o último modelo arquitetônico, os moches parecem ter aumentado progressivamente e elevado os níveis desse santuário, de acordo com as necessidades funerárias e rituais. A fachada desses edifícios modificados e sobrepostos se orienta para o norte, e pelo menos dois deles foram decorados com pinturas murais policromadas que foram completamente destruídas. A tumba do Velho Senhor de Sipan se encontra claramente localizada no nível inferior, e as tumbas do Sacerdote e do Senhor estariam situadas no plano superior. Até hoje, podemos contar um total de doze tumbas encontradas, cuja localização nesse contexto reflete mudanças culturais ao longo do tempo e uma complexa hierarquização da nobreza moche, cujos homens importantes ostentaram papéis e funções específicas: desde os senhores governantes, de autoridade semidivina, passando pelos sacerdotes que dirigiam o culto, até os chefes militares. Evidentemente, os homens comuns eram enterrados em outros cemitérios, situados em áreas periféricas. Ao redor do santuário, podem-se ver extensos campos cultivados e, mais ao fundo, em áreas hoje desérticas, longos trechos do que foram canais de irrigação, o que evidencia que os moches trabalhavam mais terras do que as que são atualmente cultivadas. Nesses campos abandonados, encontram-se também os restos das casas das pessoas comuns, os agricultores e artesãos que sustentaram, com seus esforços, o desenvolvimento da fascinante cultura moche.

282-283. Singulares pelo tratamento da lâmina e surpreendentes por sua feitura, as peças do colar de ouro do Velho Senhor aparecem em todo o seu esplendor após a restauração. Apresentam pequenos rostos humanos cinzelados no dorso das aranhas, que se apóiam em suas teias feitas de finos fios de ouro. A parte posterior apresenta uma base circular côncava, também cinzelada.

283. O desenho mostra uma reconstrução da tumba do Velho Senhor, acompanhado em sua última viagem por um notável enxoval funerário, embora menos abundante que o do Senhor mais jovem. Além dos pingentes e dos objetos votivos, foram encontrados os restos de uma mulher e de uma lhama sacrificadas.

GLOSSÁRIO

ACLLA HUASI: Expressão quíchua que significa "A casa das mulheres escolhidas". No mundo inca, era o lugar onde viviam, praticamente enclausuradas, as jovens destinadas ao serviço do Imperador, do Deus Sol ou dos altos dignitários.

ADOBE: Argila crua, que se seca ao sol e é empregada como principal material de construção nas áridas zonas costeiras.

ARÍBALO: Recipiente com fundo em ponta e com o colo alto e aberto, usado para guardar água ou outras bebidas para as libações no mundo inca. A forma do recipiente lembra a do vaso grego de mesmo nome.

ASA EM ESTRIBO: Forma característica das asas encontradas nas vasilhas moches e de outras culturas da costa norte do Peru, que consiste em um cabo tubular em forma de estribo coroado por um breve colo cilíndrico, que acaba na boca do vaso.

CONOPA: Objeto ritual que representa um animal ou uma espiga de milho e que se enterrava junto com algumas oferendas no campo para conseguir uma colheita abundante.

CUCHIMILCO: Estatueta votiva de terracota, habitualmente de forma humana ou animal, típica da cultura chancai da costa central.

FARDO: Termo com que se definem os grandes volumes funerários típicos sobretudo das culturas paracas e nazca: o fardo era formado pela múmia, que, junto com as oferendas, era envolvida em numerosas camadas de tecido ou fibra vegetal.

HUAQUERO: Profanador e saqueador de tumbas pré-colombianas.

INTI: Nome atribuído pelo povo inca ao Deus Sol, venerado como divindade principal.

INTIHUATANA: Termo quíchua formado pela palavra inti (Sol) e huatana, que significa literalmente "atracar" ou "atar". Com ele se designava uma espécie de ponteiro de relógio de sol presente em todos os centros da época incaica.

KERO: Recipiente em forma de vaso cilíndrico, de madeira ou cerâmica, típico das civilizações huari, tiahuanaco e inca.

MACHADO-MOEDA: Tipo de placa de cobre, em forma de cunha de machado, usada provavelmente como meio de intercâmbio pelos povos do Equador pré-colombiano em épocas tardias.

MASCAIPACHA: Tiara que usavam os soberanos incas na cabeça como emblema de seu poder, habitualmente adornada com duas plumas do mítico pássaro corequeque.

MITA: Sistema de prestação de trabalho obrigatório utilizado pelos incas.

ORELHEIRA: Adorno para orelhas aplicado ao lóbulo.

PIRU: Nome de um curso de água na época da conquista, do qual derivou o nome Peru ou país dos incas.

POPORO: Pequeno frasco característico da ourivesaria quimbaia, onde se conservava o pó de cal que se misturava com as folhas de coca ao mastigá-las.

QUÍCHUA: Língua oficial falada e imposta no império inca.

SPONDYLUS: Concha de grandes dimensões, abundante no litoral pacífico do Peru e do Equador, e usada como meio de troca.

STROMBUS: Caracol espiraliforme de grandes dimensões, usado como corneta pelos povos pré-colombianos.

TOCAPU: Motivo com desenhos geométricos que decorava os tecidos e os recipientes de madeira da época incaica, considerado por alguns como um sistema de escrita.

TUMBAGA: Liga de ouro e cobre, muito usada pelos ourives do mundo andino.

TUMI: Palavra quíchua que significa "faca", usada em particular para designar as facas rituais utilizadas pelas culturas costeiras do norte do Peru.

ULLUCHU: Fruta autóctone sul-americana, hoje extinta, associada a significados simbólicos, religiosos e rituais.

UNKU: Palavra quíchua que designa uma espécie de túnica sem mangas usada no mundo inca.

USHNU: Monumento talhado na rocha viva, provavelmente para ser usado como altar de sacrifícios ou como trono, característico das cidades incaicas.

BIBLIOGRAFIA

HISTÓRIA DAS CIVILIZAÇÕES ANDINAS

AA.VV. *Inca-Peru, 3.000 ans d'histoire.* Bruxelas, 1990.

AA.VV. *Inca-Peru, rito, magia, mistero.* Roma, 1992.

AA.VV. *Circa 1492.* Washington, 1992.

AA.VV. *I regni preincaici e il mondo inca.* Milão, 1992.

Baudin, L. *L'Empire Socialiste des Inka.* Paris, 1928.

Bernand, C. *Gli incas figli del sole.* Milão, 1994.

Bonavia, D. *Perú, hombre e historia. De los orígenes al siglo XV.* Lima, 1991.

Cieza de León, P. (1553) *Crónica del Perú.* Lima, 1973.

Curatola, M. *La regione andina.* Novara, 1983.

De la Vega, G., INCA. *Commentari reali degli Incas, l'Impero tutto d'oro in una cronaca del 500.* Milão, 1982.

Lavallée, D., Lumbreras, G. *Les Andes de la préhistoire aux Incas.* Paris, 1985.

VIDA DIÁRIA, ARTE E RELIGIÃO DOS POVOS ANDINOS

AA.VV. *Power of the Sun. The Gold of Colombia.* Amberes, 1993.

AA.VV. *Trésors du Nouveau Monde.* Bruxelas, 1992.

Benson, E.P. *The Cult of the Feline, de la Dumbarton Oaks Research Library and Collections.* Washington, 1972.

Desrosiers, S., Pulini, I. *Tessuti precolombiani dei Museí Civici di Modena.* Módena.

Dorman, C. B. *Moche Art and Iconography.* UCLA, Los Angeles, 1976.

Kauffmann Doig, F. *Peru, atto primo* (editado por Giancarlo Ligabue). Veneza, 1993.

Lanning, E. P. *Ceramic Archaeology of the Andes, de Quaternaria,* vol. III. Roma, 1966.

Lathrap, D.W. *Les trésors de l'Amerique précolombienne.* Genebra, 1964.

Laurencich Minelli, L. *Arte e rituali nell'antico Peru.* Modena, 1980.

Stone Miller, R. *L'art des Andes.* Paris, 1995.

Pollard Rowe, A. *Warp Patterned Weaves of the Andes.* Washington, 1977.

Ravines, R. *Panorama de la arqueología andina.* Lima, 1982.

Tello, J.C. *Chavín: cultura matriz de la civilización andina.* Lima, 1982.

ITINERÁRIOS ARQUEOLÓGICOS NA AMÉRICA DO SUL

Alva, W. *Sipán.* Lima, 1994.

Bonavia, D. *Mural Painting in Ancient Peru.* Bloomington, 1985.

Donnan, C.B. *Early Ceremonial Architecture in the Andes,* da *Dumbarton Oaks Research Library and Collections.* Washington, 1985.

Hislop, J. *The Inka Road System.* Orlando, 1986.

Kauffmann Doig, E. *Peru-Inca* (editado por Giancarlo Ligabue). Veneza, 1993.

Kendall, A. *Aspects of Inca Architecture. Description, Function and Chronology,* vol. II. Londres, 1985.

Lumbreras, G. *Arqueología de la América andina.* Lima, 1981.

Paredes Botoni, P. *La Huaco Pintada o el Templo de Pachacamac,* do Boletín de Lima. Lima, 1985.

Posnanski, A. *Tiahuanacu, la cuna del hombre americano.* Nova York, 1945.

Von Agen, A., Morris, C. *The Cities of the Ancient Andes.* Londres, 1998.

288. A fotografia reproduz um sudário chimu pintado com figuras de prisioneiros, despojados de armas e de roupas, firmemente presos com grilhões nos pescoços, segundo um costume guerreiro difundido no mundo pré-colombiano. Nos motivos ornamentais da borda do tecido, é possível reconhecer as figuras da serpente bicéfala e do felino, imagens tradicionais em todas as manifestações artísticas das culturas peruanas.

Capa:
Adorno para os lóbulos das orelhas encontrado na tumba do Senhorde Sipan, em Lambaieque (Peru).
Adorno para os lóbulos das orelhas encontrado na tumba do Senhor de Sipan, em Lambaieque (Peru).

Quarta-capa:
Vista de Machu Picchu com o Cume Velho e o Cume Novo ao fundo.
Fotografía de Antonio
Fotografia de Antonio Attini/Achivo White Star.

REFERÊNCIAS FOTOGRÁFICAS

Antonio Attini / Arquivo White Star: páginas 10-11, 36, 40-41, 156 abaixo, 156-157, 157 abaixo, 158, 159, 160, 160-161, 161 abaixo, 188, 189, 190, 191, 192, 193, 194, 195, 196, 197, 198 acima, 198-199, 200, 201, 202-203, 203, 206, 207, 208, 209, 210, 211, 214-215, 215 acima e abaixo, 216-217, 218, 219, 220 abaixo, 221, 222 abaixo, 222-223, 223 acima, 224, 225, 226, 227, 228, 229, 230 acima, 230-231, 231 abaixo esquerda, 232, 233, 236, 237, 238, 239, 240, 241, 242, 243, 244, 245, 246, 247, 248 acima esquerda, 248 direita, 249, 250, 251, 254-255, 256, 257, 258-259.

Arquivo White Star: páginas 52, 54, 55 esquerda, 55 acima direita, 56, 58 direita, 59, 72, 74, 75, 76, 77 abaixo direita, 78 acima esquerda, 78 abaixo direita, 79 abaixo, 80 acima direita e esquerda, 81, 135 acima direita, 146 esquerda, 148 abaixo.

Marcello Bertinetti / Arquivo White Star: páginas 220-221, 231 abaixo direita, 246 abaixo esquerda.

Massimo Borchi / Arquivo White Star: páginas 12-13, 33 acima direita, 91 abaixo esquerda, 98 acima, 99 abaixo, 100 acima, 144-145 acima, 149 acima, 154-155, 156 acima, 162-163, 163 abaixo, 164 abaixo, 164-165, 165 acima, 166, 167, 170, 171, 172, 173, 174, 175, 176-177, 178 esquerda, 178-179, 179 esquerda, 185 abaixo, 186-187.

Dirk Antrop: páginas 1, 23 abaixo, 28, 29, 35, 39, 40 acima, 48 direita, 49, 50 acima direita, 72 abaixo, 78 acima direita, 79 acima esquerda, 82 centro, 83 acima, 88 acima, 92, 93, 94, 96 acima, 98 abaixo, 99 acima, 100 abaixo, 102-103, 103 acima, 110, 124 abaixo, 124-125, 130 esquerda, 136 acima, 137, 138 acima, 139, 141 acima, 142, 143, 144 centro, 152 abaixo, 153, 163 acima, 165 abaixo, 223 abaixo, 288.

Massimo Borchi / Atlantide: páginas 198 abaixo, 199 abaixo.

Museu Nacional Arqueológico Brüning de Lambayeque (Lima): páginas 4-5, 260, 261, 262, 263, 264, 265, 266, 267, 268, 269, 270, 271, 272, 273, 274, 275, 276, 277, 278, 279, 280, 281, 282, 283.

Giovanni Dagli Orti: páginas 2-3, 6, 7, 30, 38, 50-51, 57, 61 acima centro e direita, 62 esquerda acima, 63 esquerda, 63 direita acima, 64 direita acima, 70-71, 72-73, 79 direita acima, 82 direita acima, 84, 85, 86, 106 acima, 107 acima, 108 esquerda acima, 108-109, 112 acima e abaixo, 122 direita abaixo, 127 abaixo, 128, 129, 132 esquerda, 135 abaixo, 140 acima, 141 abaixo, 145 acima, 152 acima, 179 abaixo, 180-181, 182-183, 202 acima, 214 esquerda.

Massimo Cappon: páginas 204-205.

Centro Studi Ricerche Ligabue: páginas 20, 22, 50 esquerda abaixo, 58 esquerda, 73 acima, 102 acima, 140 abaixo, 147 acima, 151 esquerda acima, 151 centro, 205, 231 direita acima.

Double's: páginas 23 acima, 40 abaixo, 45 abaixo, 61 esquerda acima, 80 esquerda abaixo, 80 direita abaixo, 87 esquerda, 96 acima.

Archivio fotografico Erizzo: páginas 25 abaixo, 91 centro.

E.T. Archive: páginas 78 esquerda abaixo, 111 esquerda abaixo, 151 abaixo.

Charles Lenars: página 182 abaixo.

Foto Mayr & Cabal: páginas 9, 69, 115, 116, 117 direita, 118, 119, 120-121.

Henri Stierlin: páginas 8, 24, 25 acima, 26, 27, 31, 32, 32-33, 33 esquerda abaixo, 34, 37, 41 abaixo, 42, 43, 44, 45, 46, 47, 64 esquerda abaixo, 65, 66, 67, 68, 72 acima, 88 centro y abaixo, 89, 90, 91 esquerda acima, 95, 96 abaixo, 98-99, 101, 104, 105 direita, 108 direita abaixo, 109 abaixo, 111 direita acima, 112-113, 113 direita, 114, 117 esquerda, 122 direita acima, 123, 126 abaixo, 130 direita, 135 esquerda acima, 144 abaixo, 147 abaixo, 149 abaixo.

Agenzia Fotografica Luisa Ricciarini: páginas 132 direita, 133 direita, 134 esquerda.

R. Sheridan – The Ancient Art & Architecture Collections: página 122 esquerda.

The Ancient Art & Architecture Collections: páginas 127 acima, 148 acima.

Mireille Vautier: páginas 16, 17, 52-53, 60, 61 esquerda abaixo, 62 esquerda abaixo, 62 direita, 63 direita abaixo, 77 acima e esquerda abaixo, 82 abaixo, 83 abaixo, 105 esquerda, 124 acima, 126 acima, 146 acima direita e centro, 146 abaixo, 150, 151 direita acima, 180 acima, 181.

Werner Forman archive - Index Firenze: páginas 48 esquerda, 51 direita, 55 direita, 73 abaixo, 106 abaixo, 107 abaixo, 131 acima, 136 abaixo.

MUSEUS E COLEÇÕES DE ARTE

Museu Banco Central de Reserva (Lima): páginas 24, 26, 27, 34 direita, 47 acima, 64 esquerda abaixo, 65, 66-67 acima, 89, 90, 95.

Museu Banco Central (Quito): páginas 70-71, 86 direita.

Museu Banco do Pacífico (Guaiaquil): página 67 abaixo.

Museu Barbier Mueller (Genebra): página 42 acima.

Museu Nacional Arqueológico Brüning de Lambaieque (Lima): páginas 1, 4-5, 8, 9, 124, 125, 261 abaixo, 263 abaixo, 264-265 acima e abaixo, 266 acima, 266-267, 267, 268, 269, 270 acima y abaixo, 271, 272, 275, 276, 277.

Casa de Cultura (Guaiaquil): página 8.

Museu de Cusco: página 105 esquerda.

Dallas Art Museum: página 131 acima.

Coleção E. Poli (Lima): página 82 direita acima.

Fundação Guayasamin (Quito): página 86 esquerda.

Museu do Ouro (Bogotá): páginas 68, 123.

Museu do Ouro (Lima): páginas 2-3, 6, 32-33, 37, 46, 47 abaixo, 112 acima e abaixo, 122 esquerda abaixo, 127 abaixo, 129.

Museu Regional de Ica: páginas 41 abaixo, 42 abaixo, 88.

Museum fur Volkerkunde (Berlim): páginas 48 esquerda, 51 direita, 55 direita, 73 abaixo, 106 abaixo, 107 abaixo, 138 abaixo.

Museu de Arqueologia (La Paz): páginas 72-73.

Museu de Etnografia (Genebra): página 33 esquerda abaixo.

Museu de Etnografia (Goteborg): página 106 acima.

Museu de História Nacional (Buenos Aires): página 63 acima direita.

Biblioteca Nacional (Madri): página 57.

Museu Nacional de Arqueologia (Lima): páginas 7, 25 acima, 30, 31, 32, 33 direita, 34 esquerda acima, 38, 40 abaixo, 43, 44-45, 50-51, 80 direita abaixo, 82 abaixo, 83 abaixo, 87 esquerda, 91 esquerda acima, 96 abaixo, 98 acima, 99 abaixo, 101, 111 esquerda abaixo, 128, 133, 134, 135 abaixo, 140, 141 abaixo, 223 abaixo.

Museu Pedro de Osma (Lima): páginas 16, 17, 52-53, 60.

Museu Universitário (Cusco): página 214 esquerda.

Castelos de Versalhes: página 61 centro acima.

Mapa por Betty Vandone

ÍNDICE

Os números em *itálico* fazem referência as legendas